岳麓书院

讲坛·第2辑

王琦　朱汉民　主编

艺术创意与文化传统

湖南大学出版社·长沙

内 容 简 介

在中华民族振兴与文化复兴的今天，如何通过创造性转换与创新性发展，以文化人，以诗言志，以艺铸魂，服务于社会发展与人民高品质生活，是一个重要的时代课题。本书汇聚了朱杰人、方铭、何人可、张建永、郭齐勇、柳肃、鲁晓波、姜广辉、向世陵、尹韵公、吴根友、郑佳明等来自华东师范大学、湖南大学、武汉大学、清华大学、中国人民大学等高等学府的12位著名学者在屈子书院演讲的内容，体现了他们对诗歌与人生、艺术与科学、文化与创意、传统与现代等问题的思索与创见，反映了当代学者立足现实，放眼世界，传承文化，守正创新的精神风貌与人生智慧。

图书在版编目（CIP）数据

屈子书院讲坛. 第2辑，艺术创意与文化传统 / 王琦，朱汉民主编. — 长沙：湖南大学出版社，2022.9

ISBN 978-7-5667-2542-4

Ⅰ.①屈…　Ⅱ.①王…　②朱…　Ⅲ.①社会科学—文集　Ⅳ.①C53

中国版本图书馆CIP数据核字（2022）第130080号

屈子书院讲坛·第2辑

艺术创意与文化传统

QUZI SHUYUAN JIANGTAN · DI 2 JI

YISHU CHUANGYI YU WENHUA CHUANTONG

主　编：	王　琦　朱汉民
责任编辑：	王桂贞
特约编辑：	王增明
印　装：	湖南雅嘉彩色印刷有限公司

开　本： 710 mm×1 000 mm　1/16		**印　张：** 17.75	**字　数：** 260千字
版　次： 2022年9月第1版		**印　次：** 2022年9月第1次印刷	

书　号： ISBN 978-7-5667-2542-4

定　价： 68.00元

出 版 人： 李文邦

出版发行： 湖南大学出版社

社　址： 湖南·长沙·岳麓山　　　　**邮　编：** 410082

电　话： 0731-88821691（营销部）　88820008（编辑部）　88821006（出版部）

传　真： 0731-88822264（总编室）

网　址： http://www.hnupress.com

序

创新、创意与社会繁荣

刘祚祥

企业家的创新行为是推动经济增长、促进社会繁荣的内生动力。企业家的创新行为越多，企业家创新活动越频繁，一个国家的社会经济发展的内生动力就越强劲，社会经济就会越繁荣。因此，创新，在当代语境下，成了一个流行词语。以至于很多人的报告、谈话以及论文中，言必称"创新"，甚至有些人在不能提出问题解决方案的时候，当其分析问题逻辑混乱的时候，皆以"创新"之名，来掩盖自己的无知，显示自己的无畏。"创新"这个词语的滥用，从反面映射出其在社会经济活动中的重要性。事实上，创新，特别是企业家创新，是一个非常严谨的经济学概念，有其明确的定义域。什么是创新？简而言之，就是对生产要素的重新组合，是对需求函数和供给函数的根本性改变。被称为"创新之父"的熊彼特将创新归之为五个方面：（1）引入新产品；（2）引入新技术；（3）开辟新市场；（4）发现新的原材料；（5）实现新的组织或管理方式。在熊彼特的创新模型中，创新的主体是企业家，因此熊彼特创新模型又被称为企业家创新模型。但是，在熊彼特的创新模型中，企业家的创新能力是天生的、先验的。这就导致经济增长的微观经济学成为如何从茫茫人海中发现、甄别具有企业家创新能力的人，并设计相应的合约激励其创新行为的学问。在缺乏创新驱动的经济中，其政策也只能在各种产业中创造宽松的创业环境，或者优化营商环境，从而提高对企业家创新行为的优化配置。

显然，将企业家或者企业家能力视为外生变量，难以解释现实生活中许多生动的、真实的经济活动，也为经济增长蒙上了一层神秘的面纱，导致经济发展呈现出"宿命"的色彩。鉴于此，米塞斯、哈耶克等奥派经济学家认为"市场是一个过程"，从而为企业家的内生过程提供了一个经济学解释框架，为演化经济学将企业家创新行为内生化提供了解决方案。无论是米塞斯、科兹纳等人的奥地利经济学，纳尔逊、温特等人的演化经济学，还是鲍莫尔等人的企业家创新能力经济学，均认为"学习"是企业家创新能力的来源，将企业家能力视为学习的函数，这是对熊彼特企业家创新理论的一个重要的进步。

企业家的创新能力既然是学习的函数，那么已有知识体系与文化框架的形成，对其知识结构与能力结构就会有决定性的影响。创新，也就不可能是随心所欲的天马行空；创新，必然有其逻辑与历史的起点。也许就是在这个意义上，马克思才认为"人们自己创造自己的历史，但是他们并不是随心所欲地创造，并不是在他们自己选定的条件下创造，而是直接碰到的、既定的、从过去继承下来的条件下创造"。马克思在《路易·波拿巴的雾月十八》这部不朽的著作中深刻地揭示了历史唯物主义的创新逻辑，为人类社会发展的内在动力提供了一个分析理路。在马克思看来，人类社会就是一个不断创造与创新的过程，在这个过程中，以往历史长河中继承下来的文化传统，是人们进一步创新、创造的逻辑与历史起点。

创新，是在传统的基础上创新，是在人类知识积累的基础上创新。为了降低创新成本，经济学家曾经提出过边际创新与增量创新，也就是说，在传统的文化、制度中，创新是有成本的，而且成本极高。经济学解决这个问题的办法是以创新形成的垄断收益来覆盖其成本，获得巨大的创新垄断利润从而激励社会创新。但是，经济学没有将传统与创新的内在联系勾画出来，从而导致创新缺乏坚实的土壤，成为无源之水、无本之木。在人类历史上，孔子较早地将传统与创新作为社会进步内在规律予以提出。孔子在《论语·为政》中说，"殷因于夏礼，所损益，可知也；周因于殷礼，所损益，可知也。其或继周者，虽百世可知也"。这里的"因"可以理解为文化政治社会传统，而"损益"就是对原有文化政治社会制度有所减损和增益，以实现文化政治社会制度的创新。同时，也对文化传统与创新的内在机制，做出了一个大致的描述，即创新是在已有的文化基础上予以减损或者增益。当然，孔子鉴于当时的自然科学与社会经验的积累程度，没有能够将其历史观做进一步拓展，其创新思想没有涉及技术领域，则主要是受其历史局限性的约束。

其实，创新的源头，既包括了已有的文化传统，也包括了新的思想、新的创意。诺贝尔经济学奖获得者保罗·罗默认为技术内生于经济体系，源于人们的知识，他强调以创意或者知识为基础来理解经济增长和发展机制，是很睿智的。在这个创新创意已经成为经济增长、社会进步的主要推动力的时代，提高人们的创造能力已经成为国家发展战略。那么，如何提高社会的创新能力呢？关键要处理好创新创意与文化传统的关系。很显然，传统与创新创意的内在逻辑，已经成为企业家创新理论的前沿课题。这个课题在现有的经济学理论中没有得到进一步研究，可能与经济学的研究范式相关。鲍莫尔是这个领域最杰出的经济学家，他在一定的程度上认识到社会心理、社会安排与文化发展对企业家创新行为的影响，但却认为其只会对创新造成障碍，毕竟在他的思维框架中，企业家创新行为只是企业家在既有的约束条件下所作的理性选择，通过政策创新以激励企业家行为，在标准化生产流程中进行创新力的有效配置。可见，鲍莫尔也没有将"文化传统与创新创意的内在逻辑"纳入企业家创新理论。但是，我国的经济社会发展，却将这个问题提上了日程。很多研究机构、学术团体均在一定范围内、一定程度上探讨中国社会经济发展的内在逻辑与内生动力。屈子书院讲坛是中共汨罗市委宣传部与汨罗屈子书院倾力打造的以传播中华优秀传统文化为己任的公益性学术讲坛，将具有强大生命力、蓬勃创造力的中华优秀传统文化通过数字技术、融媒体技术传递到国内外，以润养人们的信念、习惯、价值观，塑造其主体性文化心理结构，并同时影响社会的风俗制度、思想典籍以及文化生活等。屈子书院讲坛第二辑共 12 讲，通过邀请国内不同文化艺术科技领域的知名学者，讲解中国传统文化、艺术创意与技术创新，客观上回答了"创新创意与文化传统"的内在逻辑，解答了企业家创新理论的前沿核心问题。

在很多时候，人们将传统与创新对立起来，认为文化传统会阻碍现代设计创意。但是，创新实践与艺术创作经验告诉人们，优秀传统文化不但为技术创新、艺术创意提供了精神动力，也为其提供了累积的经验与灵感的源泉。中国文化中所蕴含的生生不息、积极进取的内在基因，构建了中国民族性的基本特性，也是中国企业家精神最重要的内容。"天行健，君子以自强不息"，"地势坤，君子以厚德载物"，集中体现了《周易》这部先秦典籍所褒扬的奋斗不息、顽强拼搏的进取精神；而《诗经》中的"天生烝民，有物有则"，则将中国传统文化的自然观、人生观统一起来，认为人不但可以认识自然、人类社会的内部联系，而且可以把握这些规律、利用这些规律。由此可见，优秀的中国传统文化，能够催人上进，给人以生活的力量、创新的勇气。此外，散落在民间的各种"非遗"

文化也蕴含着优秀传统文化艺术的基因，对"非遗"文化艺术的挖掘与继承，是传承优秀传统文化的重要内容与有效举措。特别是在现代设计方法、理论指导下，通过提取"非遗"中的文化基因进行重新设计组合，创造出新的文化艺术产品以及诱人的时尚商品，在市场中获得了良好的商业声誉，也因此获得了金融机构与风投组织的青睐。2022年9月中国工商银行私人银行部"企业家加油站"与上海世久非遗基金会等知名公益机构合作，为国内"非遗"的开发提供非金融增值服务，围绕"非遗"开发领域的企业家"个人、家业、企业"生态圈，构建公私一体化服务场景，打造客户思想文化创意交流、商机孕育、银企互联的共享平台，利用"君子伙伴"信托等工具，加强非遗传播、保护与开发力度，创新"金融＋非遗"合作模式。传统文化，不但为企业家创新提供了精神动力，提供了前进方向，同时也为企业家创新提供了素材。激活非遗文化活力，促进经济与文化的融合发展，成为很多县域创新发展的战略选择，并因此成为很多县市区经济社会发展的新增长点。

我国很多著名产品的创意设计，均来源于对传统文化的挖掘、诠释与重新组合。清华美院的鲁晓波教授，带领其团队设计的很多作品，就洋溢着传统文化的内蕴，闪烁着现代设计的光辉；湖南大学设计学院的何人可教授，考察了长沙窑与波斯的关系，对于非遗文化传承、文明互鉴、文创开发以及艺术创意提出了深刻的见解；湖南大学建筑学院的柳肃教授，通过"建筑艺术审美与文化遗产保护"的演讲，阐述了文化遗产保护对现代建筑设计的现代价值，从而在一定程度上论证了文化传统与创新创意的内在逻辑；吉首大学的张建永教授，深耕文旅融合，对传统文化与现代文旅产业发展的内在联系，有深刻的理解与多年的实践，他认为"文化不仅在思想、精神方面给人以无穷的力量，还漫溢到经济领域，具有极大的经济价值"，从而为其提出的文旅融合创新设计提供了理论基点；而姜广辉教授所讲述的《诗经》作品意境构建与审美情趣，为提升我们的创新创意能力提供了很好的范例。其中，创意是创造意识或创新意识的简称，是对现实存在事物的理解、认知中所衍生出来的一种新的抽象思维和行为潜能，是创新的基础。汉代王充的《论衡·超奇篇》中说"孔子得史记以作《春秋》，及其立义创意，褒贬赏诛，不复因史记者，眇思自出于胸中也"。由此可见，对优秀传统文化的理解与诠释，能够涵养当代人的创新、创意能力。在屈子书院讲坛第二辑中，还包括了对屈原的现代价值、朱子与屈子、劝学传统及其现代转化、博爱与爱人、中国古代信息传播、道家思想及其现代意义等的重新诠释与现代解读，都在一定程度上呈现了创新创意与文化传统的内在逻辑，也为企业家创新理论提供了生动的素材与创新的思考。

人们创造文化，但随后也被文化所塑造。文化作为行为人选择的约束条件，是人们的行为选择出来的，因此，文化内生于人的行为。优秀的中国传统文化是中国五千多年历史累积起来的宝贵财产，其生生不息的文化基因不但塑造了中华儿女的民族精神与性格，而且是中国现代企业家创新行为产生与经济社会发展的动力源泉。希望屈子书院讲坛能够坚守初衷，充分发挥中华优秀传统文化的传播与普及功能，为促进中国经济发展、社会繁荣、文化发展做出应有的贡献。

是为序！

2022 年 9 月于长沙

屈子书院：爱国忧民　修远求索

王　琦　朱汉民

　　湖南汨罗屈子书院是为了纪念与弘扬屈原爱国主义精神而建立的祭祀、讲学与培养人才的场所，创建于北宋大中祥符年间（1008—1016），又名汨罗书院、清烈书院、屈原书院等。其办学与搬迁始终与屈子祠相伴相随，几经兴废。

千年书院　弦歌不绝

　　公元前 278 年，秦将白起率兵攻破楚国郢都，屈原满怀孤愤，于五月初五投汨罗江以身殉国，汨罗先民们感佩屈原爱国忧民之精神，为其立祠，"汉末犹存"。《湖广通志》云："汨罗庙在汨罗江上，祀楚屈原。《水经注》：'罗渊北有屈原庙，庙前有碑。又有汉太守程坚碑记在原庙。'"可见屈子祠至少在汉代就已修建。因屈原曾任三闾大夫等职，并被封为昭灵侯、忠洁侯，故屈子祠又有屈原庙、汨罗庙、昭灵侯庙、忠洁侯庙、三闾庙、三闾大夫祠、屈原祠等不同名称，中间虽经战乱屡次被毁，但在唐、宋、元、明、清等诸代均多次重修，历代香火不断。

　　宋祥符年间，在汨罗庙东始建汨罗书院，承担起培养人才、教化乡民、纪念先贤等任务。元仁宗延祐五年（1318）封屈原为"忠节清烈公"，屈子祠与书院也相应更名为"忠节清烈公庙"与"清烈书院"。《湘阴县图志》曰："《通志》载元至元（1335—1340）间茶陵张希辙充湘阴清烈书院山长，元封屈原清烈公，书院亦以为名。"茶陵举人张希辙是书院历史上第一位有姓名可考的山长。又据元致和元年（1328），湘阴知县刘行荣《重建忠洁清烈公庙记》载："古唐孙侯天才元质来继守，庙东仍创斋居，出其赢余贸田三十六亩，州士彭翼飞又输私田五百益之"，可见书院仍建在庙东。

明代屈子祠复名汨罗庙，书院亦随之更名为汨罗书院。清乾隆十九年（1754），书院随同屈子祠搬迁到汨罗玉笥山。清咸丰甲寅（1854）曾毁于兵。同治年间，当地富绅欧阳博吾见"玉笥山有书院遗址，群谋拓其祠之地以为兴学计"（《湘北欧阳氏族谱·博吾公寿序》），捐钱千贯修复屈子祠山门，并在祠东新建了教室和庖厨，书院同时被恢复。1926年欧阳博吾后人欧阳淑回乡，利用屈子祠和书院旧舍，创办了私立汨罗初级中学，并从祠产中拨谷700石，于祠西新建教室和办公用房。新中国成立后，在屈子祠内创办了湘阴县第二十三完全小学，后改为屈子祠完全小学。

屈子精神 与日争光

汨罗是屈原晚年行吟栖息之地、魂归之处。屈原"哀民生之多艰"爱国忧民的高尚情操，"虽九死其犹未悔"追求美政的崇高理想，"路漫漫其修远兮，吾将上下而求索"的进取精神，感动着一代又一代汨罗人。

先民们在屈原投江之日"命舟楫以拯之""以竹筒子贮米，投水以祭之"的风俗，逐渐演变为中华民族端午吃粽子插艾叶、龙舟竞渡的传统节日习俗。至今汨罗江畔端午习俗已成为世界非物质文化遗产。而汨罗屈子祠及屈子书院的建设，则又为人们祭祀屈原、传承屈子精神树立了一座独特的历史文化地标。这里不仅走出了明代治世能臣夏原吉，明宣德年间为守城全家十八口同日捐躯的琼山知府易先，清雍正五年进士孟启谟，而且也是清代名臣郭嵩焘，开国元勋任弼时，文艺名家杨沫、白杨、康濯的故乡。

同时，屈子祠与屈子书院所承载、传承的屈子精神，不仅仅是汨罗人民的宝贵财富，更是湖湘文化的源头与中华民族精神的源泉，从古至今引来了贾谊、司马迁、颜延之、杜甫、韩愈、柳宗元、刘禹锡、贯休、文天祥、郭嵩焘、左宗棠、郭沫若、毛泽东等凭吊缅怀，他们或追古思今感时伤怀，或寄寓经世济民之情，留下了大量的吊屈原赋、祭屈原文等诗文作品，激励了一代代中华儿女们，在国家生死存亡之际，敢于舍生取义、杀身成仁。湖南在近现代中国史上，仁人志士辈出，便是屈原爱国主义精神长期感召与浸润的结果，体现了屈子精神对湖湘人格建构与湖湘文化发展所产生的重要影响。

书院重建　生机焕发

在文化大发展大繁荣的背景下，2009 年 12 月，中共中央政治局原常委李长春等同志亲临汨罗屈子祠视察，提议重建屈子书院，并亲笔题写"屈子书院"牌匾。复建后的屈子书院位于湖南省汨罗市玉笥山北麓，将湖湘风土建筑，《楚辞》意境意象与楚地特色的纹饰、色调、图腾等元素有机结合，采取了湖湘传统院落东、中、西三路式的布局，由牌坊、求索堂、沅湘堂、藏骚阁、清烈堂、众芳阁等 19 个单体建筑组成，整体风格古雅、简拙、恬淡、舒展。书院占地 15000 平方米，建筑面积 4539.2 平方米，是中国目前体量最大的穿斗式偶数开间的全木结构仿古建筑，与屈子祠、汨罗江、玉笥山等自然人文景观融合成为屈子文化园的有机整体。

屈子书院现已逐渐恢复其三大功能。一是讲学功能。以"屈子书院讲坛"为载体，秉承屈原的求索精神与爱国精神，倾力打造以传播中华优秀传统文化为己任的公益性学术讲坛，深入挖掘屈子文化与湖湘地域文化资源，整合国内外传统文化研究与传播的优秀力量，拉近学术与大众、传统与现代的距离，彰显新时代文化自觉与文化自信。二是展示功能。在屈子书院的西厢阅风厅、质正堂、椒兰堂等建筑群，集中展示了屈原《离骚》《天问》《九章》《九歌》等 25 篇作品；书院东厢的众芳阁、清烈堂等建筑以现代多媒体技术展示播放屈原浪漫千古的短片、全国屈原庙（祠）时空分布以及汨罗端午文化、民情民俗。三是藏书功能。以藏骚阁为载体，收集国内外屈学研究、楚辞研究等各类文献资料与研究专著，为全国屈学研究与诗词交流提供学术资料。

重建后的屈子书院，以崭新的面貌、包容的心态积极参加文化传播与学术交流。目前已经与中国屈原学会、中国诗词学会、中国书院学会、中南大学、长沙理工大学等单位建立了长期合作关系；设立了中国屈原学会汨罗屈原文化研究院，深入研究屈原文化，弘扬屈原的爱国主义精神，打造学术高地；加入中国书院学会，成为其理事单位，将学术灵魂注入古老而年轻的书院。

屈子书院，这座承载屈原爱国主义精神的文化地标，在21世纪的今天，秉承着"守正创新"的理念，正焕发出勃勃生机。

（本文于2020年10月16日发表于《学习时报》，并于2020年10月28日、2021年7月23日被"学习强国"转载）

目次

第1讲

朱子与屈子：以《楚辞后语》为例

朱杰人，华东师范大学终身教授、博士生导师，享受国务院特殊津贴。主要研究领域为古典文献学、经学、朱子学。主编《朱子全书》《朱子全书外编》《朱子著作宋刻集成》《元明朱子著作集成》等。曾任华东师范大学古籍研究所所长、华东师范大学出版社社长，兼任世界朱氏联合会秘书长、副会长，中国历史文献研究会名誉会长，上海出版工作者协会副主席，上海市儒学研究会名誉会长等。现为南溪书院、紫阳书院山长。

直播二维码　　直播在线参与人数：48.6万

导
言

　　《楚辞》作为中国文学史上的第一部浪漫主义诗歌
总集，寄寓了屈原爱国忧民、追求美政的价值理想与遭
谗被逐的人生际遇，引得无数文人墨客、名臣硕儒为之
流连彷徨、感时伤怀。南宋理学大师朱熹为什么对《楚
辞》情有独钟，晚年花了大量的时间为之作注？朱熹为
什么会成为屈原的千古知音？以经典为媒介，朱子与屈
子会产生怎样的情感共鸣？

　　2020 年 11 月 21 日，华东师范大学终身教授朱杰人
先生莅临屈子书院讲坛，发表"朱子与屈子：以《楚辞
后语》为例"的主旨演讲，与现场听众进行了精彩的互
动。讲座由凤凰网湖南频道全球同步直播，在线参与人
数多达 48.6 万；长沙理工大学设计艺术学院教授、湖南
汨罗屈子书院执行院长王琦担任嘉宾主持。

各位朋友、汨罗的父老乡亲：

大家好！

今天天气很冷，大家还冒着雨到这里来听讲座，我很感动。

一年多前，王琦教授约我到屈子书院来做讲座，我当然非常想来，汨罗对我们研究传统文化的人来说是一个神圣的地方。但是到汨罗来，到屈子书院来讲什么呢？我想来想去，还是要讲屈原。为什么呢？第一，因为这个地方是屈子投江之地，到这里来不讲屈子，我觉得对不住这位伟大的先人；第二，我是研究朱子的，朱子和屈子他们两个人有着深刻的精神上的沟通，朱子对屈子评价非常高，他在晚年花了大量心血注了《楚辞》，写文章为屈原抱不平，所以我觉得到屈子书院来一定要讲朱子和屈子。

大家知道，朱子有一部很重要的著作《楚辞集注》，这是研究屈原和《楚辞》史上一本划时代的、不可替代的著作。当年，毛主席在接待日本首相田中角荣的时候，就将朱子的《楚辞集注》作为国礼送给他。大家未必知道，朱子除了《楚辞集注》，还有其他有关屈原研究的著作，比如《楚辞后语》。这本书以前关注的人不多，今天我想以这本书为例，把朱子和屈子在精神上的勾连与共鸣阐发出来，让更多的人知道，这两位伟大的、具有世界影响的文化巨人是怎么样互相影响的，他们对中国文化的意义又是怎样的。

一、朱熹的诗歌创作

宋孝宗乾道六年（1170），工部侍郎胡铨以诗人荐朱子，朱子以母丧未终辞。多年后（淳熙十二年，1185），朱子在回忆这一往事时说："顷岁尝得一见先生（指胡铨）于临安，其后遂叨荐宠，而不知所以得之，或者以为先生尝见其诗而喜之也。"①朱子自己说，他不知道为什么胡铨会以诗人的身份荐举他，有人告诉他是因为胡铨喜欢他的诗。其实，这件事还可以追溯到更早的时候。隆兴初年（1163），孝宗即位不久，就曾经要求胡铨为他搜访诗人。胡铨观察了七年，终于为皇帝物色到十五个人，朱子是其中之一。在这之前，朱子已经被举荐过多次，隆兴元年甚至还被孝宗召见过。他对孝宗谈了自己的政见，但是孝宗并不认可，只给了他一个武学博士的虚衔，而且要待阙四年。胡铨的举荐有点别出心裁，他以"诗人"荐朱子，而且是打着孝宗"圣训"的名义，孝宗不能不接受。但这一次，朱子以母丧未终辞。

但是我们千万不能认为，胡铨的举荐只是一个"噱头"。胡铨的举荐是有依据的。朱子喜欢写诗，也有写诗的天分。据郭齐统计，朱子现存诗作凡七百四十五篇，一千二百首，另有词十七篇，十八首。②据考，现存最早的朱子诗作是绍兴十八年赴临安省试时所作的《远游篇》：

> 举坐且停酒，听我歌远游。远游何所至？咫尺视九州。
> 九州何茫茫，环海以为疆。上有孤凤翔，下有神驹骧。
> 孰能不惮远，为我游其方？为子奉尊酒，击铗歌慨康。
> 送子临大路，寒日为无光。悲风来远墅，执手空徘徨。
> 问子何所之？行矣戒关梁。世路百险艰，出门始忧伤。
> 东征忧旸谷，西游畏羊肠。南辕犯疠毒，北驾风裂裳。
> 愿子驰坚车，蹑险摧其刚。峨峨既不支，琐琐谁能当？
> 朝登南极道，暮宿临太行。睥睨即万里，超忽凌八荒。
> 无为蓐蘬者，终日守空堂！③

---

① 朱熹：《跋胡澹庵和李承之诗》，载《朱子全书》第 24 册，上海古籍出版社、安徽教育出版社 2010 年版，第 3872 页。

② 郭齐：《朱熹诗词编年笺注》上册，巴蜀书社 2000 年版，前言第 18 页。

③ 朱熹：《朱子全书》第 20 册，上海古籍出版社、安徽教育出版社 2010 年版，第 224 页。

　　这首诗把一个年轻人的远大抱负展现得淋漓尽致，可谓语句老辣，用典恰当，诗情动人。十九岁能写出这样的诗，确实不易。但是，这还不是朱子的处女作。朱子何时开始写诗，史无实据。王懋竑《朱熹年谱》曰："先是，婺源乡丈人俞仲猷，尝得先生少年翰墨以示其友董颖，相与嗟赏。颖有诗云：'共叹韦斋老，有子笔扛鼎。'"①可见幼时的朱子已有诗名。朱子进士及第之后，第二年即返乡展墓访亲，认识了表弟程洵。在返回福建的路上，他在写给程洵的信中谈了自己写诗的心得："作诗须从陶、柳门庭中来乃佳耳。盖不如是，不足以发萧散冲淡之趣，不免于局促尘埃，无由到古人佳处也。如选诗，及韦苏州诗，亦不可不熟观。近世诗人，如陈简斋，绝佳，张巨山逾冲淡，但世不甚喜耳。"②信中可以看出，朱子写诗是下了一番功夫的。

　　在给程洵写的另一封信中，他谈到了《楚辞》。他说："《三百篇》，性情之本；《离骚》，辞赋之宗，学诗而不本之于此，是亦浅矣。"③无独有偶，王懋竑《朱熹年谱》绍兴二十年记婺源乡人宴享朱子时曰："酒酣，坐客以次歌诵。先生独歌《离骚经》一章，吐音洪畅，坐客悚然。"④可见，《离骚》在朱子的心中具有特殊的地位，不仅视之为学诗之本，而且烂熟于心。

二、朱熹晚年的遭遇与政治形势

　　朱子一生遍注儒家经典，除《诗》以外，他还对两部文学作品作了"考异"和注：一为《昌黎先生集考异》，一为《楚辞集注》。值得注意的是，这两种书的撰述与完成均在庆元年间（此外，还有一书为《周易参同契考异》），也就是在他的晚年。"考异"之作在庆元三年（1197），朱子时年六十八岁，"集注"在庆元五年（1199），朱子七十岁。

---

① 王懋竑：《朱熹年谱》，中华书局 1998 年版，第 8 页。
② 《朱子读书法》卷 3，《文渊阁四库全书》电子本。
③ 洪嘉植：《朱熹年谱》"绍兴二十年"下《与程允夫贴》，转引自束景南《朱熹年谱长编》，华东师范大学出版社 2014 年版，第 135–136 页。
④ 王懋竑：《朱熹年谱》，中华书局 1998 年版，第 8 页。

为什么朱子在晚年如此集中地撰述与理学"无关"的书？

我们来看一下从庆元元年（1195）起，与朱子和理学有关的南宋大事记：[①]

庆元元年（1195），朱子六十六岁。

二月戊寅：右丞相赵汝愚罢。初，韩侂胄欲逐汝愚而难其名，京镗曰："彼宗姓也，诬以谋危社稷，则一网打尽矣！"侂胄然之。

六月：韩侂胄用事，士大夫素为清议所摈者，教以凡与为异者皆道学之人，疏姓名授之，俾以次斥革。或又言道学何罪，当名曰"伪学"，善类自皆不安。由是有"伪学"之目。

十一月丙午：窜故相赵汝愚于永州。

庆元二年（1196），朱子六十七岁。

正月：赵汝愚行至衡州病作。衡守钱鍪，承韩侂胄风旨，窘辱百端；庚子，汝愚暴卒。天下冤之。

二月：以端明殿学士叶翥知贡举。翥与刘德秀言："伪学之魁，以匹夫窃人主之柄，鼓动天下，故文风未能丕变。乞将语录之类，尽行除毁。"故是科取士，稍涉义理者悉皆黜落；《六经》《语》《孟》《中庸》《大学》之书，为世大禁。[②]

十二月：朱熹落职，罢祠。熹家居，自以蒙累朝知遇之恩，且尚带从臣职名，义不容默，乃草封事数万言，陈奸邪蔽主之祸，因以明赵汝愚之冤。子弟诸生更迭进谏，以为必贾祸，熹不听。蔡元定请以蓍决之，遇《遯》之《同人》。熹默然，取稿焚之。

时台谏欲论熹，无敢先发者。胡纮未达时，尝谒熹于建安，熹待学子惟脱粟饭，遇纮不能异也。纮不悦，语人曰："此非人情。只鸡斗酒，山中未为乏也。"及为监察御史，乃锐然以击熹自任，物色无所得，经年酝酿，章疏乃成。

---

①以下所引，除注明出处者外，均录自毕沅：《续资治通鉴》卷154-155，中华书局1957年版，第 4125-4160页，略有删改。

②陈邦瞻：《宋史纪事本末》卷80，中华书局2015年版，第873页。

有沈继祖者，尝采摭熹《语》《孟》之语以自售，至是以追论程颐，得为御史。纮以疏章授之，继祖谓立可致富贵，遂论熹："资本回邪，加以忮忍，剽窃张载、程颐之绪余，寓以吃菜事魔之妖术，簧鼓后进，张浮驾诞，私立品题，收招四方无行义之徒，以益其党伍。相与褒衣博带，食淡餐粗……潜形匿迹，如鬼如魅。……"因诬熹大罪有六。（笔者按：所谓六大罪状，一曰不孝其亲；二曰不敬于君；三曰不忠于国；四曰玩侮朝廷；五曰怨望君上；六曰有害于风教。[1]）……诏熹落职，罢祠，窜蔡元定于道州。

已而选人余嘉上书，乞斩熹以绝伪学。

庆元三年（1197），朱子六十八岁。

十二月丁酉：知绵州王抗疏请置伪学之籍。……于是伪学逆党得罪著籍者，宰执则有赵汝愚、留正、周必大、王蔺四人，待制以上则有朱熹、徐谊等十三人，余官则有刘光祖、吕祖俭等三十一人，武臣则有皇甫斌等三人，士人则有杨宏中等八人，共五十九人。

庆元四年（1198），朱子六十九岁。

五月己酉：右谏议大夫兼侍讲姚愈上言："近世行险侥幸之徒，但为道学之名，窃取程颐、张载之说，张而大之，聋瞽愚俗。权臣力主其说，结为死党，陛下取其罪魁之显然者，止从窜免，余悉不问，所以存全之意，可谓至矣。奈习之深者，怙恶不悛，日怀怨望，反以元祐党籍自比……夫元祐之党如此，而今伪党如彼。愿特奉明诏，播告天下，使中外晓然知邪正之实，庶奸伪之徒不至假借疑似以盗名欺世。"

五月：诏曰："朕惟向者权臣擅朝，伪邪朋附协肆奸宄，包藏祸心，赖天地之灵，宗庙之福。朕获承慈训，膺受内禅，阴类败坏，国势复安，嘉与士大夫励精更始，凡曰淫朋比德，几其自新。而历载臻兹，弗迪厥化，缔交合盟，窥伺间隙，毁誉升降，流言间发，将以倾国是而惑众心。甚至于窃附元祐之众贤，而不思实类乎绍圣之奸党……何其未能洗濯，以称朕意也。朕既深诏二三大臣，与夫执政言议之官，益维持正论，以明示天下矣，喻告所

---

① 李心传：《道命录》卷7上，朱军点校，上海古籍出版社2016年版，第69—70页。

以，其各改视回听，毋得借疑似之说，以惑乱世俗。若其遂非不悔，怙终不悛，邦有常刑，必罚无赦……"①

庆元五年（1199），朱子六十九岁。

十二月：臣僚札子奏："今奸伪之徒，假正以行污，背公而死党，口道先王之语而身为市井之事……其有长恶弗悛、负固不服，甘为圣时之罪人者，必重真典宪，投之荒远。"②

庆元六年（1200），朱子七十岁。

三月九日：朱子逝世。

十一月：言者论伪徒会送伪师朱某之葬乞严行约束："所有伪徒，如果有聚于信上，乞令守臣言行约束。散植坏群，无使滋蔓。"③

　　理学从北宋孕育发端，到朱子集大成而完成其理论建构，一直处在非议与攻击的旋涡中。理学与反理学的斗争始终贯穿在理学的发展过程中。但是宋宁宗继位以后，情况发生了急剧变化，由于宁宗宠信权臣韩侂胄，而韩侂胄为达到独揽朝政的目的，实施了一系列有组织的排斥异己的阴谋活动，把道学诬为"伪学"成为这些阴谋家手中最致命的武器。从上述庆元前五年的大事记可以看出，韩侂胄的第一个攻击目标就是宰相赵汝愚。赵汝愚同情理学，认可张栻、朱子、吕祖谦等的学问。宁宗即位以后，他在第一时间召朱子为待制经筵。赵汝愚以"谋危社稷"的罪名被免职以后，韩侂胄并未罢手，为杜绝赵东山再起之念并打击其门徒，他们杜撰"伪学"之名，以"唱引伪徒，谋为不轨"④的罪名将赵流放永州。赵汝愚的去职与去世，是对理学的一个致命打击，由此，理学失去了最高统治集团的最后一点庇护，而沦为砧板上的鱼肉。于是，义理之学在科举考试中被黜落，理学的著作被禁。而理学的领军人物朱子自然成了首当其冲的攻击对象。

　　构陷朱子的主要人物是胡纮和沈继祖。胡纮提供炮弹，沈继祖则罗织罪名炮制奏章。朱子被革职，甚至面临被诛杀的危险。韩侂胄之流，对理学及理学家步

---

①李心传：《道命录》卷7下，朱军点校，上海古籍出版社2016年版，第78-79页。

②李心传：《道命录》卷7下，朱军点校，上海古籍出版社2016年版，第83-84页。

③李心传：《道命录》卷7下，朱军点校，上海古籍出版社2016年版，第85-87页。

④脱脱：《宋史·赵汝愚传》，中华书局1985年版，第11989页。

步紧逼，必欲斩尽杀绝而后快。庆元三年，又颁布了"庆元党禁"黑名单，彻底断绝了理学人士的仕进之途。庆元四年，姚愈的奏章和宁宗的诏书则进一步收紧了党禁的绳索，显示出反理学派集团在打击理学的问题上罕见的顽固与不妥协的立场。庆元五年，党禁稍有松懈，反理学集团立即表现出他们的恐惧和慌张，于是更为严厉的惩处条例出笼。直至庆元六年朱子逝世后，这种政治高压也没有些许收敛。

这就是朱子生命的最后五年所面对的时局与政治压力。明白了这一点才可能明白为什么在晚年，朱子的研究与著作方向会突然改变。庆元以后，朱子已经完全失去了继续理学研究的政治环境和话语空间，他只能转换"频道"，从纯理学的研究变为较单纯的文学和宗教研究（《周易参同契考异》）。这是为了避祸，但也表现出一个思想家不屈不挠的韧性和坚忍不拔的精神。《楚辞后语》就是在这样的时代背景下产生的。

三、朱熹为何注《楚辞》

朱子晚年共有四部关于《楚辞》研究的作品：《楚辞集注》《楚辞辩证》《楚辞音考》《楚辞后语》。

在《楚辞集注》目录后，朱子有一段按语：屈原的"志行"，"皆出于忠君爱国之诚心"；屈原的著作，"皆生于缱绻恻怛、不能自已之至意"。这里朱子强调的是屈原"忠君爱国"和"缱绻恻怛、不能自已"的忠心。他说屈原的《离骚》下可以"使世之放臣、屏子、怨妻、去妇扱泪讴唫"，上可以"所天者幸而听之，则于彼此之间，天性民彝之善"，可以"交有所发，而增夫三纲五典之重"。①这是说读了屈原的赋，可以化解下民之怨气，而在上者可以了解民情民意，从而"交有所发"，达到传统道德和规范的重建。所以他不认为《楚辞》仅仅是"词人之赋"。

在这篇按语中，朱熹表达了从汉以来对《楚辞》注释和解读的不满，他认为

---

① 朱熹：《楚辞集注》，《朱子全书》第 19 册，上海古籍出版社、安徽教育出版社 2010 年版，第 16 页。

历代对《楚辞》理解都"已失其趣"，连司马迁都未能幸免。他说前人"或以迂滞而远于性情，或以迫切而害于义理，使原之所为壹郁而不得申于当年者，又晦昧而不见白于后世"。他认为前人没有理会到当年屈原情感上的抑郁，也不能从义理上理解和阐发屈原的所作所为，以至于屈原的精神和赋作的深刻内涵被淹没了，"而不见白于后世"。

另外，朱熹对长期以来人们对屈原的误解甚为不满。他对学生们说："屈原一书近偶阅之，从头被人错解了。自古至今，讹谬相踵，更无一人能破之者，而又为说以增饰之。看来屈原本是一个忠诚恻怛爱君底人，观他所作《离骚》数篇尽是归依爱慕、不忍舍去怀王之意，所以拳拳反复，不能自已，何尝有一句是骂怀王？亦不见他有褊躁之心，后来没出气处，不奈何方投河殒命。而今人句句尽解做骂怀王，枉屈说了屈原。"①他说的是屈原，但又何尝不是自况呢！

这些，就是朱子要注《楚辞》的原因。

但问题还不止于此。在按语的最后，朱子还有一段话："疾病呻吟之暇，聊据旧编，粗加櫽栝，定为《集注》八卷。庶几读者得以见古人于千载之上，而死者可作；又足以知千载之下有知我者，而不恨于来者之不闻也。"②所谓"疾病呻吟"，是朱子当时身体（疾病缠身）和心情（政治高压）的真实写照。一方面他要让屈原再现，另一方面他要让屈原的精神能传之后世，并希望自己身后会有理解他的人。这里，朱子流露出对现实彻底失望的无奈。全文最后，他长叹："呜呼悕矣，是岂易与俗人言哉！"③"悕矣"，直言自己的悲哀，且用"呜呼"加强语气，可见他的悲愤之情至深而不可排遣。值得人深思的是，他认为所有这一切都是"俗人"所不能理解的。这里我们除了可以看出在庆元党禁之际他的无助和世态的炎凉外，更可以看出，他之所以对屈原充满了感情，对注屈原满怀着激情，是因为他实际上是在表达自己，是在借注屈原而注自己。陈振孙说："公为此注在庆

---

①《朱子语类》卷137，《朱子全书》第18册，上海古籍出版社、安徽教育出版社2010年版，第4241页。

②朱熹：《楚辞集注》，《朱子全书》第19册，上海古籍出版社、安徽教育出版社2010年版，第17页。

③朱熹：《楚辞集注》，《朱子全书》第19册，上海古籍出版社、安徽教育出版社2010年版，第17页。

元退归之时，序文所谓'放臣弃子、怨妻去妇'，盖有感而托者也。其生平于六经皆有训传，而其殚见洽闻，发露不尽者，萃见于此书。呜呼伟矣！"[1]陈氏可谓朱子知音，他以"伟哉"赞颂朱子的《楚辞》研究。陈振孙是南宋端平、嘉熙时人，离朱子的时代尚不远，从他的评论可以看出时人对朱子晚年的《楚辞》研究还是有比较清醒的认知的。这恐怕是朱子要注《楚辞》的另一个更为深层的原因。

四、《楚辞》与《楚辞后语》

《楚辞集注》是"聊据旧编，粗加檃栝"，所谓"旧编"是指王逸的《楚辞章句》和洪兴祖的《楚辞补注》。朱子在《楚辞章句》和《楚辞补注》的基础上删改而成《楚辞集注》。

《楚辞辩证》是《楚辞集注》的姐妹篇，是对《楚辞集注》的补充和阐发，朱子著书有这样的传统。他注"四书"有《四书或问》，对从训诂到义理的各种问题加以深入阐发和辩证，是对《四书章句集注》的补充。他说："余既集王、洪《骚注》，顾其训故文义之外，犹有不可不知者。然虑文字之太繁，览者或没溺而失其要也，别记于后，以备参考。"[2]《楚辞辩证》就是这样的一本书。

自屈原之《离骚》出，后世仿效者代有人出。因为它不同于中原地区的《诗》，时人即以"辞赋"名之而成为一种文体。汉人把这类文体的作品汇聚成编统称"楚辞"。东汉王逸的《楚辞章句》开其先河，北宋洪兴祖《楚辞补注》继其踵。而后又有晁补之作《续楚辞》和《变楚辞》。质言之，这些书都是"楚辞"的选本。只是选主眼光不同，所选的篇目不尽相同而已。

晁补之，字无咎，济州钜野人。十七岁时，因作《七述》得到苏轼的赞许而成名，与黄庭坚、张耒、秦观齐名，被称为"四学士"。[3]检晁补之的《鸡肋集》有《离骚新序》上、中、下三文。《直斋书录解题》卷十五著录其《重定楚

①陈振孙：《直斋书录解题》卷15，上海古籍出版社1987年版，第435页。

②朱熹：《楚辞辩证》上，《朱子全书》第19册，上海古籍出版社、安徽教育出版社2010年版，第182页。

③脱脱等：《宋史·晁补之传》，中华书局1985年版，第13110–13111页。

辞》十六卷。解题曰："礼部郎中济北晁补之无咎撰。去《九思》一篇入《续楚辞》，定著十六卷，篇次亦颇改易……新序三篇述其意甚详。"①两相印证，说明晁氏确实曾新编《楚辞》一书。可惜其书早佚。《直斋书录解题》又著录晁氏《续楚辞》《变楚辞》二书，今亦不传。

晁氏的《重定楚辞》由于已失传，我们无法见到其篇目。从他的《离骚新序》上、中、下三篇序文②可以看出《重定楚辞》基本上承续了王逸《楚辞章句》的篇目，仅有以下改动。其一，改易了篇次：上八卷为屈原所著（按：晁氏有具体的考证，见"新序"），并以所著先后重新编排了顺序。其二，把西汉以前之文编为后八卷，他认为这是恢复了刘向的"旧录"。其三，在篇首增加了司马迁的《屈原传》。其四，把王逸的《九思》抽出，编入《续楚辞》。朱子对当时通行的选本非常不满，他重编楚辞而为《楚辞集注》，既没有采用晁氏的编目，也没有采用王氏的编目，而是按照自己对楚辞的研究，把他认为是屈原的作品七题二十五篇编定为五卷，把宋玉以下至淮南小山的作品八题十六篇编定为三卷。他对王逸以降的各种楚辞选本提出了严厉的批评："《七谏》《九怀》《九叹》《九思》，虽为骚体，然其词气平缓，意不深切，如无所疾痛而强为呻吟者……贾傅之词于西京为最高，且《惜逝》已著于篇，而二赋尤精，乃不见取，亦不可晓。"③他认为屈原以后产生的许多"楚辞"犯了一个很严重的错误，即没有学到屈原的精神而只是模仿屈原的文辞，"无所疾痛而强为呻吟"，以至于把楚辞精神内涵丢失了，这是不可原谅的。他之所以要重编楚辞，这是一个很重要的原因，也是他要再编一部《楚辞后语》的重要原因。

《楚辞后语》是在晁氏《续》《变》二书的基础上改编而成，《楚辞后语》其实是一本新选编的《楚辞》。对于晁氏的《续》《变》二书，他认为，"则凡词之如骚者已略备矣"④。从朱子的《楚辞辩证·晁录》篇的评论可以看出，晁

---

①陈振孙：《直斋书录解题》卷15，上海古籍出版社1987年版，第434页。

②晁补之：《鸡肋集》卷36，《文渊阁四库全书》电子版。

③朱熹：《楚辞辩证》上，《朱子全书》第19册，上海古籍出版社、安徽教育出版社2010年版，第183页。

④朱熹：《楚辞辩证》下，《朱子全书》第19册，上海古籍出版社、安徽教育出版社2010年版，第215页。

补之之所以要编《续》《变》是因为他不满于王逸"所载不尽古今词赋之美"。当然，王逸是东汉人，不可能尽汉以后之文。虽然晁补之补上了"汉以后之文"，而且"凡词之如骚者已略备"，但朱子依然认为他的选目问题很大。

晁氏编《续》《变》两书主要是"主于辞"，也就是说，他要把汉以后所有楚辞类的文字收罗殆尽，但是他其实也是有选择的。朱子曰："晁氏之为此书，固主于辞，而亦不得不兼于义。"①而朱子的《楚辞后语》正是在选目的"义"上与晁氏发生了很大的分歧。晁氏两书因已失传，我们无法看到他的确切篇目。但是从他的《离骚新序》《续离骚序》《变离骚序》中，我们可以大致推断出他的选目。把他的选目与朱子的《楚辞后语》作一对比，我们发现晁氏的篇目中有许多篇是朱子所不取的。兹罗列如下。

宋玉：《登徒子好色赋》《高唐赋》；司马相如：《子虚赋》《甘泉赋》《上林赋》；汉武帝：《李夫人赋》《天马》；王逸：《九思》；曹植：《洛神赋》《九愁》《九咏》；陆机：未知篇名；陆云：未知篇名；挚虞：《思游》；鲍照：《芜城赋》；江淹：未知篇名，疑为《恨赋》《别赋》；刘禹锡：《问大钧》；独孤及：《招北客》；杜牧：《阿房宫》；皮日休：《九讽》。

还有一些是朱子所取而晁氏不取的，罗列如下。

项羽：《垓下帐中歌》；张衡：《思玄赋》；陶潜：《归去来辞》；苏轼：《服胡麻赋》；张载：《鞠歌》；吕大临：《拟招》。

朱子所选篇目凡五十二篇，从以上比对看，《后语》与《续》《变》差别还是很大的。那么，朱子选编的标准是什么呢？他说：我因循于晁氏本之旧，但"考于辞也宜益精"，"而择于义也当益严"。就是说，他对"辞"——词赋的艺术性——有精益求精的要求，而对"义"——作品的思想性及其内涵——有更严格的要求。那么，什么样的作品才是符合朱子标准的呢？他说："盖屈子者穷而呼天、疾痛而呼父母之词也。故今所欲取而使之继之者，必其出于幽忧穷蹙、怨慕凄凉之意，乃为得其余韵，而宏衍钜丽之观、欢愉快适之语，宜不得而与焉。"②

---

①朱熹：《楚辞后语》目录，《朱子全书》第19册，上海古籍出版社、安徽教育出版社2010年版，第220页。

②朱熹：《楚辞后语》目录，《朱子全书》第19册，上海古籍出版社、安徽教育出版社2010年版，第220页。

他认为屈原的《离骚》本来就是幽怨心情的抒发，是一个爱国者的爱国之心无处可用、无法排遣而到了走投无路的绝境时的真实流露。这是《楚辞》精神内涵的要义所在。而那些模仿屈原辞藻、句法、结构等以歌功颂德、以表达个人欢愉快乐的作品，背离了《楚辞》的初衷，是不适合选用的。所以，如《子虚赋》《甘泉赋》《上林赋》之类的作品，就被他的《后语》排除了。另外，那些违背儒家义理的作品，虽然其词"若不可废"，但"以义裁之"则"其为礼法之罪人"，甚至如"屠儿之礼佛、倡家之读《礼》"，不能不摈弃。所以，《高唐》《李夫人》《洛神》都不能入选。还有一些无病呻吟的作品，如《九思》《思游》《恨赋》《别赋》之类，当然不能入他的法眼。

如果我们再看一下入选的作品，朱子的标准就更清楚了。

荀子《成相》。朱子曰：此篇"杂陈古今之乱兴亡之效，托声诗以风时君，若将以为工师之诵、旅贲之规者，其尊主爱民之意，亦深切矣"①。这里强调的是"尊主爱民之意"。

《佹诗》。春申君听信谗言逐荀子，后反悔又使人请荀子。荀子作《佹诗》谢绝，曰："彼远方，何其塞矣！仁人诎约，暴人衍矣。忠臣危殆，谗人般矣……以盲为明，以聋为聪；以危为安，以吉为凶。呜呼上天！曷维其同？"②这里标示的是奸人当道，忠贤被诎。

荆轲《易水歌》。朱子曰："夫轲匹夫之勇，其事无足言，然于此可见秦政之无道，燕丹之浅谋，而天下之势已至于此，虽使圣贤复生，亦未知其何以安之也！"③这里说的是秦政权的"无道"与燕太子的"浅谋"，以及燕国的败亡之势不可挽回。朱子接着说："且余于此又特以其词之悲壮激烈，非楚而楚，有足观者，于是录之，它固不遑深论云。"朱子欣赏这首歌的"悲壮激烈，非楚而楚"，是说这首歌不是楚人所作，但它却像楚辞一样具有楚辞的韵味。这是从文辞上说的。

---

① 朱熹：《楚辞后语》卷 1，《朱子全书》第 19 册，上海古籍出版社、安徽教育出版社 2010 年版，第 223 页。

② 朱熹：《楚辞后语》卷 1，《朱子全书》第 19 册，上海古籍出版社、安徽教育出版社 2010 年版，第 233 页。

③ 朱熹：《楚辞后语》卷 1，《朱子全书》第 19 册，上海古籍出版社、安徽教育出版社 2010 年版，第 234 页。

最后一句"不遑深论"，何谓"不遑深论"？这恰恰说明他选这首歌是有深意的，只是不便说而已。什么是他的深意呢？他深深地为统治者的"浅谋"而担忧。

《越人歌》。朱子的解题介绍了此歌的来历，说这篇作品"不学而得其（楚辞）余韵"，所以入选。文字很短，不得其奥义。但是读了歌词就见到真意了："今夕何夕兮，搴洲中流。今日何日兮，得与王子同舟。蒙羞被好兮，不訾诟耻。心几顽而不绝兮，得知王子。山有木兮木有枝，心说君兮君不知。"[1] "不訾诟耻""心几顽而不绝"，但是"心说君兮君不知"。

项羽《垓下帐中歌》。朱子曰："羽固楚人，而其词慷慨激烈，有千载不平之余愤，是以著之。"[2]这表达了一种奋斗不息的英雄气概。联想到朱子当时的处境，意味深长。同类的作品还有刘邦的《大风歌》，朱子叹曰："千百载以来，人主之词，亦未有若其壮丽而奇伟者也。呜呼雄哉！"[3]慨叹英雄，是对英雄的期盼，也是对现实生活的针砭。

刘邦与吕后为立太子而进行了一场暗斗，结果以刘邦和戚夫人的失败而告终。刘邦歌《鸿鹄歌》以抒抑郁。朱子在解题中详细地介绍了这场政治斗争的始末，最后总结道："呜呼！向使高祖之心，本不出于私爱，则必能深以天下国家之大计为己忧，而蚤与张、陈、陵、勃诸公谋之帷幄，以定其论……庶几吕氏悍戾之心，亦无所激而将自平，则后来之祸，犹可以不至于若是其烈。"[4]朱子的评论，绝非无的放矢。朱子认为国家的安宁与治理系于君心之正，所以他一再强调要"正君心"，要求君主"求放心"，而不能"出于私爱"。他这是在隔空喊话宋宁宗，尽一个臣子的规谏之责。

汉武帝《瓠子之歌》。朱子解题引归来子曰："先是帝封禅，巡祭山川，禅

①朱熹：《楚辞后语》卷1，《朱子全书》第19册，上海古籍出版社、安徽教育出版社2010年版，第235页

②朱熹：《楚辞后语》卷1，《朱子全书》第19册，上海古籍出版社、安徽教育出版社2010年版，第235页。

③朱熹：《楚辞后语》卷1，《朱子全书》第19册，上海古籍出版社、安徽教育出版社2010年版，第236页。

④朱熹：《楚辞后语》卷1，《朱子全书》第19册，上海古籍出版社、安徽教育出版社2010年版，第238页。

财极侈，海内为之虚耗。及为此歌，乃闵然有吁神忧民恻怛之意云。"①这是说，为人君要体恤民瘼，不能劳民伤财。

《秋风词》题解引文中子曰："《秋风》，乐极而哀来，其悔心之萌乎？"②这是说汉武帝晚年的悔悟之心。

《乌孙公主歌》。汉武帝嫁江都王女为匈奴乌孙王妻，乌孙王年老，上书请使其孙尚公主，武帝许之。公主不听，而武帝令其从俗。公主乃歌此词。朱子曰："公主词极悲哀，固可录。然并著其本末者，亦以为中国结婚夷狄，自取羞辱之戒云。"③当时的南宋正与金对峙，朝廷中和、战两派斗争激烈，主和势力日趋强势。这是对朝廷的提醒。

朱子弃司马相如《子虚》《上林》，而取《长门》《哀二世》两赋。朱子论曰："盖相如之文，能侈而不能约，能谄而不能谅。其《上林》《子虚》之作，既以夸丽而不得入于楚词，《大人》之于《远游》其渔猎又泰甚，然亦终归于谀也。特此二篇为有讽谏之意，而此篇（按：指《哀二世》赋）所为作者，正当时之商监，尤当倾意极言，以寤主听，顾乃低回局促，而不敢尽其词焉，亦足以知其阿意取容之可贱也。"④朱子对司马相如词赋的评价很严厉，认为他的毛病在于"夸丽"，流于谄媚，不敢讲真话。但是他还是选了两篇，而入选的理由则是"有讽谏之意"。他讨厌司马相如的"阿意取容"，直斥为"可贱"。

扬雄《反离骚》。朱子认为扬雄是个失节者，而他的《反离骚》"则反讪前哲以自文"⑤。扬雄在赋中说："夫圣哲之不遭兮，固时命之所有。虽增欷以于

---

①朱熹：《楚辞后语》卷 2，《朱子全书》第 19 册，上海古籍出版社、安徽教育出版社 2010 年版，第 240 页。

②朱熹：《楚辞后语》卷 2，《朱子全书》第 19 册，上海古籍出版社、安徽教育出版社 2010 年版，第 242 页。

③朱熹：《楚辞后语》卷 2，《朱子全书》第 19 册，上海古籍出版社、安徽教育出版社 2010 年版，第 243 页。

④朱熹：《楚辞后语》卷 2，《朱子全书》第 19 册，上海古籍出版社、安徽教育出版社 2010 年版，第 245 页。

⑤朱熹：《楚辞后语》目录，《朱子全书》第 19 册，上海古籍出版社、安徽教育出版社 2010 年版，第 221 页。

邑兮，吾恐灵修之不累改。"①意谓屈原命不遇时，楚王必不为之而改。朱子注曰："《孟子》曰：'千里而见王，是予所欲也。不遇故去，岂予所欲哉？'圣贤之心如此，原虽未及，而其拳拳于宗国，尤见臣子之至情，岂忍逆料其君之不可谏而先自已哉！此等义理，雄皆不足以知之，唯有偷生惜死一路，则见之明而行之熟耳。以此讥原，是以鸱枭而笑凤凰也。"②所以，朱子说他是"屈原之罪人，而此文乃《离骚》之谗贼矣"③。而他之所以要选此文，是为了"以明天下之大戒"。这是个反面教材，可以教育后人。值得注意的是，在《反离骚》文后有一长段评论，对扬雄之流讥讪与曲解屈原的论调做了针锋相对的批驳。他说："忠臣之用心，自尽其爱君之诚耳，死生毁誉，所不顾也……楚无人焉，原去则国从而亡，故虽身被放逐，犹徘徊而不忍去。生不得力争而强谏，死犹冀其感发而改行，使百世之下，闻其风者，虽流放废斥，犹知爱其君，眷眷而不忘，臣子之义尽矣。"④

晁氏的《续》《变》没有选苏轼的作品，朱子《后语》则选了一篇苏轼的《服胡麻赋》，他认为这篇赋的风格接近屈原的《橘颂》。但是在解题中朱子有一段话很有意思："公自蜀而东，道出屈原祠下，尝为之赋，以诋扬雄而申屈原志……其辑之乱乃曰：'君子之道，不必全兮。全身远害，亦或然兮。嗟子区区，独为其难兮。虽不适中，要以为贤兮。夫我何悲，子所安兮！'是为有发于原之心，而其词气亦若有冥会者。"⑤这是对那些批评屈原不该自沉者的批评。朱子充分肯定了屈原的拳拳爱君之心，认为这就是君臣之义。朱子的这篇跋文，其实是借屈原之行披露自己的心迹。这说明，他在庆元年间政治高压下作楚辞研

①朱熹：《楚辞后语》卷2，《朱子全书》第19册，上海古籍出版社、安徽教育出版社2010年版，第252页。

②朱熹：《楚辞后语》卷2，《朱子全书》第19册，上海古籍出版社、安徽教育出版社2010年版，第252页。

③朱熹：《楚辞后语》卷2，《朱子全书》第19册，上海古籍出版社、安徽教育出版社2010年版，第249页。

④朱熹：《楚辞后语》卷2，《朱子全书》第19册，上海古籍出版社、安徽教育出版社2010年版，第253页。

⑤朱熹：《楚辞后语》卷6，《朱子全书》第19册，上海古籍出版社、安徽教育出版社2010年版，第305页。

究，除了是借屈词以纾解自己的郁愤外，还有一种继续谏诤的目的。

朱子的《楚辞后语》最后收录了一篇张载的《鞠歌》、一篇吕大临的《拟招》。为什么要收录这两篇作品呢？朱子在《楚辞后语》目录的按语中说："至于终篇，特著张夫子、吕与叔之言，盖又以告夫游艺之及此者，使知学之有本而反求之，则文章有不足为者矣。"[1]他是要告诉读者，他虽然编了这本楚辞集，但不是为了要大家都来学写楚辞，因为这不是为学之本。《鞠歌》解题曰："《鞠歌》者，横渠张夫子之所作也。自孟子没而圣学不得其传，至是盖千有五百年矣。夫子蚤从范文正公受《中庸》之书，中岁出入于老、佛诸家之说，左右采获，十有余年。既自以为得之矣。然晚见二程夫子于京师，闻其论说而有警焉，于是尽弃异学，醇如也……著《订顽》《正蒙》等书万余言。闲阅古乐府词，病其语卑，乃更作此以自见，并以寄二程云。"[2]这段话叙述了张载的求学经历，强调他闻道以后的"尽弃旧学"，并点出他作《鞠歌》的缘由是他认为这些文字浅薄不足以为学之本。《鞠歌》第一句就说"鞠歌胡然兮，邀余乐之不犹"——鞠歌这一类文字所表达的情感和我所喜欢的是不一样的。他自己耿耿不寐、孜孜以求的是"庶感通乎来古"。"千五百年兮寥哉寂焉"——圣学已经失传一千五百多年了。他说自己有接续圣学的担当，所以要为此而努力。

全书最后一篇是吕大临的《拟招》。这是一首招魂词，词中说人的灵魂走失了所以要把它招回来。朱子说："大临受学程、张之门，其为此词，盖以寓夫求放心、复常性之微意，非特为词赋之流也。故附张子之言，以为是书之卒章，使游艺者知有所归宿焉。"[3]他认为，不能简单地把这首词看作是词赋，他其实是说明了为学者必先求放心。他把它放在全书的最后一篇，正是为了给那些游于艺者提一个醒——不要忘了为学之本。理学家们把词赋看作是"艺"，他们谨守孔

---

①朱熹：《楚辞后语》目录，《朱子全书》第19册，上海古籍出版社、安徽教育出版社2010年版，第221页。

②朱熹：《楚辞后语》卷6，《朱子全书》第19册，上海古籍出版社、安徽教育出版社2010年版，第308页。

③朱熹：《楚辞后语》卷6，《朱子全书》第19册，上海古籍出版社、安徽教育出版社2010年版，第309页。

子的教导"志于道，据于德，依于仁，游于艺"①。朱子注曰："此章言人之为学当如是也。盖学莫先于立志，志道，则心存于正而不他；据德，则道得于心而不失；依仁，则德性常用而物欲不行；游艺，则小物不遗而动息有养。学者于此，有以不失其先后之序、轻重之伦焉，则本末兼该，内外交养，日用之间，无少间隙，而涵泳从容，忽不自知其入于圣贤之域矣。"②所以，道、德、仁、艺是有先后次序的，"游于艺"一定是在求道、守德、依仁之后。

五、结语

《楚辞后语》是一部未完稿，朱子去世以后由他的儿子朱在于嘉定十年（1217）刊印出版。朱在的跋文说："独《思玄》《悲愤》及《复志赋》以下至于《幽怀》，则仅存其目而未及有所论述，故今于此十九章之叙，皆因晁氏之旧而书之。"③但细检全书，除朱在所谓"仅存其目而未及有所论述"的十九篇之外的篇章还存在两种情况。一、既有题解（叙），又有注。计有：《成相》《俕诗》《易水歌》《越人歌》《垓下帐中歌》《大风歌》《鸿鹄歌》《瓠子之歌》《秋风词》《乌孙公主歌》《长门赋》《哀二世赋》《自悼歌》《反离骚》《绝命词》，凡一十五篇。二、有题解（叙）而无注。计有《胡笳》以下共一十六篇。朱子因袭晁氏之叙的十九篇，细读叙文，基本上符合朱子的选文主旨。笔者推测，朱子应该认为可以不必重写了，所以予以保留。凡朱子重写叙文的可以认定为朱子不满意或不同意晁氏之说。本文的分析所据篇目都是朱子自己有叙或有注的作品，如果笔者对那些晁氏叙文被保留下来的篇目的推断（即朱子基本同意晁氏的观点）不错，那么，朱子编《楚辞后语》的微言大义可以得到更充分的阐发。

---

①朱熹：《论语集注》卷4，《四书章句集注》，《朱子全书》第6册，上海古籍出版社、安徽教育出版社2010年版，第121页。

②朱熹：《论语集注》卷4，《四书章句集注》，《朱子全书》第6册，上海古籍出版社、安徽教育出版社2010年版，第121页。

③朱熹：《楚辞后语》跋，《朱子全书》第19册，上海古籍出版社、安徽教育出版社2010年版，第312页。

　　《楚辞后语》给我们展示了朱子暮年的思想轨迹与情感脉动，让我们更形象地看到了一个忧国忧民、忠君爱国的理学家的博大胸怀和历史担当，不能不让人动容。但《楚辞后语》也给我们留下了一个永远无法弥补的遗憾。

　　呜呼哀哉！

（王琦整理并经主讲嘉宾最终审定）

现场互动

主持人（王琦）：刚才朱老师以《楚辞后语》这样一个独特视角，让我们看到了一个不一样的朱子、一个不一样的屈原。朱熹晚年为什么要注《楚辞》，为什么要选编《楚辞后语》，实际上寄寓了他自己的一种思想情感。朱子晚年给宋宁宗做老师，这对读书人来说是一个莫大的荣誉，当时很多读书人对朱熹也寄予了厚望。朱熹希望通过经筵讲学的机会，实现自己得君行道、道济天下的理想。然而现实是非常残酷的，在激烈的政治斗争之中，以朱熹为代表的儒家士大夫们被排挤出朝廷，甚至受到迫害，朱子在晚年是非常抑郁的。所以朱熹能够理解屈原，并对他做出了"忠君爱国"的评价。在宋代之前，很多人对屈原的行为褒贬不一，如班固认为屈原的行为过于扬才露己、显露君过，而真正地把屈原定位为一位忠君爱国忧民的诗人则源自朱熹。相同的境遇，往往能引发他们情感的共鸣。朱子之所以注释《楚辞》，选编《楚辞后语》，一方面是希望后人能够正确地理解屈原，另一方面也是希望后人通过他的作品理解自己的一片苦心，实际上朱子是借此来表达自己的人生际遇与理想，也希望后人通过学习知道文学的根本在哪里。学问不是为了吟风颂月，而是要经世致用，承担起知识分子应有的担当和使命。无论是朱熹还是屈原，他们的求索精神与爱国精神，对当代人为学修身，依然有着非常重要的价值和意义。

让我们以热烈的掌声再次感谢朱教授。谢谢！接下来，我们进入现场互动环节，欢迎朋友们积极向主讲嘉宾提问。

观众提问：感谢朱教授给我们带来的精彩演讲！对于屈原自投汨罗江，外界有很多不同看法，有人认为屈原之死轻于鸿毛，有人认为屈原之死重于泰山，请问您怎么看待这个问题？

朱杰人：这个问题提得很好。王琦教授今天早上给我一个本子让我题词，我题的是"屈原铸就了中国人的爱国之魂"。我认为屈原投江体现了他的爱国之心，是值得我们永久铭记的。汨罗千百年来之所以受到人们的关注，就是因为他是屈原的投江之地。比如说我这次来汨罗，朋友问我汨罗在哪里。我一说是屈原投江的地方，他们就知道。这说明什么呢？说明屈原永远活在中国人的心中，他给我们铸就了一颗爱国的心。

观众提问：朱教授您好！请问程朱理学的中庸之道和屈原强烈的爱国主义精神有什么关系？

朱杰人：你这句话背后的意思是屈原的做法和中庸之道是相违背的，是吗？我觉得应该不冲突。所谓的中庸之道，并不是说人们有一点点慷慨激烈的东西就不是中庸之道了，中庸之道里面没有这个含义。朱子讲过一句话，"血气之怒不可有，义理之怒不可无"，他也强调人要有一种义理之怒，对是非曲直争议要有一种担当和情怀，这个是不违背中庸之道的。

主持人（王琦）：谢谢朱教授！我接着朱教授的话题讲两句。屈原为什么要投江？为什么会写出《离骚》这样的千古绝唱？因为他对自己的国家与人民爱得深沉。也许这在别人看来有一点"过"，但是对屈原而言，这是他自己认为最合适、最恰当的一种选择，所以我们在理解屈原的时候，要站在他的立场，对他有一种同情性的理解。

时间不知不觉已经过去了两个多小时，感谢现场朋友们的提问，感谢朱教授带给我们的思想盛宴，感谢线上 48 万名网友的守候。

香草美人地，诗韵汨罗江。我们下期再见。

祝大家身体健康，万事如意！

谢谢！

（王琦整理并经主讲嘉宾审定）

屈原精神的现代价值

方铭，甘肃省庆阳市人。先后就读于兰州大学、武汉大学、北京大学，文学博士。曾在中国政法大学任教，现任北京语言大学教授、博士生导师，孔子与儒家文化研究所所长、光明文学遗产研究院常务副院长、《光明日报》文学遗产版专家委员会主任委员、中国屈原学会会长、中国屈原学会宋玉研究分会会长，《中国楚辞学》主编。主要从事先秦两汉经学、诸子、辞赋研究，著有《战国文学史》《战国文学史论》《期待与坠落：秦汉文人心态史》《经典与传统：先秦两汉诗赋考论》《战国诸子概论》《秦汉吏治监察举劾知见录》《鉴古知今：社会主义核心价值观古典释义》《楚辞全注》等20余种，主编有《中国儒学文化大观》《诗骚分类选讲》《春秋三传与经学文化》《儒学与二十世纪文化建设：首善文化的价值阐释与世界传播》《中国文学史》等数十种，发表论文200余篇。

直播二维码　　　直播在线参与人数：42.9 万

导言

　　屈原是中国历史上伟大的浪漫主义诗人，他不仅以瑰丽的想象与高超的艺术开创了"楚辞体"，而且以正道直行、清廉忠信、爱国忧民的精神，激励了一代代文人士大夫。然而，在不同的时代，屈原的形象与价值有一个不断被诠释与挖掘的过程。穿越千年历史的烟云，立足当今时代，我们又该如何认识与评价屈原？

　　2020 年 12 月 26 日，北京语言大学教授、中国屈原学会会长方铭先生莅临屈子书院讲坛，发表"如何认识屈原"的主旨演讲，与现场听众展开了精彩的互动。讲座由凤凰网湖南频道全球同步直播，在线参与人数多达 42.9 万；长沙理工大学设计艺术学院教授、湖南汨罗屈子书院执行院长王琦担任嘉宾主持。

尊敬的各位来宾、主持人:

感谢屈子书院院长朱汉民教授和执行院长王琦教授的垂青,让我有机会在这里给各位汨罗的朋友汇报我对屈原的一些学习心得;也感谢各位朋友拨冗莅临今天的报告会。今天我讲的内容主要是屈原精神的内涵及其现代价值。诸位都是屈原的乡亲,比我更了解屈原,请诸位不吝赐教。

屈原是历史上存在过的真实的人,同时也是经过历代文化人和屈原的崇敬者不断诠释的文化符号,我们既要还原历史上的屈原,也要注意后代人对屈原的诠释;既要注意对屈原正面的诠释,也要注意批评者的文化立场。总而言之,在中国文化史上,无论是赞扬屈原还是批评屈原,他们都把屈原当作一个有价值的样本,体现他们对屈原的尊敬和同情。如果能认识到这一点,还原历史就有了科学的立场。

从 1952 年开始,总部设在芬兰首都赫尔辛基的"世界和平理事会"每年推举四位世界文化名人。1953 年,世界和平理事会决定在中国诗人中推举一位世界文化名人,屈原当选。所以,中国诗人屈原与波兰天文学家哥白尼、法国作家拉伯雷、古巴作家何塞·马蒂就成为当年推选出来的四位世界文化名人。2009 年,以纪念屈原为主要内容的中国端午节及其传说进入"世界人类非物质文化遗产代表作名录",这标志着屈原不仅仅是世界文化名人,而且他的作品及精神价值是人类文化遗产的一部分。

屈原是一位历史人物,在两千多年的历史长河中,他受到了一切正直善良的中国人的尊敬。今天,他仍然生活在我们的文化生活中。基于现代文明价值观，正确认识和研究屈原的价值，是一切热爱屈原的不可推卸的责任。

一、作为文化符号的屈原

对于屈原的研究，开始于对屈原价值的探索。这个探索，从战国时期的宋玉就已经开始了。王逸《楚辞章句·九辩》序说："宋玉者，屈原弟子也。闵惜其师忠而放逐，故作《九辩》以述其志。"[1]而《九辩》说："坎廪兮，贫士失职而志不平。"[2]宋玉悯惜其师之"忠"，"忠"是就屈原的人格而言；宋玉说"贫士失职"，"士"是就屈原的才能而言。简单地说，屈原是一个忠而有才却受到不公正待遇的人。

班固《离骚序》说："昔在孝武，博览古文，淮南王安叙《离骚传》，以《国风》好色而不淫，《小雅》怨悱而不乱，若《离骚》者，可谓兼之。蝉蜕浊秽之中，浮游尘埃之外，皭然泥而不滓，推此志，虽与日月争光可也。"[3]刘安是西汉初期人，他除了高度赞扬屈原《离骚》的价值之外，着重强调屈原的"清"，即处污泥之中而不受污染，不与邪恶势力同流合污。

司马迁继承了刘安的观点，认为屈原"忠信"，《史记·屈原贾生列传》指出，屈原"信而见疑，忠而被谤"，但"眷顾楚国，系心怀王"，有"存君兴国"之义。同时，司马迁还突出了屈原作为"贤"者的价值："太史公曰：余读《离骚》《天问》《招魂》《哀郢》，悲其志。适长沙，观屈原所自沉渊，未尝不垂涕，想见其为人。及见贾生吊之，又怪屈原以彼其材，游诸侯，何国不容，而自令若是。"[4]司马迁强调屈原可周游诸侯，无有不重视者，屈原的资本就是因"彼其材"。

班固《离骚序》不同意刘安把屈原的作品和"六经"相提并论，但认为"其

---

①刘向编，王逸注，洪兴祖补，白化文等点校：《楚辞补注》卷 8，中华书局 1983 年版，第 182 页。
②刘向编，王逸注，洪兴祖补，白化文等点校：《楚辞补注》卷 8，中华书局 1983 年版，第 183 页。
③刘向编，王逸注，洪兴祖补，白化文等点校：《楚辞补注》卷 1，中华书局 1983 年版，第 49 页。
④司马迁：《史记》卷 84，中华书局 1982 年版，第 2482、2503 页。

文弘博丽雅，为辞赋宗"，屈原本人"虽非明智之器，可谓妙才者也"。①班固《离骚赞序》指出，"屈原初事怀王，甚见信任。同列上官大夫妒害其宠，谗之王，王怒而疏屈原。屈原以忠信见疑，忧愁幽思而作《离骚》"，"屈原痛君不明，信用群小，国将危亡，忠诚之情，怀不能已，故作《离骚》"，"不忍浊世，自投汨罗"。②班固虽然对屈原的处世智慧有所质疑，但同样认为屈原是"忠信"之人，是"妙才"。《汉书·艺文志》说："春秋之后，周道浸坏，聘问歌咏不行于列国，学《诗》之士逸在布衣，而贤人失志之赋作矣。大儒孙卿及楚臣屈原离谗忧国，皆作赋以风，咸有恻隐古诗之义。"③可见在班固眼里，屈原既是"贤人"，又能"忧国"，继承《诗经》传统，作赋以讽。

王逸与屈原有乡亲之谊，因此，把屈原的作品《离骚》提到了"经"的地位。《楚辞章句·九思序》说："《九思》者，王逸之所作也。逸，南阳人（一作南郡），博雅多览，读《楚辞》而伤愍屈原，故为之作解。"又说："逸与屈原同土共国，悼伤之情与凡有异。"④王逸推崇屈原，对屈原的定位，继承了他的前辈的观点，即"清""忠""贤"。《楚辞章句序》说："屈原履忠被谮，忧悲愁思，独依诗人之义而作《离骚》。上以讽谏，下以自慰。遭时暗乱，不见省纳，不胜愤懑，遂复作《九歌》以下凡二十五篇。"⑤《楚辞章句·离骚序》说，屈原"不忍以清白久居浊世，遂赴汨渊，自沉而死"，"凡百君子，莫不慕其清高，嘉其文采，哀其不遇，而愍其志焉"。⑥

从宋玉到王逸，他们将屈原作为一个具有"清廉""忠信"人格的"贤人"形象确立下来。这个历史定位，成为屈原形象最基本的内涵。清廉、忠信、贤人，既体现了中国古人对各级官员模范人格的定位，也是中国古人对屈原抱有深刻同情和敬仰的历史原因。而"贤人"定位，也使屈原和孔子的"圣人"境界相

①刘向编，王逸注，洪兴祖补，白化文等点校：《楚辞补注》卷1，中华书局1983年版，第50页。
②刘向编，王逸注，洪兴祖补，白化文等点校：《楚辞补注》卷1，中华书局1983年版，第51页。
③班固：《汉书》卷30，中华书局1962年版，第1756页。
④刘向编，王逸注，洪兴祖补，白化文等点校：《楚辞补注》卷17，中华书局1983年版，第313、314页。
⑤刘向编，王逸注，洪兴祖补，白化文等点校：《楚辞补注》卷1，中华书局1983年版，第48页。
⑥刘向编，王逸注，洪兴祖补，白化文等点校：《楚辞补注》卷1，中华书局1983年版，第2–3页。

区别。《白虎通义·圣人》说："圣者，通也，道也，声也。道无所不通，明无所不照，闻声知情，与天地合德，日月合明，四时合序，鬼神合吉凶。"[1]孔子既有坚守，而又通权达变，其境界与屈原既联系又有区别。

20 世纪初，随着西洋文化的传播，中国学者对中国传统文化的价值发生怀疑，而民主主义的思想，也要求重新反思屈原的形象所蕴含的意义。1922 年 8 月 28 日，著名的新文化运动旗手胡适写了《读楚辞》一文，该文同年发表在《读书杂志》第一期上。胡适认为《史记》本来不很可靠，而《史记》的《屈原贾生列传》尤其不可靠；传说中的屈原，是根据"儒教化"的《楚辞》解释的，是"箭垛式"的，若真有其人，必不会生在秦汉以前。胡适的上述观点，固然是在疑古思潮大环境下的大胆之言，随着出土文献的不断公布，疑古学派的观点已经成为学术空想。胡适又提出了把《楚辞》重归文学的学科设想，他认为，《楚辞》的研究史是久被"酸化"的，只有推翻屈原的传说，进而才能推翻《楚辞》作为"一部忠臣教科书"的不幸历史，然后可以"从楚辞本身上去寻出它的文学兴味来，然后楚辞的文学家之可以有恢复的希望"。[2]显然，胡适所谓"文学"学科的观念，也是从西洋传来的，而不是中国古代固有的"文学"学科概念。

1922 年 11 月 3 日，梁启超先生在东南大学文哲学会上发表了《屈原研究》之讲演，梁启超认为，中国文学家的老祖宗必推屈原，中国历史上表现个性的作品头一位就是屈原的作品。梁启超认为，屈原具有改革政治的热情，又热爱人民，热爱社会，他以其自杀表现出对社会、对祖国的同情和眷恋，以及不愿意向黑暗势力妥协的决心，因此，屈原的自杀使他的人格和作品更加光耀。[3]显然，梁启超对屈原的评价，有胡适的新"文学"观念的影响，同时，又继承了中国古代将屈原作为"清廉""忠信""贤人"形象的传统。

1929 年 6 月 7 日，郭沫若写了《革命诗人屈原》一文，认为春秋战国时期，也存在一个"五四运动"，而屈原就是古代"五四运动"的健将，即中国古代

---

[1]班固撰，陈立疏证，吴则虞点校：《白虎通疏证》卷 7，中华书局 1994 年版，第 334 页。
[2]胡适：《胡适文存二集》，亚东图书馆 1924 年版，第 147–148 页。
[3]梁启超：《饮冰室合集·饮冰室文集之三十九》，中华书局 2015 年版，第 49–68 页。

的诗在屈原手里发起了一次"大革命"。[①] 1942 年，郭沫若又写了《屈原思想》一文，提出屈原的世界观是前进的、革命的，但是，他作为诗人在构想和遣词上的技术却不免有些保守的倾向。郭沫若认为，屈原思想明显有儒家风貌，注重民生，倡导德政，注重修己以安人，所以屈原是一位南方的儒者。[②]

1953 年 6 月 13 日，林庚先生在《大公报》发表了《诗人屈原的出现》一文，提出屈原的艺术才能"全部为了人民的愿望与政治斗争"，在中国古代，没有一个诗人能像屈原一样，紧密地把自己一生的思想感情与政治斗争完全统一起来，因此，屈原是"我们伟大的第一个诗人"，"是一个政治家"，他毕生为一个政治理想而斗争，他是一个真理的追求者。[③]

1957 年，作家出版社出版了《楚辞研究论文集》，其中收录的论文大部分发表于 1951 年至 1956 年的重要报刊上，是代表屈原被确定为世界文化名人前后中国官方主流观点的一部著作。其中具有代表性的关于屈原评价的文章，首先是郭沫若的《伟大的爱国主义诗人——屈原》。郭沫若认为，屈原"同情人民，热爱人民"，"不仅热爱楚国，而且热爱中国"。[④]褚斌杰先生《屈原——热爱祖国的诗人》提出屈原的"思想和行为是崇高的，具有人民性的"观点，认为屈原的价值体现在以下四方面：疾恶如仇，能与腐朽反动的贵族政权作斗争；关怀民族命运和人民生活；对祖国和乡土无限热爱；宁死不屈，有以死殉国的伟大气节。[⑤]

20 世纪中期以后，无数中国古代伟大的思想家和文学家或多或少地受到了中国主流政治意识的批判和鞭挞，屈原却一直为主流政治意识和文化意识所肯定。当然，这也带来了屈原价值的多面性描述，如除"伟大的人民诗人""爱国主义诗人"的称号之外，在 20 世纪 70 年代开展的评法批儒运动中，屈原被描述为法家；而在 1977 年以后，屈原作为政治改革家而常被提及。

---

① 郭沫若：《郭沫若全集·文学编·蒲剑集》卷 19，人民文学出版社 1992 年版，第 48–51 页。
② 郭沫若：《先秦学术述林》，上海书店影印东南出版社 1945 年版，第 127–147 页。
③作家出版社编辑部编：《楚辞研究论文集》，作家出版社 1957 年版，第 33 页。
④作家出版社编辑部编：《楚辞研究论文集》，作家出版社 1957 年版，第 8–9 页。
⑤作家出版社编辑部编：《楚辞研究论文集》，作家出版社 1957 年版，第 36 页。

胡适先生曾主张抛开屈原的政治活动来讨论屈原作品的意义，林庚先生则认为屈原首先是一个政治家，他的文学活动是和政治活动紧密联系在一起的。显然，林庚先生的观点，更体现了知人论世的文学观念。

二、作为政治家的屈原

屈原是战国时期楚国的重要政治家，同时是一个想有所作为的政治家。对屈原的把握，离不开屈原的政治活动。只有抓住屈原的政治活动轨迹，才能准确地把握屈原作品的内涵。屈原的价值，体现为他的文学成就和政治人格的完美结合。屈原的作品，表现的内容是他的政治活动和政治遭遇，以及所带来的思想感情方面的期待与沮丧、希望与失望。屈原的政治活动和政治遭遇，我们又是通过他的作品了解的。如果没有屈原的作品，我们就无法了解屈原的遭遇；如果没有屈原的坎坷遭遇，他可能不会创作这些作品（即使创作了作品，也不会有这么久远的影响力）。

《楚辞章句·天问序》说：“屈原放逐，忧心愁悴，彷徨山泽，经历陵陆，嗟号昊旻，仰天叹息，见楚有先王之庙及公卿祠堂，图画天地山川神灵，琦玮僪佹，及古贤圣怪物行事，周流罢倦，休息其下，仰见图画，因书其壁，呵而问之，以泄愤懑，舒泻愁思。楚人哀惜屈原，因共论述，故其文义不次序云尔。”[1]

《楚辞章句·九章序》说：“屈原放于江南之野，思君念国，忧心罔极，故复作《九章》。章者，著也，明也。言己所陈忠信之道，甚著明也。卒不见纳，委命自沉，楚人惜而哀之，世论其词以相传焉。”[2]

《楚辞章句·渔父序》说：“屈原放逐在江、湘之间，忧愁叹吟，仪容变易，而渔父避世隐身，钓鱼江滨，欣然自乐，时遇屈原川泽之域，怪而问之，遂相应答。楚人思念屈原，因叙其辞，以相传焉。”[3]王逸提到楚人高其行义，玮

---

[1] 刘向编，王逸注，洪兴祖补，白化文等点校：《楚辞补注》卷 3，中华书局 1983 年版，第 85 页。

[2] 刘向编，王逸注，洪兴祖补，白化文等点校：《楚辞补注》卷 4，中华书局 1983 年版，第 120-121 页。

[3] 刘向编，王逸注，洪兴祖补，白化文等点校：《楚辞补注》卷 7，中华书局 1983 年版，第 179 页。

其文采，楚人哀惜屈原，思念屈原，因此，因共论述，因叙其辞，以相教传。也就是说，如果没有屈原的高尚行义和奇玮文采，没有对屈原的哀惜和同情，屈原的作品能否流传，就是一个未知数。

战国时期是一个大动荡的时代。随着晋国的分裂、楚国的衰落，春秋时的晋、楚两极世界变成了秦国独大的一极世界。秦国之所以兴，楚国之所以衰，最根本的原因就是秦国有政治优势。秦国自秦穆公开始，不拘一格重用人才，秦国的重要岗位不但向秦国人开放，而且向山东诸侯国的人才开放，只要是人才，都可得到任用。《史记·孔子世家》载，鲁昭公二十年，时孔子三十岁，齐景公与晏婴访问鲁国，齐景公问孔子说："昔秦穆公国小处辟，其霸何也？"孔子回答说："秦虽国小，其志大；处虽辟，行中正。身举五羖，爵之大夫，起垒绁之中，与语三日，授之以政。以此取之，虽王可也，其霸小矣。"①秦穆公的志大中正、礼贤下士，正是秦国由霸而王的基础。

秦国的政治是一个开放的体系，而楚国的政治却是一个封闭的体系，楚王重用的都是他的近亲。《史记·孙子吴起列传》载，吴起逃离魏国，"楚悼王素闻起贤，至则相楚。明法审令，捐不急之官，废公族疏远者，以抚养战斗之士。"其矛头首先就对准了楚之贵戚，等到楚悼王死后，楚国"宗室大臣作乱而攻吴起，吴起走之王尸而伏之"，虽然最后楚国"尽诛射吴起而并中王尸者，坐射起而夷宗死者七十余家"，但是，楚国的政治仍然回到了重用贵戚的老路上。②湖南长沙岳麓书院门口有"惟楚有材，于斯为盛"的对联，"惟楚有材"说的是春秋时期"楚材晋用"的典故，"楚材晋用"，不是说楚国的人才多，而是说楚国的人才不能在楚国发挥作用，只好到外国去了。《离骚》中灵氛为屈原占卜，得出的结论也是应该远行，灵氛说："两美其必合兮，孰信修而慕之？思九州之博大兮，岂唯是其有女？"③说的也是一个人才，应该选择一个能够有所作为的地方，做出一番事业来。

楚国因为政治上的封闭性，导致优秀的人才不但不能在楚国得到重用，而且还深受迫害。春秋时伍子胥的遭遇就说明了这一点。《史记·伍子胥列传》载，

①司马迁：《史记》卷 47，中华书局 1982 年版，第 1910 页。
②司马迁：《史记》卷 65，中华书局 1982 年版，第 2168 页。
③刘向编，王逸注，洪兴祖补，白化文等点校：《楚辞补注》卷 1，中华书局 1983 年版，第 35 页。

楚平王给太子建娶秦女，因秦女美好，于是占为己有，并因此忌恨太子建及其太傅伍奢，于是杀伍奢。又因伍奢二子伍尚、伍员贤，欲杀二人，伍尚死，伍员逃亡。伍员即伍子胥，伍子胥逃到吴国后，统帅吴国军队灭楚，而楚臣申包胥"立于秦廷，昼夜哭，七日七夜不绝其声"，秦哀公怜之，说："楚虽无道，有臣若是，可无存乎！"于是"遣车五百乘救楚击吴"，①楚国因此才能在春秋后期苟延残喘下来。

战国时期，楚国虽有恢复，但要和秦国对抗，仍然是没有力量的。《史记·秦始皇本纪》载，秦孝公死后，秦惠王、秦武王"蒙故业，因遗册，南兼汉中，西举巴、蜀，东割膏腴之地，收要害之郡"。诸侯眼见秦之强大，心中恐惧，"会盟而谋弱秦，不爱珍器重宝肥美之地，以致天下之士，合从缔交，相与为一"。山东诸侯"常以十倍之地，百万之众，叩关而攻秦。秦人开关延敌，九国之师逡巡遁逃而不敢进"，"于是从散约解，争割地而奉秦"。秦"因利乘便，宰割天下，分裂河山，强国请服，弱国入朝"。②《史记·张仪列传》载张仪说楚怀王："秦地半天下，兵敌四国，被险带河，四塞以为固。虎贲之士百余万，车千乘，骑万匹，积粟如丘山。法令既明，士卒安难乐死，主明以严，将智以武，虽无出甲，席卷常山之险，必折天下之脊，天下有后服者先亡。且夫为从者，无以异于驱群羊而攻猛虎，虎之与羊不格明矣。今王不与猛虎而与群羊，臣窃以为大王之计过也。"③

秦国的强势，以及楚国的羸弱，决定了战国时期的楚国处在一个不可能有大作为的时代。也正因此，屈原给楚王提出的连齐抗秦，杀张仪以泄愤，不去武关会秦王的政治策略，楚怀王都不敢接受。《史记·楚世家》载秦昭襄王约楚怀王访秦，"楚怀王见秦王书，患之。欲往，恐见欺；无往，恐秦怒"④。楚怀王为了社稷，只能不顾自己的安危，亲赴秦国。楚怀王也许做不到"民为贵"，但是，他知道在社稷存亡面前"君为轻"的价值判断，他不去秦国，则可能"危社

①司马迁：《史记》卷66，中华书局1982年版，第2171–2183页。

②司马迁：《史记》卷6，中华书局1982年版，第279页。

③司马迁：《史记》卷70，中华书局1982年版，第2289–2290页。

④司马迁：《史记》卷40，中华书局1982年版，第1728页。

稷"，所以，他只得去了。

屈原是一个想在楚国有所作为的政治家，但是楚国不能给他提供大有作为的舞台。这是屈原和楚国领导层发生矛盾的根源，也是他悲剧命运的根源。

战国时期是一个巨变的时代，如何适应社会的蜕变，成了这个时代弄潮儿们要考虑的关键问题，当时成功的政治家无不体现了这个特点。法家、纵横家的成功，在于他们放弃自己的坚守。

孔子和他的弟子是春秋战国时期最有坚守的政治家。孔子周游列国，不是为了谋得官职，而是为了传道，也正因此，孔子面对诸侯权臣的邀请，不为所动。《论语·阳货》载，阳货因孔子不愿出来工作，因此攻击他"怀其宝而迷其邦"，是"不仁"，"好从事而亟失时"，是"不知"，[1]殊不知，如果不能以道治国，而在乱世求富贵，必然会成为坏人帮凶。因此，孔子的坚守，正是其仁和智的体现。《史记·孟子荀卿列传》说，战国时期"天下方务于合从连衡，以攻伐为贤，而孟轲乃述唐、虞、三代之德"，与世俗不合，梁惠王甚至认为孟子"迂远而阔于事情"。不过司马迁理解儒家的坚守，他说："故武王以仁义伐纣而王，伯夷饿不食周粟；卫灵公问阵，而孔子不答；梁惠王谋欲攻赵，孟轲称大王去邠。此岂有意阿世俗苟合而已哉！持方枘而内圆凿，其能入乎？"[2]

《史记·商君列传》载，商鞅因秦孝公宠臣景监求见孝公，先"说公以帝道"，"孝公时时睡，弗听"，谴责景监说："子之客妄人耳，安足用邪！"后五日，商鞅二见孝公，"说公以王道"，"益愈，然而未中旨"，"孝公复让景监"。商鞅三见孝公，"说公以霸道，孝公善之而未用也"，孝公对景监说："汝客善，可与语矣。"商鞅四见孝公，"以强国之术说君"，"公与语，不自知膝之前于席也。语数日不厌"。商鞅的最高理想是帝道，其次是王道，再次是霸道，而强国之术是他认为的最为下下者之道，但因为秦孝公认为"安能邑邑待数十百年以成帝王乎"，"久远，吾不能待"，商鞅就放弃了他的理想，而投孝公所好，但他自己知道，强国之术"难以比德于殷周矣"。[3]

---

①何晏集解，邢昺疏：《论语注疏》卷17，《十三经注疏》，中华书局2009年版，第5484页。

②司马迁：《史记》卷74，中华书局1982年版，第2343-2345页。

③司马迁：《史记》卷68，中华书局1982年版，第2227-2238页。

《史记·苏秦列传》载苏秦出道后，先赴秦国，以连横为说，意在统一天下。秦惠公刚诛杀商鞅，兴趣不在此，说："毛羽未成，不可以高飞；文理未明，不可以并兼。"[1]因此不用苏秦。苏秦于是东赴燕国，以合纵为说，推介反统一的政治策略。《史记·张仪列传》说张仪先赴燕国找苏秦，意欲参与合纵大业，从事反统一活动，苏秦不用张仪，张仪只好西至秦国，投身连横事业中，从事统一活动。[2]

商鞅，以及苏秦、张仪，不能说他们心中没有理想和是非观，但是，他们没有底线。他们都是把"做官"和"做事"放在第一位，而没有把国家和民族的未来放在第一位，因此，他们根据君主这个市场的需求来提供自己的产品，而不是把拯救国家和民族放在第一位，没有为国家和民族的未来去服务社会的信念。孔子和屈原是要"做官""做事"，但他们"做官"是为了"做正确的事"。

《礼记·礼运》引孔子之言说："大道之行也，天下为公。选贤与能，讲信修睦，故人不独亲其亲，不独子其子，使老有所终，壮有所用，幼有所长，矜、寡、孤、独、废疾者，皆有所养。男有分，女有归。货恶其弃于地也，不必藏于己；力恶其不出于身也，不必为己。是故谋闭而不兴，盗窃乱贼而不作，故外户而不闭，是谓大同。……以著其义，以考其信，著有过，刑仁讲让，示民有常。如有不由此者，在执者去，众以为殃，是谓小康。"[3]孔子把春秋前的中国古代社会分为大同、小康两个阶段，而认为春秋时期是"礼崩乐坏"的时代。《战国策·燕策一》载郭隗之言，有"帝者与师处，王者与友处，霸者与臣处，亡国与役处"[4]四句。帝道、帝者指五帝时代，王道、王者指夏、商、周三王时期，霸道、霸者指春秋时期，强国之术、亡国指的是战国时期。五帝时代，特别是尧、舜时期，效法"天道"，政治制度以"天下为公"为基础，政治文化以"大同"为价值，经济权利和政治权力平等，是这个时期的社会特征，简单地说，就是有饭大家同吃，有衣大家同穿。三王时期，虽是"天下为家"的时代，但社会文化

①司马迁：《史记》卷 69，中华书局 1982 年版，第 2242 页。

②司马迁：《史记》卷 70，中华书局 1982 年版，第 2280–2304 页。

③郑玄注，孔颖达正义：《礼记正义》卷 21，中华书局 2009 年版，第 3062–3063 页。

④刘向撰，何建章注释：《战国策注释》卷 29，中华书局 1990 年版，第 1111 页。

氛围强调德治，即领导人为人民服务，领导先天下之忧而忧，后天下之乐而乐。

夏、商两代谈不上有德治传统，德治精神应该是周人克商之后建立的文化体系所体现的价值。周先祖不窋在夏后启破坏禅让体制、篡权建立世袭制政治体制后去夏，辗转在泾河流域的义渠即今天的甘肃庆阳一带，在周民族部落中传承"大同"文化。但是周克商后，民族融合，周人面临继承"家天下"的政治制度遗产和固有的"大同"政治文化遗产的冲突，因此，提出以德治来调节人民和周天子利益相悖可能带来的困境。

德治的特征，通俗地说，就是群众没有饭吃，领导也不吃饭；群众没有衣服穿，领导也不穿衣。其体现就是贯彻"仁政"观念，领导人在享受特权的时候，也兼顾群众的生存问题。通俗地说，就是领导吃肉的时候，应该给人民留一点肉汤喝。而强国之术，强调的政治文化是弱肉强食。《论语·颜渊》说："爱之欲其生，恶之欲其死。"[1]《史记·天官书》说："顺之胜，逆之败。"[2]《韩非子·五蠹》指出："当今争于气力。"[3]这些话所表述的行事原则，就代表了这个时代的文化价值。简单说，就是群众顺从领导，则有饭吃，有衣穿；不顺从领导，则没有饭吃，没有衣穿。

从大同至小康，从小康至春秋，从春秋至战国，是中国社会制度不断退化的过程，《孟子·告子下》说："五霸者，三王之罪人也。今之诸侯，五霸之罪人也。"[4]而实际上，三王也是尧、舜之罪人。《道德经·德经》说："故失道而后德，失德而后仁，失仁而后义，失义而后礼。夫礼者，忠信之薄，而乱之首。"[5]《庄子·知北游》说："失道而后德，失德而后仁，失仁而后义，失义而后礼。礼者，道之华而乱之首也。"[6]大体说的也是从大同以下的社会蜕变带来的观念变化，道与大同时期相联系，德与小康时期相联系，仁、义、礼则是小

---

①何晏集解，邢昺疏：《论语注疏》卷12，《十三经注疏》，中华书局2009年版，第5438页。

②司马迁：《史记》卷27，中华书局1982年版，第1319页。

③王先慎撰，钟哲点校：《韩非子集解》卷19，中华书局1998年版，第445页。

④赵岐注，孙奭疏：《孟子注疏》卷12下，《十三经注疏》，中华书局2009年版，第6004页。

⑤朱谦之：《老子校释》，中华书局1984年版，第152页。

⑥郭庆藩撰，王孝鱼点校：《庄子集释》卷7，中华书局2012年版，第731页。

康之后至五霸时期的政治文化。

屈原同样是有坚守的政治家，他之所以能坚守，就在于他是一位深沉的思考者、一位关心楚国命运的政治家。屈原思考拯救楚国的指导原则，思考历史与现实、自然与社会的有关问题。屈原在思考楚国的现实困境的时候，提出了解决楚国政治困境的方法，这就是要实现尧、舜、禹、汤、文武之"美政"。因此，与其说屈原是法家或者改革家，毋宁说他是一个坚守传统的儒家思想家。他的思想价值，不在于他在战国时期体现了怎样的改革意识，而在于他知道人民的幸福依靠回归"选贤与能"的美政。这就使他与同时代打着改革旗号的势利之徒划清了界限。

三、作为爱国主义者的屈原

屈原常常和"爱国主义"联系在一起。"爱国"一词在传世文献中最早出现在战国时期的文献中。《战国策·西周》载："秦令樗里疾以车百乘入周，周君迎之以卒，甚敬。楚王怒，让周，以其重秦客。游腾谓楚王曰：'昔智伯欲伐厹由，遗之大钟，载以广车，因随入以兵，厹由卒亡，无备故也。桓公伐蔡也，号言伐楚，其实袭蔡。今秦者，虎狼之国也，兼有吞周之意，使樗里疾以车百乘入周，周君惧焉，以蔡、厹由戒之。故使长兵在前，强弩在后，名曰卫疾，而实囚之也。周君岂能无爱国哉？恐一日之亡国，而忧大王。'楚王乃悦。"①这里的"周君岂能无爱国哉"的主体是西周君，游腾说西周君之所以爱国，是因为西周是他自己的领地。爱国主义是建立在"天下为公"的基础上的，因此，游腾说周君"爱国"，和我们今天说的"爱国主义"，在逻辑上仍有起点的不同。

在中国历史上，屈原是第一个和"爱国"联系在一起的。朱熹《楚辞集注序》曰："原之为人，其志行虽或过于中庸而不可以为法，然皆出于忠君爱国之诚心。原之为书，其辞旨虽或流于跌宕怪神、怨怼激发而不可以为训，然皆生于缱绻恻怛、不能自已之至意，虽其不知学于北方以求周公、仲尼之道，而独驰骋

---

① 刘向撰，何建章注释：《战国策注释》卷2，中华书局1990年版，第49页。

于变风、变雅之末流，以故醇儒庄士或羞称之，然使世之放臣、屏子、怨妻、去妇抆泪讴唫于下，而所天者幸而听之，则于彼此之间，天性民彝之善，岂不足以交有所发，而增夫三纲五典之重。此予之所以每有味于其言而不敢直以'词人之赋'视之也。"①《楚辞集注·九歌注》曰："九歌者，屈原之所作也。昔楚南郢之邑，沅、湘之间，其俗信鬼而好祀，其祀必使巫觋作乐，歌舞以娱神。蛮荆陋俗，词既鄙俚，而其阴阳人鬼之间，又或不能无亵慢淫荒之杂。原既放逐，见而感之，故颇为更定其词，去其泰甚，而又因彼事神之心，以寄吾忠君爱国眷恋不忘之意，是以其言虽若不能无嫌于燕昵，而君子反有取焉。"②《楚辞辩证·九歌》曰："故屈原因而文之，以寄吾区区忠君爱国之意。比其类则宜为三颂之属，而论其辞则反为《国风》再变之郑卫矣。"③朱熹反复强调了屈原作品所具有的"忠君爱国之诚心"，"忠君爱国眷恋不忘之意"，"区区忠君爱国之意"，是因为南宋长期面临着北方强邻的威胁，而这些强邻不但要屠戮中国人，而且还会直接破坏华夏文明，但宋代的很多人并没有意识到这个问题的严重性。明朝末年，中国又面临通古斯人亡国的危险，顾炎武提出了"亡国"和"亡天下"的观念。《日知录·正始》说："有亡国，有亡天下。亡国与亡天下奚辨？曰：易姓改号，谓之亡国。仁义充塞，而至于率兽食人，人将相食，谓之亡天下。……是故知保天下，然后知保其国。保国者，其君其臣'肉食者谋之'；保天下者，匹夫之贱与有责焉耳矣。"④顾炎武分别"亡国"与"亡天下"二者，认为"亡国"是家天下君臣自己的事情，而"亡天下"是社会大倒退，是要"率兽食人"，一切文明人和热爱文明的人都不能置身事外。所以，爱国主义所指应该是关心天下的兴亡，"爱国"就是"爱天下"。

《论语·尧曰》载，尧曰："咨！尔舜！天之历数在尔躬，允执其中。四海困穷，天禄永终。"⑤舜亦以命禹。领导人的责任就是率领国家机器为人民服

---

①朱熹撰，蒋立甫点校：《楚辞集注》，上海古籍出版社 2001 年版，第 2 页。

②朱熹撰，蒋立甫点校：《楚辞集注》，上海古籍出版社 2001 年版，第 21 页。

③朱熹撰，蒋立甫点校：《楚辞集注》，上海古籍出版社 2001 年版，第 180 页。

④顾炎武撰，黄汝成集释：《日知录集释》卷 13，上海中华书局 2020 年版，第 680–682 页。

⑤何晏集解，邢昺疏：《论语注疏》卷 20，《十三经注疏》，中华书局 2009 年版，第 5508 页。

务，如果领导人不能全心全意为人民服务，领导人也就失去了当领导人的资格。《孟子·尽心下》孟子曰："民为贵，社稷次之，君为轻。是故得乎丘民而为天子，得乎天子为诸侯，得乎诸侯为大夫。诸侯危社稷，则变置。牺牲既成，粢盛既絜，祭祀以时，然而旱干水溢，则变置社稷。"①社稷即国，孟子认为，君主不好，威胁国家的生存，则应更换君主，如果天降惩罚，民不聊生，则国家就失去了生存的合法性。在中国历史上，周朝是中国历史上一个特别的时代，虽然周朝的制度遗产和夏、商一致，仍然是"天下为家"的体制，不过周朝早期的领导人强调他们之所以担任领导职务，是为了全心全意为人民服务的，除了人民的利益，他们没有其他的利益诉求。东汉末年人荀悦著《前汉纪》，讨论西周封建制度时，也强调周朝的社会根基在一心为民。荀悦说："昔者圣王之有天下，非所以自为，所以为民也。不得专其权利，与天下同之，唯义而已，无所私焉。封建诸侯，各世其位，欲使亲民如子，爱国如家，于是为置贤卿大夫，考绩黜陟，使有分土而无分民，而王者总其一统，以御其政。"②这里的"亲民如子""爱国如家"，说的就是不能脱离为人民服务而谈爱国。梁启超在《爱国论》中说："国者何？积民而成也。国政者何？民自治其事也。爱国者何？民自爱其身也。故民权兴则国权立，民权灭则国权亡。为君相者务压民之权，是之谓自弃其国。为民者而不务各伸其权，是之谓自弃其身。故言爱国必自兴民权始。"③爱国必须以民权的保证为前提。古希腊思想家西塞罗在《论共和国》中说："国家乃是人民之事业，但人民不是人们某种随意聚合的集合体，而是许多人于法权的一致和利益的共同性而结合起来的集合体。"④法国思想家卢梭在《社会契约论》中说："这一由全体个人结合所形成的公共人格，以前称为城邦，现在则称为共和国或者政治体，当它是被动时，它的成员就称它为国家。"⑤英国思想家洛克在《论宗教宽容》中说："在我看来，国家是由人们组成的一个社会，人们组成这个社

①赵岐注，孙奭疏：《孟子注疏》卷 14 上，《十三经注疏》，中华书局 2009 年版，第 6037 页。
②荀悦、袁宏著，张烈点校：《两汉纪》，中华书局 2002 年版，第 72–73 页。
③梁启超：《饮冰室合集·饮冰室文集之三》，中华书局 2015 年版，第 73 页。
④〔罗马〕西塞罗著，王焕生译：《论共和国》，上海出版社 2006 年版，第 75 页。
⑤〔法〕卢梭著，何兆武译：《社会契约论》，商务印书馆 2003 年版，第 21 页。

会仅仅是为了谋求、维护和增进公民们自己的利益。"①这些论述，都强调的是国家必须是一些具有共同利益诉求的人的共同体。

作为一位正道直行的人，屈原对自己的才德有充分自信，同时，又对楚王任用群小的现实强烈不满，他认为一个正常的社会，应该有一个"选贤授能""举直而错诸枉"的公正的社会运行机制，而楚国却是小人当道，奸佞得志。屈原把批判的矛头对准了把楚国带上歧路的楚国当权者，屈原关心楚国实际是关心楚国人民，担心楚国人民在战国动乱形势中遭罪。屈原追求政治向善，他把"美政"理想的实现当作爱国的目标。屈原把爱国与自己的价值受到尊重结合起来，当自己遭遇不幸时，他对自己的祖国提出批评，通过对自己命运的不平之鸣，体现他的爱国情怀。我们在确立屈原的爱国价值的时候，实际上是假设楚国有作为一个独立主权国家的权利，考虑的是一定的历史阶段的正义。战国时期，楚国的前身是周王朝的一个诸侯国，而在春秋战国之际，楚国率先奄王坐大，破坏周礼秩序，是把中国社会推向战争边缘的主要推手。屈原之爱国，当然本源于他作为楚国王室成员，是楚国命运共同体的一分子。楚国君臣贪腐，其生死存亡当然对楚国普通人民来说毫无意义。但是，秦灭楚后的实践说明秦国的统一给中国人民带来了深重灾难。当然，在朱熹时代，南宋的统治者也多乏善可陈，不过鞑靼是比秦人更为野蛮的侵略者，他无疑早已预见到南宋灭亡以后的恐怖场景，才赋予了屈原行为全新的意义。

屈原是爱国主义诗人。他的爱国主义精神，没有表现为对楚国政治家和政体的祖护，而表现为对楚国昏庸和奸诈的政治家以及不能选贤举能的政体的强烈批判。屈原希望在楚国正道直行的人受重视，而枉道邪行的人被抛弃，但是楚国的现实刚好与之相反，所以他有强烈的不满。屈原的爱国主义建立在"正道直行"的基础上，因而是有正义性的，是有价值的。

《史记·太史公自序》曰："夫《诗》《书》隐约者，欲遂其志之思也。昔西伯拘羑里，演《周易》；孔子厄陈蔡，作《春秋》；屈原放逐，著《离骚》；左丘失明，厥有《国语》；孙子膑脚，而论《兵法》；不韦迁蜀，世传《吕览》；韩

---

① 〔英〕洛克著，吴云贵译：《论宗教宽容》，商务印书馆 2009 年版，第 5 页。

非因秦，《说难》《孤愤》；《诗》三百篇，大抵贤圣发愤之所为作也。此人皆意有所郁结，不得通其道也，故述往事，思来者。"①《离骚》整篇文章所要表达的，是"离别的忧愁"。而之所以要离别，就是因为在楚国没有受到公正待遇。

在《离骚》中，屈原陈述自己的才能说："纷吾既有此内美兮，又重之以修能。"认为自己是正道直行的君子，但是，楚国谗佞当道，楚王不觉悟，不但不能近君子而远小人，反倒远君子而近小人。屈原虽然知道楚国社会氛围黑暗阴险，但他决不妥协。屈原试图改变自己在楚国的处境，曾经"上下而求索"，但是楚王昏庸，屈原所有的努力都付之东流。屈原忖度自己在楚国不可能有任何前途，因此偕仆夫与马周游世界，但周游一圈后，"忽临睨夫旧乡"，"仆夫悲余马怀兮，蜷局顾而不行"②。屈原虽然最终没有离开楚国，但对于楚国的政治已经失望了。

屈原是历史人物，我们今天学习屈原，应该站在世界文化发展的立场上。屈原是中国的，更是世界的。站在世界立场和现代立场上，我们评价屈原的时候，就不应该停留在给屈原加一个爱国主义的标签，我们更应该看到屈原爱国主义精神的实质。屈原是在一个缺少公平性、丧失了正义价值的时代，积极倡导社会公平和正义价值，并痛苦地追寻社会公平和正义价值的伟大诗人。屈原爱国主义精神的价值也就在此。

四、屈原精神的现代价值

屈原不仅创作了不朽的作品，更重要的是，他以一生的行迹和不朽的作品，充分而完整地展现了他的人生境界和价值观。屈原是孔子及原始儒家思想和价值观的坚守者和践行者，他的人生境界和价值观是屈原精神的主要内容。具体而言，包括以下几个方面。

（一）正道直行的人生态度

《史记·屈原贾生列传》说屈原"正道直行"，屈原在《离骚》中也说他父

①司马迁：《史记》卷130，中华书局1982年版，第3300页。
②刘向编，王逸注，洪兴祖补，白化文等点校：《楚辞补注》卷7，中华书局1983年版，第4、27、47页。

亲以"正则"给他命名，是希望他把"正道直行"当作自己的处世原则。屈原的作品中，展示的是一个正直君子所蒙受的不白之冤，以及勇敢地抗争的过程。"正""直"二字，也出现在《离骚》中，如"跪敷衽以陈辞兮，耿吾既得此中正"。"正""直"二字同样见于屈原的其他作品，如《九章·涉江》曰："苟余心其端直兮，虽僻远之何伤！"《卜居》则直接用了"正直"一词："宁正言不讳，以危身乎？将从俗富贵，以媮生乎？宁超然高举，以保真乎？将哫訾栗斯，喔咿嚅唲，以事妇人乎？宁廉洁正直，以自清乎？"从上述可以看出，屈原对他自己所具有的"正直"是充满信心的，也坚信自己的"正直"就是"中正"之道。《易传·乾文言》说："大哉乾乎！刚健中正，纯粹精也。"①《易传·同人·象传》曰："文明以健，中正而应，君子正也。唯君子为能通天下之志。"②《礼记·儒行》说："儒有居处齐难，其坐起恭敬，言必先信，行必中正；道涂不争险易之利，冬夏不争阴阳之和；爱其死以有待也，养其身以有为也。其备豫有如此者。儒有不宝金玉，而忠信以为宝；不祈土地，立义以为土地；不祈多积，多文以为富。"③屈原的行为，体现了"刚健中正"，"文明以健"，"言必先信，行必中正"，"忠信以为宝"，"立义以为土地"的境界。

正道直行就是追求公正。《韩非子·解老》说："所谓直者，义必公正，心不偏党也。"④法家思想家可能并不一定是正直的人，但法家在维护君主独尊地位的时候，是强调法律的严肃性的。要维护法律的严肃性，就得明确法律面前人人平等的重要性。《论语·雍也》载子游赞扬孔子弟子澹台灭明不投机取巧，不阿谀领导，"行不由径，非公事，未尝至于偃之室也"⑤。《孔子家语·七十二弟子》赞扬澹台灭明"为人公正无私"⑥。《论语·宪问》载，有人问孔子："以德报怨，何如？"孔子回答说："何以报德？以直报怨，以德报德。"⑦孔子之所以反对

①王弼、韩康伯注，孔颖达正义：《周易正义》卷1，《十三经注疏》，中华书局2009年版，第29页。
②王弼、韩康伯注，孔颖达正义：《周易正义》卷2，《十三经注疏》，中华书局2009年版，第57页。
③郑玄注，孔颖达正义：《礼记正义》卷59，《十三经注疏》，中华书局2009年版，第3622页。
④王先慎撰，钟哲点校：《韩非子集解》卷6，《十三经注疏》，中华书局1998年版，第137页。
⑤何晏集解，邢昺疏：《论语注疏》卷6，《十三经注疏》，中华书局2009年版，第5383页。
⑥王肃注：《孔子家语》卷9，四部备要本，上海中华书局1936年版，第57页。
⑦何晏集解，邢昺疏：《论语注疏》卷14，《十三经注疏》，中华书局2009年版，第5459页。

"以德报怨"，就是因为"以德报怨"混淆了是非观，因此是不正直的行为，而"以直报怨"包含了"以怨抱怨"和"以德报怨"。《论语·卫灵公》载孔子说："吾之于人也，谁毁谁誉。如有所誉者，其有所试矣。斯民也，三代之所以直道而行也。"①孔子不轻易赞扬人和批评人，如果有赞扬，一定是有所了解才发言，他认为夏商周三代"直道而行"，就是源于无有私阿。

《礼记·礼运》载孔子说："大道之行也，天下为公。"②《慎子·威德》说："古者立天子而贵之者，非以利一人也。""故立天子以为天下，非立天下以为天子也；立国君以为国，非立国以为君；立官长以为官，非立官以为长也。"③此处"立官长以为官"之"官"，即公之义。《荀子·大略》云："天之生民，非为君也。天之立君，以为民也。故古者列地建国，非以贵诸侯而已；列官职，差爵禄，非以尊大夫而已。"④黄宗羲《明夷待访录·原臣》说："天下之治乱，不在一姓之兴亡，而在万民之忧乐。"⑤"故我之出而仕也，为天下，非为君也；为万民，非为一姓也。"⑥《朱子语类》卷135《历代二》评价汉高祖赐姓刘氏的制度时认为："但一有同姓异姓之私，则非以天下为公之意。今观所谓'刘氏冠''非刘氏不王'，往往皆此一私意。使天下后世有亲疏之间，而相戕相党，皆由此起。"⑦社会混乱的根源在于帝王的私心。《尚书·周书·周官》是周成王灭淮夷归丰后所作，其中载有周成王关于领导人要"以公灭私"的谈话。周成王说："呜呼！凡我有官君子，钦乃攸司，慎乃出令，令出惟行，弗惟反。以公灭私，民其允怀。学古入官。议事以制，政乃不迷。"⑧"以公灭私"指领导人不能为了自身或者自己的集团利益工作与生活，而是要全心全意为人民服务。一心为民，人民才能信服。《论语·为政》载，鲁哀公问孔子："何为则

①何晏集解，邢昺疏：《论语注疏》卷15，《十三经注疏》，中华书局2009年版，第5470页。

②郑玄注，孔颖达正义：《礼记正义》卷21，《十三经注疏》，中华书局2009年版，第3062页。

③慎到撰，钱熙祚校辑：《慎子》卷1，四部备要本，中华书局1936年版，第4页。

④荀况撰，杨倞注：《荀子》卷19，四部备要本，中华书局1936年版，第131页。

⑤黄宗羲：《明夷待访录》，《黄宗羲全集》，浙江古籍出版社1985年版，第5页。

⑥黄宗羲：《明夷待访录》，《黄宗羲全集》，浙江古籍出版社1985年版，第4页。

⑦黎靖德编，王星贤点校：《朱子语类》卷135，中华书局1986年版，第3221页。

⑧孔安国传，孔颖达正义：《尚书正义》卷18，《十三经注疏》，中华书局2009年版，第501–502页。

民服？"孔子回答说："举直错诸枉，则民服；举枉错诸直，则民不服。"①《论语·雍也》载孔子说："人之生也直，罔之生也幸而免。"②只有正直的人才能在社会立足，邪枉之人立足于社会都是靠侥幸所得。《吕氏春秋·去私》说："尧有子十人，不与其子而授舜；舜有子九人，不与其子而授禹：至公也。"③《吕氏春秋·下贤》说："尧不以帝见善绻，北面而问焉。尧，天子也；善绻，布衣也。何故礼之若此其甚也？善绻，得道之士也。得道之人，不可骄也。尧论其德行达智而弗若，故北面而问焉。此之谓至公。非至公其孰能礼贤？"④唐尧求教于布衣，正体现了大同时代领导人所具有的高尚胸怀。《战国策·燕策一》载郭隗说："帝者与师处，王者与友处，霸者与臣处，亡国与役处。诎指而事之，北面而受学，则百己者至；先趋而后息，先问而后嘿，则什己者至；人趋己趋，则若己者至；冯几据杖，眄视指使，则厮役之人至；若恣睢奋击，呴籍叱咄，则徒隶之人至矣。此古服道致士之法也。"⑤由帝而王，由王而霸，由霸而战国，对贤才的尊崇，也是一个退化的过程，这个过程正与中国社会环境的退化路径一致。屈原遭奸人陷害，又被楚怀王疏远、楚顷襄王斥逐，这些正是战国时期亡国之君的所作所为。

（二）忧国忧民的家国情怀

《离骚》说："岂余身之惮殃兮，恐皇舆之败绩，忽奔走以先后兮，及前王之踵武。"类似的意思在《九章》等其他诗篇中也常有阐述，如《九章·惜往日》说："奉先功以照下兮，明法度之嫌疑。国富强而法立兮，属贞臣而日娭。"屈原的忧国忧民，体现了深沉的爱国主义关怀，同时，也是以传承先圣道统为基础的。

屈原首先忧心的是楚国能不能建立一个"明法度之嫌疑""国富强而法立"的制度体系。《离骚》曰："彼尧舜之耿介兮，既遵道而得路。何桀纣之猖披兮，

①何晏集解，邢昺疏：《论语注疏》卷 2，《十三经注疏》，中华书局 2009 年版，第 5348 页。
②何晏集解，邢昺疏：《论语注疏》卷 6，《十三经注疏》，中华书局 2009 年版，第 5348 页。
③吕不韦撰，高诱注：《吕氏春秋》卷 1，四部备要本，中华书局 1936 年版，第 13 页。
④吕不韦撰，高诱注：《吕氏春秋》卷 15，四部备要本，中华书局 1936 年版，第 102 页。
⑤刘向撰，何建章注释：《战国策注释》卷 29，中华书局 1990 年版，第 1111 页。

夫唯捷径以窘步。""固时俗之工巧兮，偭规矩而改错。背绳墨以追曲兮，竞周容以为度。"屈原认为唐尧、虞舜遵道得路，就是依法行政；夏桀、商纣猖披，时俗工巧，所以背离规矩绳墨，即随心所欲，作威作福。屈原的"法立"，就是建立善法，依法治国。屈原"忧国"，是因为他"忧民"。

"法"本写作"灋"，简写为"法"。《说文解字·廌部》说："灋，刑也。平之如水，从水。廌，所以触不直者，去之，从去。"①中国早期文献中，"法"的本义是刑罚之意，而公正是其基本特征，所以以水之平为其基本价值。也正因此，早期多称为"刑"。如《尚书·虞书·舜典》说："象以典刑，流宥五刑，鞭作官刑，扑作教刑，金作赎刑。"②《尚书·夏书·胤征》说："其或不恭，邦有常刑。"③《尚书·商书·伊训》说："敷求哲人，俾辅于尔后嗣，制官刑，儆于有位。"④夏朝有禹刑，商朝有汤刑，周朝有吕刑，皆不称为"法"。《尚书·周书·吕刑》说三苗效法蚩尤，专任刑罚，"苗民弗用灵，制以刑，惟作五虐之刑曰法，杀戮无辜，爰始淫为劓、刵、椓、黥"。⑤也就是说，周穆王时"刑"与"法"即可通用。战国初期，李悝著《法经》，即以"法"称"刑"。《尔雅·释诂》说："法，常也。""刑，常也。""刑，法也。"又说："宪，法也。""律，常也。""律，法也。"⑥《尔雅·释训》说："宪宪、泄泄，制法则也。"⑦因此，不但法、刑通用，法还可以称为"宪""律"。《史记·屈原贾生列传》说屈原受楚怀王委托造为"宪令"，此"宪令"即法令。商鞅在秦变法，则称法为"律"，宋称刑统，元称典章。《管子·七臣七主》说："夫法者，所以兴功惧暴也；律者，所以定分止争也；令者，所以令人知事也。法律政令者，吏民规矩绳墨也。"⑧法律政令皆为规矩。《史记·律书》说："王者制事立法，

①许慎撰，徐铉等校：《说文解字》卷10上，中华书局1963年版，第202页。

②孔安国传，孔颖达正义：《尚书正义》卷3，《十三经注疏》，中华书局2009年版，第270页。

③孔安国传，孔颖达正义：《尚书正义》卷7，《十三经注疏》，中华书局2009年版，第332页。

④孔安国传，孔颖达正义：《尚书正义》卷8，《十三经注疏》，中华书局2009年版，第345页。

⑤孔安国传，孔颖达正义：《尚书正义》卷19，《十三经注疏》，中华书局2009年版，第526页。

⑥郭璞注，邢昺疏：《尔雅注疏》卷1，《十三经注疏》，中华书局2009年版，第5585-5586页。

⑦郭璞注，邢昺疏：《尔雅注疏》卷4，《十三经注疏》，中华书局2009年版，第5635页。

⑧黎翔凤撰，梁运华整理：《管子校注》卷17，中华书局2004年版，第998页。

物度轨则，壹禀于六律。六律为万事根本焉。"①《说文解字·彳部》说："律，均布也。"②均布是古代用竹管或金属管制成的定音仪器，段玉裁《说文解字注》说："律者，所以范天下之不一而归于一，故曰均布。"③古人根据音的高低分六律和六吕，合称十二律。律是音乐的规矩，因此，也可以引申为人类的行为法则，即天下应该一致遵循的格式、准则。

　　"法立"首先是建立"善法"。我们虽然不知道屈原所起草的"宪令"的内容，但是，我们知道屈原是一位代表中国传统价值观的原始儒家思想的信徒，因此，他的法治思想，也应该是遵从孔子及原始儒家的法治观念。《尚书·虞书·舜典》说："眚灾肆赦，怙终贼刑。钦哉，钦哉，惟刑之恤哉！"④《尚书·虞书·大禹谟》载皋陶说："帝德罔愆，临下以简，御众以宽；罚弗及嗣，赏延于世。宥过无大，刑故无小；罪疑惟轻，功疑惟重；与其杀不辜，宁失不经；好生之德，洽于民心，兹用不犯于有司。"⑤《尚书·虞书·皋陶谟》载皋陶曰："宽而栗，柔而立，愿而恭，乱而敬，扰而毅，直而温，简而廉，刚而塞，疆而义。彰厥有常，吉哉！"⑥"天聪明，自我民聪明。天明畏，自我民明威。达于上下，敬哉有土！"⑦慎刑、宽刑，是中国上古圣人立法的基本原则，刑错而不用是目标，迫不得已而用刑，一定以劝善禁邪为目标，而不能把复仇和维护君主独尊地位作为目标。《管子·七臣七主》说："法律政令者，吏民规矩绳墨也。夫矩不正，不可以求方；绳不信，不可以求直。法令者，君臣之所共立也；权势者，人主之所独守也。故人主失守则危，臣吏失守则乱。"⑧法律政策作为规矩绳墨，不善良，不公正，是不可能取得公信力的。《易传·坤卦·象辞》说："君子

①司马迁：《史记》卷 25，中华书局 1982 年版，第 1239 页。

②许慎撰，徐铉等校：《说文解字》卷 2 下，中华书局 1963 年版，第 43 页。

③许慎撰，段玉裁注：《说文解字注》卷 2，上海古籍出版社 2000 年版，第 77 页。

④孔安国传，孔颖达正义：《尚书正义》卷 3，《十三经注疏》，中华书局 2009 年版，第 270 页。

⑤孔安国传，孔颖达正义：《尚书正义》卷 4，《十三经注疏》，中华书局 2009 年版，第 285 页。

⑥孔安国传，孔颖达正义：《尚书正义》卷 4，《十三经注疏》，中华书局 2009 年版，第 291 页。

⑦孔安国传，孔颖达正义：《尚书正义》卷 4，《十三经注疏》，中华书局 2009 年版，第 293 页。

⑧黎翔凤撰，梁运华整理：《管子校注》卷 17，中华书局 2004 年版，第 998 页。

以厚德载物。"①《易传·坤卦·文言》说:"积善之家必有余庆,积不善之家必有余殃。"②《论语·八佾》载孔子说:"人而不仁,如礼何? 人而不仁,如乐何?"③《论语·泰伯》载孔子说:"好勇疾贫,乱也;人而不仁,疾之已甚,乱也。"④制定善法就是要体现仁心,执法时体现宽容,面临疑惑时不做有罪推定。桓宽《盐铁论·刑德》说:"法者,缘人情而制,非设罪以陷人也。故《春秋》之治狱,论心定罪。志善而违于法者免,志恶而合于法者诛。"⑤汉代倡导的"春秋决狱",原情定罪,也是为了最大限度地保证刑罚的善意。

有了善法,就要依法治国。依法治国,就是要维护"善法"的严肃性,不能因处罚对象的不同随意变更,更不能徇私枉法,把法律当作打击异己的工具。《尚书·舜典》因虞舜说:"皋陶,蛮夷猾夏,寇贼奸宄。汝作士,五刑有服,五服三就。五流有宅,五宅三居。惟明克允!"⑥士即法官。《史记·五帝本纪》载,"皋陶为大理,平,民各伏得其实"⑦。因为皋陶治狱公正清明,所以后代传说皋陶得神兽廌的帮助。皋陶作为一位恪守公正的法官,从来都不把法律当作祸害百姓、维护私利的工具。《尚书·虞书·大禹谟》说:"皋陶,惟兹臣庶,罔或干予正。汝作士,明于五刑,以弼五教。期于予治,刑期于无刑,民协于中,时乃功,懋哉。"⑧《论语·颜渊》载,季康子问政于孔子曰:"如杀无道,以就有道,何如?"孔子对曰:"子为政,焉用杀? 子欲善而民善矣。君子之德风,小人之德草,草上之风,必偃。"⑨又《论语·尧曰》载孔子说:"不教而杀谓之虐,不戒视成谓之暴,慢令致期谓之贼。犹之与人也,出纳之吝,

①王弼、韩康伯注,孔颖达正义:《周易正义》卷 1,《十三经注疏》,中华书局 2009 年版,第 32 页。

②王弼、韩康伯注,孔颖达正义:《周易正义》卷 1,《十三经注疏》,中华书局 2009 年版,第 33 页。

③何晏集解,邢昺疏:《论语注疏》卷 3,《十三经注疏》,中华书局 2009 年版,第 5356 页。

④何晏集解,邢昺疏:《论语注疏》卷 8,《十三经注疏》,中华书局 2009 年版,第 5401 页。

⑤桓宽著,王利器校注:《盐铁论校注》卷 10,中华书局 1992 年版,第 567 页。

⑥孔安国传,孔颖达正义:《尚书正义》卷 3,《十三经注疏》,中华书局 2009 年版,第 275 页。

⑦司马迁:《史记》卷 1,中华书局 1982 年版,第 43 页。

⑧孔安国传,孔颖达正义:《尚书正义》卷 4,《十三经注疏》,中华书局 2009 年版,第 285 页。

⑨何晏集解,邢昺疏:《论语注疏》卷 12,《十三经注疏》,中华书局 2009 年版,第 5439 页。

谓之有司。"①不教而诛，不戒视成，慢令致期，都是残害人民的行为。

《论语·季氏》载孔子说："天下有道，则礼乐征伐自天子出；天下无道，则礼乐征伐自诸侯出。自诸侯出，盖十世希不失矣；自大夫出，五世希不失矣；陪臣执国命，三世希不失矣。天下有道，则政不在大夫；天下有道，则庶人不议。"②礼乐征伐自天子出，就是为了强调法律的普遍性原则。《论语·子路》载，子路曰："卫君待子而为政，子将奚先？"孔子曰："必也，正名乎！"子路曰："有是哉？子之迂也。奚其正？"孔子曰："野哉，由也！君子于其所不知，盖阙如也。名不正，则言不顺；言不顺，则事不成；事不成，则礼乐不兴；礼乐不兴，则刑罚不中；刑罚不中，则民无所措手足。故君子名之必可言也，言之必可行也。君子于其言，无所苟而已矣。"③孔子在这里提出的"正名"措施，就是为了纠正礼崩乐坏的体制下，法律严肃性所面临的挑战。正名关系言顺、事成、礼乐之兴、刑罚之中，而最终可以落实到使民可"措手足"，即让人民有规矩可依之目的。《论语·颜渊》载，颜渊问仁，孔子说："克己复礼为仁。一日克己复礼，天下归仁焉。为仁由己，而由人乎哉？"颜渊说："请问其目？"孔子说："非礼勿视，非礼勿听，非礼勿言，非礼勿动。"颜渊曰："回虽不敏，请事斯语矣。"④孔子提出"非礼勿视，非礼勿听，非礼勿言，非礼勿动"，也就是说领导人应该克制自己专制的冲动，一切行为都应该在法律规定的范围内活动。

（三）追求美政的坚定理想

《离骚》说："既莫足与为美政兮，吾将从彭咸之所居！"屈原说的"美政"，就是善政。《离骚》曰："昔三后之纯粹兮，固众芳之所在。""彼尧舜之耿介兮，既遵道而得路。""汤禹俨而祗敬兮，周论道而莫差。举贤而授能兮，循绳墨而不颇，皇天无私阿兮，览民德焉错辅。"屈原的美政，就是实行尧、舜、禹、汤、文、武、成王、周公之道，这也是孔子及原始儒家提倡的德治政治的核心内容。

五帝三王的政治是善政的典范。《离骚》中巫咸有一段话说古代的明君和贤臣的故事，包括夏禹与咎繇、汤与挚、武丁与傅说、周文王与吕望、齐桓公与宁

---

① 何晏集解，邢昺疏：《论语注疏》卷 20，《十三经注疏》，中华书局 2009 年版，第 5509 页。
② 何晏集解，邢昺疏：《论语注疏》卷 16，《十三经注疏》，中华书局 2009 年版，第 5477 页。
③ 何晏集解，邢昺疏：《论语注疏》卷 13，《十三经注疏》，中华书局 2009 年版，第 5445 页。
④ 何晏集解，邢昺疏：《论语注疏》卷 12，《十三经注疏》，中华书局 2009 年版，第 5436 页。

戚儿对，"汤禹俨而求合兮，挚咎繇而能调"，"说操筑于傅岩兮，武丁用而不疑。吕望之鼓刀兮，遭周文而得举。宁戚之讴歌兮，齐桓闻以该辅"，[1]这些故事中的名臣都是出身低微、没有背景的人，他们遇到明君，因此脱颖而出，与君主一同在正确的道路上不断进步。这其中挚与商汤的故事可能更加有吸引力。挚即伊尹，本是厨师，后来受到商汤的信任，挚与商汤合作，共同推翻了夏桀的暴政。在商汤去世以后，伊尹曾经辅佐几任商王，并曾流放商王太甲，亲自摄政，待商王太甲改过自新后归政。《孟子·万章下》载孟子曰："伯夷，圣之清者也；伊尹，圣之任者也；柳下惠，圣之和者也；孔子，圣之时者也。孔子之谓集大成。集大成也者，金声而玉振之也。金声也者，始条理也；玉振之也者，终条理也。始条理者，智之事也；终条理者，圣之事也。智，譬则巧也；圣，譬则力也。由射于百步之外也，其至，尔力也；其中，非尔力也。"[2]孟子把伊尹归入圣人一类，并作为"任者"代表，就是因为伊尹有担当，可以信任与托付。《论语·泰伯》载曾子曰："可以托六尺之孤，可以寄百里之命，临大节而不可夺也，君子人与？君子人也！"[3]伊尹毫无疑问，就是这样的君子人。

夏禹与咎繇之间的合作，情况则复杂一些。咎繇即皋陶，是虞舜时主持司法的大臣。夏禹接受虞舜禅让以后，选择皋陶做接班人，说明夏禹对皋陶极其信任。但夏禹选择皋陶也属考虑不周全，因为皋陶当时年龄太大了。当皋陶去世以后，夏禹又选择益做接班人，但夏禹没有如唐尧选择虞舜、虞舜选择夏禹一样，益足够的摄政时间，同时积极限制儿子夏后启的权势。因此，夏禹死后，继承人益很容易就被夏后启颠覆，夏后启即位以后，结束了"天下为公"的时代，开启了"天下为家"的世袭制度。

屈原对皋陶也是充满了尊敬的，认为皋陶是最为公正英明的。《九章·惜诵》说："俾山川以备御兮，命咎繇使听直。"王逸《楚辞章句》说："咎繇，圣人也。言己愿复令山川之神备列而处，使御知己志，又使圣人咎繇听我之言忠直与否也。夫神明昭人心，圣人达人情，故屈原动以神圣自证明也。"洪兴祖

①刘向编，王逸注，洪兴祖补，白化文等点校：《楚辞补注》卷1，中华书局1983年版，第37—38页。
②赵岐注，孙奭疏：《孟子注疏》卷14上，中华书局2009年版，第6037页。
③何晏集解，邢昺疏：《论语注疏》卷20，《十三经注疏》，中华书局2009年版，第5508页。

《楚辞补注》说："舜举咎繇，不仁者远，惟兹臣庶，罔或干予正，故使之听直。"[1]又，西汉桓宽《盐铁论·相刺》载："文学曰：'日月之光，而盲者不能见；雷电之声，而聋人不能闻。夫为不知音者言，若语于暗聋，何特蝉之不知重雪耶？夫以伊尹之智，太公之贤，而不能开辞于桀、纣，非说者非，听者过也。是以荆和抱璞而泣血，曰：'安得良工而剖之！'屈原行吟泽畔，曰：'安得皋陶而察之！'夫人君莫不欲求贤以自辅，任能以治国，然牵于流说，惑于道谀，是以贤圣蔽掩，而谗佞用事，以此亡国破家，而贤士饥于岩穴也。昔赵高无过人之志，而居万人之位，是以倾覆秦国而祸殃其宗，尽失其瑟，何胶柱之调也？'"[2]屈原行吟泽畔所说"安得皋陶而察之"一句并不见于《渔父》，应该不是《渔父》之文，但《盐铁论》是贤良文学与大夫桑弘羊论辩的对话，屈原的话理应是汉昭帝时人们熟知的。

贾谊《新书·道术》说："兼覆无私谓之公，反公为私；方直不曲谓之正，反正为邪。"[3]《春秋元命苞》说："公之言公，公正无私。"[4]《申鉴·杂言》说："是故僻志萌则僻事作，僻事作则正塞，正塞则公正亦末由入也矣。不任所爱谓之公，惟义是从谓之明。齐桓公中材也，末能成功业，由有异焉者矣。妾媵盈宫，非无爱幸也；群臣盈朝，非无亲近也，然外则管仲射己，卫姬色衰，非爱也，任之也。然后知非贤不可任，非智不可从也，夫此之举宏矣哉。"[5]公的要害在无私，正的要害在不曲意奉承，如果违反公正，就会走向邪恶。

善政与尚贤举能联系在一起，领导人不能因自己的好恶而坏公义。只有让德厚者主导社会，才能建设一个健康的社会秩序。《墨子·尚贤》曰："故官无常贵，而民无终贱。有能则举之，无能则下之。举公义，辟私怨，此若言之谓也。故古者尧举舜于服泽之阳，授之政，天下平。禹举益于阴方之中，授之政，九州成。汤举伊尹于庖厨之中，授之政，其谋得。文王举闳夭、泰颠于罝罔之中，授之政，西土服。故当是时，虽在于厚禄尊位之臣，莫不敬惧而施；虽在农与工肆

①刘向编，王逸注，洪兴祖补，白化文等点校：《楚辞补注》卷4，中华书局1983年版，第122页。

②桓宽撰集，王利器校注：《盐铁论校注》卷5，中华书局1992年版，第255页。

③贾谊撰，阎振益、钟夏校注：《新书校注》卷8，中华书局2000年版，第303页。

④佚名：《春秋元命苞》，《纬书集成》，上海古籍出版社1994年版，第1829页。

⑤荀悦撰，黄省曾注：《申鉴注校补》，中华书局2012年版，第143页。

之人，莫不竞劝而尚意。故士者，所以为辅相承嗣也。故得士则谋不困，体不劳，名立而功成，美章而恶不生，则由得士也。是故子墨子言曰：得意贤士不可不举，不得意贤士不可不举，尚欲祖述尧、舜、禹、汤之道，将不可以不尚贤。夫尚贤者，政之本也。"①尧、舜、禹、汤、文、武等贤帝王是尚贤举能的典范，因此，要效法古圣帝王之道，就要在公正上下功夫。

（四）九死不悔的底线意识

所谓底线意识，就是面对挫折，绝不退缩；面对诱惑，决不妥协。对于屈原来说，受重用则正道直行，坚持理想，忧心百姓；被放流则坚持底线，毫不动摇。

《论语·卫灵公》载孔子说："君子固穷，小人穷斯滥矣。"②《礼记·大学》说："知止而后有定，定而后能静，静而后能安，安而后能虑，虑而后能得。"③孔子、孟子等思想家之所以与商鞅、张仪、苏秦等人不同，就是他们坚持理想不动摇。董仲舒说："夫仁人者，正其谊不谋其利，明其道不计其功。是以仲尼之门，五尺之童羞称五伯，为其先诈力而后仁谊也。苟为诈而已，故不足称于大君子之门也。五伯比于他诸侯为贤，其比三王，犹武夫之与美玉也。"④而战国时期的法家、纵横家以飞黄腾达、光宗耀祖为目标，投君主所好，虽然可以得到一时之利，但就长远来看，这是把国家和社会引向深渊的邪路，这是被历史所反复证明了的。而屈原坚守底线，使他与战国时期的所谓"改革派"的法家思想家和纵横家划清了界限。

《朱子语类·大学·经上》在解释《礼记·大学》开篇的"大学之道，在明明德，在亲民，在止于至善"时说："'明明德'是知，'止于至善'是守。夫子曰：'知及之，仁能守之。'圣贤未尝不为两头底说话。如《中庸》所谓'择善固执'，择善，便是理会知之事；固执，便是理会守之事。至《书》论尧之德，便说'钦明'，舜便说'濬哲文明，温恭允塞'。钦，是钦敬以自守；明，是其德之聪明。'濬哲文明'，便有知底道理；'温恭允塞'，便有守底道理。"⑤《论

①墨翟：《墨子》卷 2，四部备要本，中华书局 1936 年版，第 15–16 页。
②何晏集解，邢昺疏：《论语注疏》卷 20，《十三经注疏》，中华书局 2009 年版，第 5467 页。
③郑玄注，孔颖达正义：《礼记正义》卷 60，《十三经注疏》，中华书局 2009 年版，第 3631 页。
④班固：《董仲舒传》，《汉书》卷 56，中华书局 1962 年版，第 2524 页。
⑤黎靖德编，王星贤点校：《朱子语类》卷 14，中华书局 1986 年版，第 270 页。

语·泰伯》载孔子说："笃信好学，守死善道。危邦不入，乱邦不居。天下有道则见，无道则隐。邦有道，贫且贱焉，耻也；邦无道，富且贵焉，耻也。"①死守善道，正是人类与动物的根本区别，也是文明和野蛮的根本区别。

《论语·微子》载，柳下惠为士师，三黜。人曰："子未可以去乎？"曰："直道而事人，焉往而不三黜？枉道而事人，何必去父母之邦？"②"直道"即坚守正义，"枉道"即屈从权势，阿谀奉承。《荀子·臣道》说："从命而利君谓之顺，从命而不利君谓之谄；逆命而利君谓之忠，逆命而不利君谓之篡；不恤君之荣辱，不恤国之臧否，偷合苟容，以持禄养交而已耳，谓之国贼。"③屈原在楚国所遇到的枉道之人都是邪曲诡谀之人，《离骚》说："背绳墨以追曲兮，竞周容以为度。"④之所以苟容曲从，一定是别有用心，所以都可以称之为"国贼"。王褒《哀时命》说："虽知困其不改操兮，终不以邪枉害方。"⑤都提到了屈原和邪枉之人的对立，以及屈原不改节操的坚守。

坚守底线需要始终遵从自己的内心，做一个诚实的人。《周易·乾卦传》说："君子进德修业。忠信，所以进德也；修辞立其诚，所以居业也。"⑥作为君子人，"诚信"是一切品德的基础。《孟子·离娄上》说："是故诚者，天之道也。思诚者，人之道也。"⑦诚实是符合天道的原则。屈原所处的时代，楚国的小人之所以是"小人"，就在于他们阴险狡诈，不守天道。贾谊《新书·道术》说："志操精果谓之诚，反诚为殆。"⑧志精即诚，果即信。诚信是一切人与人、国家与人民、国家与国家相处的基本底线。如果一个国家没有诚信，国家就危险了。如果一个人没有诚信，这个人也应该为天道所抛弃。《孟子·尽心上》说："反身而诚，乐莫大焉。"⑨坚持诚实的德性，是可以给人无限快乐的。

---

①刘宝楠撰，高流水点校：《论语正义》卷8，中华书局1990年版，第203页。

②何晏集解，邢昺疏：《论语注疏》卷18，《十三经注疏》，中华书局2009年版，第5494页。

③荀况：《荀子》卷9，四部备要本，中华书局1936年版，第65页。

④刘向编，王逸注，洪兴祖补，白化文等点校：《楚辞补注》卷1，中华书局1983年版，第15页。

⑤刘向编，王逸注，洪兴祖补，白化文等点校：《楚辞补注》卷14，中华书局1983年版，第262页。

⑥王弼注，孔颖达正义：《周易正义》卷1，《十三经注疏》，中华书局2009年版，第27页。

⑦赵岐注，孙奭疏：《孟子注疏》卷7下，《十三经注疏》，中华书局2009年版，第5919页。

⑧贾谊撰，阎振益、钟夏校注：《新书校注》卷8，中华书局2000年版，第304页。

⑨赵岐注，孙奭疏：《孟子注疏》卷13上，《十三经注疏》，中华书局2009年版，第155–156页。

　　屈原《离骚》中两次提到"求索"："众皆竞进以贪婪兮，凭不厌乎求索。""路曼曼其修远兮，吾将上下而求索。"①求索本来指贪婪，《韩诗外传》载，哀公问孔子曰："有智者寿乎？"孔子曰："然。人有三死而非命也者，自取之也。居处不理，饮食不节，佚劳过度者，病共杀之；居下而好干上，嗜欲无厌，求索不止者，刑共杀之……"②《韩非子·八奸》说："明君之于内也，娱其色而不行其谒，不使私请。……其于诸侯之求索也，法则听之，不法则距之。"③《韩非子·孤愤》说："人主之左右，行非伯夷也，求索不得，货赂不至，则精辩之功息，而毁诬之言起矣。"④屈原把"求索"和"知至"统一在一起，他求索的正道，即不蝇营狗苟，坚守的是正道。

　　刘勰的《文心雕龙·辨骚》说屈原的《离骚》："固已轩翥诗人之后，奋飞辞家之前，岂去圣之未远，而楚人之多才乎。"⑤

　　近人研究《文心雕龙》，以唐写本和元本为根据，把"体慢于三代，而风雅于战国"改为"体宪于三代，而风杂于战国"，实际是背离了传世本《文心雕龙》所表达的意思的精确性。"慢"即"萌"，指"楚辞"一体作为诗，刘勰认为楚辞作为一种新的诗体，与出现于商周之时的《诗经》是一脉相承的，而屈原作品的精神境界，在战国时期是最接近于《论语》及"六经"精神的。刘勰这个认识无疑是准确的。不过，淮南王刘安关于《离骚》兼有《国风》和《小雅》之特点，屈原本人处于战国时期楚国这样一个大染缸之中，却能出淤泥而不染，其精神境界可与日月争辉，也是非常恰当的评价。

　　屈原是战国时期孔子思想的一个忠实继承者，同时也是今天全民族需要学习的一个人。中国要文化复兴，中国人要变成一个高尚的人、纯粹的人，可能都要从屈原身上汲取力量。

　　我的汇报到此结束。谢谢大家！

（王琦整理并经主讲嘉宾审定）

---

①刘向编，王逸注，洪兴祖补，白化文等点校：《楚辞补注》卷 1，中华书局 1983 年版，第 11、27 页。
②韩婴撰，许维遹校释：《韩诗外传集释》卷 1，中华书局 1980 年版，第 5-6 页。
③王先慎撰，钟哲点校：《韩非子集解》卷 2，中华书局 2013 年版，第 59-60 页。
④王先慎撰，钟哲点校：《韩非子集解》卷 4，中华书局 2013 年版，第 89 页。
⑤刘向编，王逸注，洪兴祖补，白化文等点校：《楚辞补注》卷 1，中华书局 1983 年版，第 51-52 页。

现场互动

主持人（王琦）： 非常感谢方教授从屈原的生平、历代文人对屈原的评价等方面，带领我们全面认识了屈原。屈原正道直行的人生态度、忧国忧民的家国情怀、追求美政的坚定理想、九死不悔的底线意识，不仅影响了中国人的人格建构和文化建构，而且对于我们今天建构社会主义核心价值观，依然具有非常重要的价值和意义。屈原不仅是中国的，更是世界的。

让我们再次以热烈掌声感谢方教授。谢谢！

接下来，我们进入现场互动环节，欢迎朋友们积极向主讲嘉宾提问。

观众提问： 方教授好！您是屈学研究大家。我有一个小小的问题要向您请教。屈原在《楚辞》中说："帝高阳之苗裔兮，朕皇考曰伯庸。"屈原的父亲是屈伯庸，但汨罗有人经过考证，认为历史上没有伯庸这个人，而是衡山上的祝融。请问您是如何看待这个问题的？

方铭： 这个问题对我来说是一个很大、很复杂的问题，我也注意到了相关的文章。关于屈原的《离骚》里所说的"朕皇考曰伯庸"，过去有人认为伯庸是屈原的远祖，也有人认为是他的大父。但我认为将伯庸理解为他的父亲是比较合适的。伯庸到底是谁，虽然根据现在的资料很难判断，但是要将伯庸与祝融联系起来，还有很长的路要走，希望有机会再认真地交流。谢谢！

观众提问：方教授好，请问对于现在的中学生来说，应该怎样传承和弘扬屈子精神？

方铭：刚才这位同学提了一个很重要的问题。今天应该怎样传承屈原文化和屈原精神？对我来说，最好的方式就是同学们好好念屈原的作品，以后研究屈原。看到研究屈原的人越来越多，我就很高兴。当然一个社会可能容纳不了这么多研究屈原的人，但是如果你能够做一个正直的人、有情怀的人、有理想的人、有底线的人，即使不研究屈原，也能像屈原那样人格高尚，那么，你就是屈原精神最好的传承人和守护者，你就是我学习的榜样。

观众提问：谢谢方教授的精彩演讲！我们汨罗现在要打造的是"香草美人地，诗韵汨罗江"。想请教一下您，关于香草和屈原的关系。谢谢！

方铭：香草美人是屈原的诗歌里经常出现的一个词，比喻一个人要像香草一样高洁，身上能散发出香味来。汨罗使用"香草美人"这样一个口号或标语，我觉得非常好，既有形象性，又有实在的内容。我祝愿汨罗屈原文化做得越来越好。现在当然已经是非常好了。

谢谢！

（王琦整理并经主讲嘉宾审定）

全球化视野下的非遗文化比较研究

何人可，湖南大学设计艺术学院教授、湖南省设计艺术家协会主席、丹麦皇家美术学院访问学者、美国北卡州立大学访问学者，博士生导师，享受国务院特殊津贴专家。为中组部第一批"万人计划"领军人才，国家级教学名师、国务院学位委员会设计学科评议组成员、教育部高等学校工业设计专业教学指导分委员会主任委员、中国工业设计协会特邀副会长、湖南省设计艺术家协会主席。获国家级教学成果一等奖、湖南省人民政府二等功、湖南省人民政府徐特立教育奖。红点奖、红星奖、IF 奖、G–Mark 奖、Core77 奖等国际设计大奖评委。主要从事工业设计史及设计战略研究。著有《工业设计史》《美国工业设计》《工业设计概论》《交往与空间》《新城市空间》《设计辞典——20 世纪 50 位著名设计师传略》等。

直播二维码　　　直播在线参与人数：43.8 万

导言

　　中华文化源远流长，中华民族历经千年的演变，留下了丰富的非物质文化遗产。如何在全球化的视野下，通过现代设计，促进中国非遗文化的当代化、国际化，激活其生命力，实现传统与现代的融通、国内与国际的接轨？长沙窑古陶瓷设计的全球化与跨文化等案例，将带给我们怎样的智慧启迪与思想碰撞？

　　2021 年 3 月 13 日，湖南大学设计艺术学院教授、湖南省设计艺术家协会主席何人可先生莅临屈子书院讲坛，发表"全球化视野下的非遗文化比较研究"主旨演讲，并与现场听众进行了精彩的互动。讲座由凤凰网湖南频道全球同步直播，在线参与人数多达 43.8 万；长沙理工大学设计艺术学院教授、湖南汨罗屈子书院执行院长王琦担任嘉宾主持。

尊敬的各位来宾，各位听众：

下午好！

非常高兴来到汨罗。这是一个非常令人崇敬的地方，因为在中国，屈原是和孔子齐名的文化大 IP。最近大家都在关注一个非常重要的事件，中国航天发射的火星探测装置，已经在火星的轨道上面运行了。火星探测装置的名字叫什么？大家都已经知道了，就是"天问号"。为什么叫"天问号"呢？它出自屈原最著名的诗篇之一《天问》，体现了中国人对未知世界的一种探索精神。2300 年前，屈原所提出的诸多疑问，在今天会逐步地得到解答。再过一段时间，就是中国文化最重要的节日——端午节。这个节日是国家法定的假日，是真正具有文化象征意义的假日。我们的粽子、龙舟，都是中国文化的象征，这些都融入了每一个中国人的血液里。因此，我今天来到这里，感到特别骄傲和自豪。

我今天上午参观了屈子文化园，这里不仅有传统的文化遗存，也有现代屈子文化研究的相关成果，这是很了不起的。我去过不少县级市，但是有这么丰富的文化资源的，或者说有这么高端的研究机构和研究成果的，确实非常少见。

今天我演讲的题目是《全球化视野下的非遗文化比较研究》。这有两个关键词，第一个是全球化。中华文明是全球文明的重要组成部分，我们应该放眼全球。中国有着非常丰富的非物质文化遗产，这是世界遗产的重要组成部分，也是我们向世界传播中华文化的一个重要内容。第二个关键词是比较研究。比较研究在非遗文化的研究里是非常重要的，我们所说的文明互鉴就是这个意义，所有的世界文化遗产都应该是人类的共同遗产，应该相互交流，相互学习，相互促进。屈子是中国历史和文化中最大的IP，也应该和全世界人民共享。如何通过我们的设计，通过数字时代的网络技术来相互交流，传播中华文化，传播屈子精神，这是我们任何一个中国设计师应该具有的情怀。

一、非遗文化传承与文明互鉴

我们来看一些非常有意思又在网络上极具争议的例子。2019年韩国书院申遗成功的消息出来的时候，岳麓书院的很多老师，包括大名鼎鼎的朱汉民院长接到了很多电话咨询与媒体采访。岳麓书院为什么没有能够申请世界文化遗产，而让韩国书院申请了？大家觉得非常吃惊，中国网民对于韩国人的这些行为也是很反感的，好像什么东西都是他们的。如果从全球文化传播的角度来看，韩国书院"申遗"成功，这是不是也是中国文化的骄傲之一呢？是不是也是中国文化、中国文明得到了其他国家和文明的接受，并且发扬光大呢？如果从文明互鉴的角度来看，我觉得就可以想得通了。它就是中华文明向全世界传播，并且取得成功的一个案例。

这里我有一些个人的经历和小故事。2016年，我陪同湖南大学原校长赵跃宇教授访问韩国，去了韩国的湖南大学。大家觉得很奇怪，全世界居然有同名同姓的大学。在韩国，也有湖南大学的姐妹学校，就叫湖南大学，一个字都不差。可能有些网民会说，这又是我们的文化遗产被韩国人夺去了。不是的，这是地理位置造成的。湖南是洞庭湖之南，韩国那所大学所在地是光州，也在湖之南，与地理位置有关系。他们那时候也用汉语，自然是湖南大学。当我们代表团去了光州湖南大学的时候，韩国申请书院遗产的负责人就带了韩国书院的几个院长找到湖南大学代表团，很诚恳地给我们讲了他们为什么要将书院申遗。当时我们就介绍他们一定要到湖南大学来，后来他们组团到了湖南大学参观交流，他们对我们的书院是非常崇敬的。朱汉民院长跟我讲过这个故事，他去访问韩国书院的时候，韩国书院的院长年纪比他大很多，但听说是岳麓书院的院长来了，就给他下跪，这是大礼，所以朱院长也要回礼。韩国对中华文化是非常崇敬的，因为在他们的历史上数千年一直用汉字，他们的历史和文化是用汉字书写的，只是到了近代才开始广泛地运用自己的文字。

　　我们来看韩国书院申遗的照片（图1）。有人问：为什么中国的书院不申遗？我们知道申遗有一个金标准，就是其本真性。什么是本真性呢？就是这些建筑应该是原来的建筑，是真迹，但是我们国家有很多的书院都是新建的，甚至建筑材料都不是木材，而是用钢筋混凝土来模拟原来的木构建筑，本真性是不够的。文化的传承性也是非常重要的，韩国的这几个书院的建筑是完整的，而且本真性也保持得非常好。这些建筑原来就是这个样子的，都是木构建筑。另外，这些书院直到今天还是活的书院，而中国的一些书院，仅仅是旅游目的地，书院的传承、学习功能几乎没有了。但是韩国这几个院长来跟我们交流的时候，介绍他们的书院哪怕是在战争时期，也一直保存着传统书院的学习、传播历史文化和知识的功能。今天像首尔这样现代化的城市，到寒暑假，家长都会把小孩送到书院来学习传统文化。学习什么传统文化呢？还是"四书五经"——来自中国的传统文化。所以从这个意义上来说，韩国人传播和延续了中国传统文化，我们是不是应该感谢他们呢？所以从文化传播上来说，这是一个非常好的案例。我们看到，网上虽然有争议，但是争论到后期，大家归于平静，很多网民还是理解了。

　　2005年，韩国"江陵端午祭"被联合国教科文组织宣布为人类口头和非物质

图1　韩国书院申遗的照片

文化遗产代表作，在当时也引起了巨大的争议。争议什么呢？"端午祭"。很多人说，端午源于汨罗这个地方，为什么让联合国教科文组织把"江陵端午祭"作为世界文化遗产代表作呢？这里面是有一个误会的，韩国的虽然叫作"端午祭"，但是他们的表现形式和内涵和我们的有非常大的区别。虽然都叫端午，但是经过两千多年的演变，他们的端午节和我们的端午节有很大的区别，这和书院申遗是非常不同的。书院申遗保持了建筑的形式，也保存了书院的文化传承。而且直到今天，书院传播的东西，还是"四书五经"这些东西，没有变。端午是不一样的，它是一种民俗节日，通过二千多年的演变，韩国已经形成了自己的特色。

到了 2009 年，韩国"江陵端午祭"申遗成功四年之后，联合国教科文组织正式审议并批准将中国端午节列入世界非物质文化遗产，所以两个非物质文化遗产是并存的。也就是说，中国的非物质文化遗产、历史文化和传承，照样得到了联合国教科文组织的高度认可。端午节成为中国首个入选世界非物质文化遗产的节日，是非常值得我们骄傲的。我举这两个例子想要说明的是，文化遗产是世界性的。我们一定要有一种开放、包容的精神来学习、研究、发展中国的非物质文化遗产，而且要让中国文化遗产成为世界文化遗产的一个组成部分。

世界上有很多文化名人不仅在自己的文化里有崇高的地位，而且成为世界文化的一个重要组成部分。伊朗著名诗人菲尔多西，出生年代比屈原晚了很多，但是他在波斯地区有巨大的影响力。他写了一部波斯民族史诗《列王纪》，将波斯各个朝代的统治者的生平、政治、思想、哲学等进行了总结，该书成为后来执政者的参考书。波斯民族非常喜爱诗歌，是一个诗的国度。我们去伊朗菲尔多西等著名诗人墓地的时候，发现很多当地的百姓尤其是年轻人，在墓地周围读诗。在中国已经很少看到这种现象了，但是在伊朗读诗是一个很重要的社交活动。中国很多老年人喜欢跳广场舞，而伊朗人喜欢读诗。现在不少自媒体拍摄的伊朗各地的百姓生活，很多都是在诗人的墓地周围读诗，这是一种非常美好的行为。

二、长沙窑与海上丝绸之路

接下来我们谈一下长沙窑，以及由长沙窑为起点的海上丝绸之路。我们知道，1989 年"黑石号"沉船被发现，其中有 56000 件来自长沙窑的产品。通过这次海上考古，传说中的中国海上丝绸之路得到了证实。联合国教科文组织认定的海上丝绸之路起点是泉州，但由于海上丝绸之路实际上是海上瓷路，而很多的瓷器来自长沙窑，所以我们也可以非常自豪地说，长沙窑也是海上丝绸之路的重要起点之一。为了研究海上丝绸之路，研究长沙窑文化交流的历史及相关文物，湖南大学设计艺术学院举办了一个活动——设计新丝路，邀请丝绸之路上一些重要的学校里的专家共同进行研究，包括了德黑兰大学、伊朗科技大学、伊朗设拉子大学、印度理工学院的专家。我们的专家也去了伊朗这个丝绸之路的重要节点，这个活动在央视第一季《国家宝藏》节目里进行了播放。

纽约大都会艺术博物馆是世界四大博物馆之一，有专门的伊斯兰文化研究中心。其中有一位研究员，是来自伊朗的博士，她在 2017 年 8 月 31 日发表了一篇文章，称伊朗内什布尔发掘的长沙窑陶瓷碎片是中世纪全球化的一个标本，给了长沙窑很高的评价。在唐代，长沙窑的窑工们把他们的作品通过海上丝绸之路传播到了世界各地。据统计，有 22 个国家发现了长沙窑的产品，最远到了非洲，而东亚、西亚国家也有不少。也就是说，在一千多年前，我们的祖先通过海上丝绸之路把湖湘文化传播到了世界各地，同时也通过这条渠道把域外的文化带到了中国，对中国陶瓷的设计产生了非常重要的影响。海上丝绸之路既是贸易之路，又是文化传播之路。

非常有意思的是，伊朗的专家第一次到湖南大学时，有几位湖南长沙窑的收藏专家听到消息后就赶过来了。他们很困惑：为什么长沙窑产品上的很多图案在中国传统瓷器上是没有的，其中还有很多图案有点像文字，但是看不懂。伊朗专家一看这个图案（图 2），就是伊朗的文字："真主真伟大"。当年我们的窑工并不懂阿拉伯文，是依葫芦画瓢画出了这个东西。世界上各大博物馆都有长沙窑的收藏。在大都会博物馆，还有关于长沙窑产品和伊朗陶瓷之间的比较研究。这个比较研究非常有意思，讲的是一开始伊朗的瓷器色彩、图案和器型影响了中国，然后中国

图 2　长沙窑产品

的陶瓷又影响到了波斯的陶瓷，这两种文化之间像打乒乓球一样的，你来我往，在这个过程中大家都得到了发展和提升。

长沙窑在唐代就以其精美的产品占领了世界市场，当时一定是非常红火的局面。可惜，唐以后它逐渐被人们遗忘了，直到 20 世纪 50 年代才逐渐地被发现。刚才说的"真主真伟大"的图案，我们的收藏家都看不懂，为什么呢？因为它其实不是图案。那个时候伊朗是由阿巴斯统治，装饰图案不准使用任何具象的图形，不准用人物图案，不准用动物图案，甚至花草都必须几何化。那时作为装饰最多的就是文字，这点跟中国很相像。中国有特定的文字表现形式，那就是书法。波斯也是非常讲究书法的。在中国有一个陶瓷史上之谜，就是中国陶瓷以前都是用纹样来做装饰，为什么后来又用文字做装饰？我个人猜想，这个应该起源于长沙窑，因为最早出口到波斯的长沙窑全部用文字做装饰。也许一开始的时候，可能还是模仿波斯的文字依葫芦画瓢，最初还有一点像，慢慢地就不像了，到最后就干脆用汉字做装饰了。央视《国家宝藏》第六期节目，展示了唐代长沙窑青釉褐彩诗文执壶，这是湖南省博物馆的镇馆之宝，是用汉字书写的诗词作品做装饰的陶壶。从这个角度来看，这也是文化交流的一个结果，用文字来做装饰就是源于此。

长沙窑是怎么出海的呢？有可能是从上海青龙镇出海，再到泉州或广州出口。最近我去了南京博物院，发现里面有大量的长沙窑收藏。这些是在哪发现的呢？在扬州发现的。扬州是当时长沙窑的重要集散地，有来自世界各地的商船，通过大运河往北走。现在多数人认为，"黑石号"是一艘从广州启航的阿拉伯商船。"黑石号"商船是 1989 年在印度尼西亚勿里洞岛附近发现的，其中有 56000 件陶瓷是长沙窑的产品。当时长沙窑的产品主要是迎合海外市场的需求，特别是西亚伊斯兰地区。因为是为国外市场做设计，所以一定要学习异域文化，长沙窑的设计都是符合当时这些地区的需求的，它是当时中国最大的外销瓷，通过海上丝绸之路远销到亚非 20 多个国家。

波斯是长沙窑最重要的输出地。为什么长沙窑有这些颜色和器型呢？这和波斯当时的生活有非常密切的关系。唐代中后期，阿拉伯军队占领了波斯，推行伊斯兰文化，因此有一些很特别的规定。如不准用金银器，但老百姓又非常想用。

怎么办？用黄色的器皿代替了金器，用青色的器皿代替银器，而这些在中国本土都是没有的。

我也在长沙的一些地方，包括省博物馆，做了一些公共讲座，向大家介绍长沙窑研究的一些新成果。波斯专家到了长沙窑的博物馆及收藏机构进行研讨，当地的收藏家通过与他们交流之后，有关长沙窑的图案来自什么地方、文字表达是什么意思等疑问一下子解决了。以前我们是关起门来研究，没有这种文化交流，因而无解。所以我们邀请国外的专家一起来研究，把长沙窑的文化要素在今天以文创的形式体现出来。

德黑兰大学考古学教授穆罕默德，曾经在伊朗很多地方进行考古挖掘，找到了很多长沙窑的残片，但是完整的器型不是很多。为什么？因为波斯经常发生地震，一些城市全部被毁掉了，瓷器能够完整地保留下来的也不多。为什么他一眼就能够从一堆碎片中看出长沙窑的东西？因为长沙窑虽然是陶，但是烧制的温度超过了 1000 度，接近瓷器，所以它的断面看上去颜色比较浅，壁比较薄，而当地的陶器烧制温度比较低，壁比较厚，颜色也比较深。

伊朗专家对本土陶器和长沙窑陶器做了详细的比较研究。他们把相似的两种产品及其图案放在一起进行比较，既有图案的比较，也有色彩、器型上的比较。他们发表的一些研究论文主要讨论了 9 世纪到 12 世纪伊朗和中国陶器的图案演变。长沙窑陶器鸟纹特别多，关于鸟纹来自什么地方，是怎么演变的，他们有详细的研究。这说明了一千多年前，国家之间的文化交流是非常密集和有深度的。其中，长沙窑陶器的某些鸟纹图案在中国其他陶瓷里面是没有的，这显然是中外文化之间的相互影响所形成的特有的现象，所以在世界各地的博物馆里，人们一眼就可以把长沙窑产品认出来，它就是和别的窑口的产品不一样，它是中外文化交流的一个见证和结晶。

另外一位来自伊朗的莫森博士现在在湖南大学当老师。他发表了一系列高水平的论文，专门研究长沙窑。他的研究角度都是非常特别的，如基于文化需求的产品设计。因为长沙窑产品要出口到波斯，所以就必须满足当地的文化需求。中国人非常擅长制作陶瓷，但是我们的玻璃工艺发展缓慢，唐代很多玻璃制品是来自波斯的。我也曾专门去了波斯传统的玻璃工厂，他们确实有非常精湛的工艺。

波斯的玻璃器皿到了中国，长沙窑的工匠们吸收了波斯器皿的一些器型与基本形式，但把它简化了。"黑石号"上发现的最大的一个陶器有一米多高，可以在波斯找到原型。类似的案例很多。莫森博士提出的产品设计一定要基于地域文化的观点，在今天对我们依然有很大的启示作用。

有人说，越是中国的就越是世界的，其实不是这样的。长沙窑那个时代的工人就知道，只有符合对方市场需求、符合对方文化特色的产品才是世界的，这个观念是值得我们今天学习的。中国的文化要走出去，首先要学习别人的文化、理解别人的文化，然后融入别人的文化中，成为别人文化生活的一个部分，这才是中国文化走向世界取得成功的重要标志。尤其是在今天"一带一路"倡议层面上，我们一定要有这样的理念，而不是强行推广自己的文化。

我最近写了一篇论文发表在国际上非常有名的《陶瓷杂志》上，是关于唐代长沙窑和萨珊王朝艺术关系的研究，这种研究在以前几乎没有过。今天中国文化要自信，就要在国际上体现我们的研究成果，并得到全世界的公认。今天在汨罗这个地方，有国际诗歌节，这就是一个非常好的国际交流平台。但是中外交流不是从今天开始的，长沙窑在一千多年前就已经开始了。今天我们称之为中国文化的很多东西，尤其是一些我们认为最典型的中国文化符号，其实也是中外文化交流的结果。"中国"，英语叫作 China，china 是"瓷器"的意思。瓷器是中外文化交流的一个非常重要的载体，既有中国对外国的影响，也有外国对中国的影响。我们研究的长沙窑就体现了中外文化交流和互动的关系。当然，这只是其中的一个非常小的领域，类似领域还有很多。

我们去了波斯之后发现，我们称之为国乐的器物，比如说二胡、琵琶、胡琴等等，其实都源于西域，主要是波斯。最能够体现中国文化的设计之一的明代家具也与波斯有渊源。唐朝以后，中国人才开始大量使用家具，屈原那个时候是没有什么家具的，大家席地而坐、席地而眠。现在日本保留了很多中国唐代的文化特征，体现在建筑、服装、家具等上面。现在去日本人的家里，可以发现他们还是坐在地上吃饭，睡的还是榻榻米，所以我们一些最具代表性的中国文化符号，也是文化交流的重要结果。家具是这样，陶瓷也是这样。

今天的食品更是这样，有 80% 以上都是文化交流的结果。比如说，现在中国北方人基本上都吃面食，我们去了波斯之后，发现他们也天天吃面食，吃"馕"。如果大家去过新疆就知道，"馕"是新疆的主食。五千年前，两河流域的先民就培育了小麦，后来通过丝绸之路传到了中国。现在的器物有两类东西非常有意思。一类是"胡"，只要是叫"胡某某"的东西，一般来自西域，如胡琴、胡床等；还有一类叫"洋"的东西，就是从欧美或发现新大陆之后传到中国来的，如洋火、洋芋、洋枪、洋炮等等。我们生活中用到的很多东西也是舶来品。2017 年，长沙申报联合国教科文组织的"媒体艺术之都"，要概括长沙人或者说湖南人的性格是什么。大家都知道，湖南人的性格就是吃得苦、霸得蛮，体现在食品上就是喜欢吃辣椒，很多人认为辣椒塑造了湖南人的革命性格。但是大家可能搞忘了，辣椒是明末清初才传到中国的。

三、文化交流与文创开发

陶瓷是中国文化的象征，陶瓷里最具中国代表性的一个类型就是青花瓷，青花的图案、颜料、色彩、器型都受到了来自波斯的影响。直到今天，很多地方如果要烧制非常好的青花瓷，颜料最好的还是波斯的苏麻离青。2016 年，我们花了十一天时间走了十几个波斯的城市，这些城市都是海上丝绸之路和陆上丝绸之路的重要节点。伊朗西拉夫港就是我们的祖先一千多年前载着长沙窑产品上岸的地方，然后从这里再分发到西亚各个地方。所以国际化、全球化不是今天才有，当时有这么大规模的海上贸易非常了不起！

我们从德黑兰到伊斯法罕、设拉子、马什哈德、内什布尔等等，去了很多丝绸之路的重要节点。虽然走得很辛苦，但是收获非常大。我们最大的收获是去了伊朗国家博物馆，馆长和副馆长接见了我们。他们感到很骄傲的是博物馆收藏了元代最大的青花瓷器。为什么伊朗收藏了这么多元代的青花瓷呢？这是因为在元代，中国跟伊朗曾是同一个国家，都在蒙古人统治之下。另外，在伊朗国家博物馆里还有很多大量仿中国青花陶的产品，但不是青花瓷。因为伊朗虽有蓝色颜料，但是没有高岭土烧不出来。波斯人民又喜欢中国的产品，怎么办呢？于是他们在陶器上面覆上白色化妆土，画上青花图案，这样虽然烧不出青花瓷，但是很像了。这正说明两个文明的互鉴，你学我，我学你，在互动之中大家都得到了提升。

我们在那个地方拍了很多唐代时的波斯作品，这些几乎可以在长沙窑里找到一一对应的作品。比如长沙窑出土的油灯与波斯油灯很相似。中国的灯都是一个圆盘子的豆型结构，一个圆盘倒上油，灯芯伸出来就可以了。只是那时波斯的油灯是用金属做的，而长沙窑的油灯是用陶瓷做的。这种东西做好又卖回去了，跟中国今天的商品非常相像。当时长沙窑出口的东西很多就是老百姓的日常用品。

我们还在西拉夫文化遗产组织的帮助下进行了现场考古。当地文化遗产组织的主席坐轮椅到现场，并带人来帮助我们找长沙窑的东西。伊朗的老百姓非常热情。中国和伊朗在一千多年前就有很好的交往了。伊朗人称中国朋友为秦，认为我们来自秦国，这说明两国在秦代就有交往了。

西拉夫在公元9世纪发生了一场大地震，所有文物都被埋在地下。我是这支考察队伍中第一个在现场发现长沙窑产品残片的，当时非常激动。长沙窑产品有一个主要的特征，即底部为平足而非圈足，长沙窑产品的断面颜色和表面釉色也和其他陶瓷不一样。德黑兰大学的穆罕默德教授从事了几十年考古学，在西拉夫港考古研究基地发现的大量陶瓷残片，都放在博物馆仓库的箱子里。那里的气候炎热，体感温度有50度。要在博物馆仓库里把长沙窑产品的残片一箱一箱地找出来，该是多么繁重的工作，但是我们坚持下来了，找到了很多长沙窑的第一手资料。

我们根据考察和研究，制作了一些多媒体设计，如长沙窑海上丝绸之路交互地图设计。除了线路之外，还有很多的信息，告诉你长沙窑在哪些地方有发现，在哪些地方的博物馆有收藏，收藏了一些什么样的东西，"黑石号"沉船的地址在哪里等，这对我们的研究有很多的帮助。2018年，我们还做了一个国家艺术基金项目"黑石号沉船相关文化遗产数字化设计"，用数字化技术复原当时的考古场景，建了一个"黑石号"商船的数字模型，以及长沙窑产品的数字模型。人们只要带上虚拟眼镜就可以进入"黑石号"感受这些展品，这给人带来了非常好的沉浸式体验。

在这个基础上，我们还做了 65 个"一带一路"国家的设计地图。因为要实施"一带一路"倡议，就必须了解"一带一路"沿线国家的文化、政治、经济情况。我们把联合国教科文组织创意城市网络的 92 个设计之都、手工艺之都、媒体艺术之都、音乐之都等研究，也全部做了一遍。

我们还依托长沙窑，于 2018 年举办了长沙媒体艺术界暨"一带一路"青年创意与遗产论坛。注意，这里的关键词是创意和遗产，即把我们的文创和文化遗产怎么样很好地结合起来。同时还举办了一个长沙媒体艺术节，体验长沙驻留计划，请联合国教科文组织邀请不同国家的青年艺术家来长沙进行创作，他们都来自"一带一路"沿线国家。在长沙，他们有一个月的时间和我们的艺术家一起生活、交流、创作。

2018 年，我们还做了一个"金砖国家"设计对话国际研讨会计划，希望以文化为纽带，联系世界各国，实现文明互鉴。非常遗憾的是，由于新冠肺炎疫情的原因，"一带一路"金砖五国活动不得不暂停。另外，我们还在世界各地举办了很多关于中国文化传播和推荐的活动。如连续三年参加巴黎国际博览会。2019年，巴黎市的市长为我们的博览会剪彩。这个展览连续三年都是湖南大学艺术设计学院承办的，来自中国不同少数民族地区的文创产品在巴黎博览会上深受欢迎。同年，在国际素负盛名的法国圣埃蒂安设计双年展期间，我们把在通道所做的文创产品，特别是侗锦国家级非物质文化遗产传承人田梅女士设计的织机运到法国参加双年展。

2018 年，我去了拉脱维亚。拉脱维亚国家文化部部长刚访问中国回国，她说她对中国文化很感兴趣，并邀请我参加他们建国 100 周年的庆祝活动，说文创产品展览是其活动之一，分为四个大区，不同风格的工艺产品都在这里进行展览。他们在今天依然保留了一些传统手工艺技艺。他们有一批艺术家按照传统手工方法做文化传承，同时又有一批年轻的艺术家去搞文创。例如探索一些新的化纤材料，甚至金属纤维工艺，因此不断地有新东西出来。这些很值得我们学习和借鉴。

我还给大家介绍一个著名的设计城市——南非的开普敦市。2014 年，南非被评为"世界设计之都"（The World Design Capital）。"世界设计之都"由世界设计组织（WDO）每两年在全世界评选出一个城市。开普敦为什么被评为"世界设计之都"呢？因为它把南非的传统手工艺打造成了今天全世界都非常流行的时尚产品。全世界到现在只有这个城市因为文创获得了这份殊荣。我们知道，南非是一个多民族的大熔炉，不同的部落有不同的文化，但是怎么把不同的文化和非遗转化为文创产品呢？这是全世界都在努力做的一件事情。我们在那里和当地的学校合作，做了一个设计工作营，我本人在那里待了20天，所以对当地的文创产品有了初步的了解。

开普敦的文创市场（图3）就是以文创著名的一个活生生的样本，就在该市的海边上，规模在2万平方米左右。这个文创中心的特色是什么呢？一层是一个大卖场，上面就是设计中心；文创中心上面有图书馆以及各种各样的公共服务设施，非常漂亮。他们每一个部落或每一个社区都在当地设计师的帮助下，创造属于自己的品牌。开普敦本来就是一个世界级的旅游城市，可以利用来自世界各地的游客带来的市场优势做设计。虽然说南非是一个非洲国家，但开普敦是非常欧化的一个城市。

图3　开普敦的文创市场

图4 开普敦文创市场的产品（部分）

　　从开普敦的文创市场的楼上往下看，可以看到每一个店铺卖的东西都非常独特（图4）。如鸵鸟蛋壳做的工艺品，其中灯具是做得最多的。还有一些非常具有非洲风情的陶器，从其色彩及图案来看，就很具有非洲特色。他们的纺织品也非常独特，上面画了身材瘦长的马赛人。我还跟他们拍了一些跳舞的视频，他们手上拿一根竿子，可以跳得很高。非洲的陶艺水平比较高，他们有着原始的、奔放的创意，产生了独特的陶艺作品。例如把编织和陶艺结合起来，里面是陶的，外面是编织的。虽然每家做的东西都不一样，但是有一点是共通的，就是这些东西买回去放在家里是有用的，不是买回来就锁在箱子里面了。这些非常值得我们学习。现在中国的文创产品太趋同了，几乎是贴图案。

　　南非的平面设计在全世界都是极具影响力的，他们有设计师聚集的社区，产生了很多非常著名的平面设计师。屈子文化园也准备打造类似的社区。我认为，社区里面要有手工艺品、艺术品、装饰品作坊，每个周末有一次集会，城里的人都来这里买东西，这里面是一个个艺术家自己的工作坊，做各种各样的工艺品。南非的陶艺工作坊可以说成千上万，但是几乎没有两家是一样的，都极富特色，既有现代感，又有非洲的特色。这些东西很值得我们做文创的人去学习。再如它的组织形式、文创中心和艺术家的聚落等，都做得非常好。他们的艺术家村布局和工坊设计都很自由，做的不是非常标准的住宅形式，而是设计师自己搞的一套。有做陶瓷的，做染织的，做编织的，等等，一家一座房子。

非洲的原始图案看上去非常现代，早期现代艺术家很多的灵感就是来自非洲艺术。利用非洲原始部落的图案编织的作品很具现代感，在此基础上可以创作出很多适合现代人使用的产品。非洲当代艺术的代表作之一，是一件用饮料罐子或者是瓶盖做的壁挂，全世界几乎所有的当代艺术博物馆里都可以看到这样的壁挂，因为它隐含了一个绿色设计与可持续发展的理念。把这些我们认为没有用的东西改造成艺术品，也是现在文创产品很重要的一个方向。

我们在肯尼亚和当地艺术家有一些交流。这里的艺术家所雕的木质动物栩栩如生，但其中有一个大的问题，就是他们的硬木雕塑几乎是一模一样的，于是就竞争压价，因此价格变得低廉。我去了一个马赛人家里，他家里唯一现代的工业品就是一个黄色的油桶。但是他们也有爱美之心，有非常漂亮的工艺品，如服装、手上的装饰品。他们用一些很小的珠子串起来做手工艺品，希望赚一点钱，但因为同质化，照样卖不出去。我们本来准备2020年4月再去肯尼亚，帮助他们把工艺品做得当代化一点、差异化一点，尝试把中国的非遗扶贫介绍到他们那里去，但是因为新冠肺炎疫情影响，计划暂停了。

年纪大的人可能还记得，我们小时候父母亲穿的鞋子是什么。用废旧轮胎做的鞋子，在中国已经看不到了，这个东西现在到了马赛人那里，他们穿的都是用轮胎做的鞋子。不光在肯尼亚，在非洲其他国家也是这样。中国在困难时代的设计现在全世界通用，这又是一个全球化的例子。

说到文创，中国有一个电视节目叫《上新了，故宫》，相信大家会对这个节目感兴趣，它获得了"白玉兰奖"的最佳电视片奖。这个节目去年拍到了第三季，每一季有八集，每一集邀请一组设计师针对故宫的一个专题来做设计，做好了之后在故宫的纪念品商店和网上商城来销售。在中国，文创做得最好的是故宫，它的IP也是最多的。湖南大学设计艺术学院的学生应邀参加了第一季和第三季的设计，在著名设计师韩家英的带领下，为故宫御书房的文房四宝做一套文创作品。他们做的方案现在已经被故宫投产,在故宫及网上商城都可以买到。

　　我们是怎么做文创的? 如何把传统的东西通过当代的技术和艺术表现形式呈现出来? 在一个科技厅的项目中,我们用陶瓷 3D 打印技术实现了侗族织锦纹样的立体化。为实现这个目的,首先要研究平面纹样立体化的可能性,分析哪些东西是可以立体化的。然后用陶瓷 3D 打印尝试如何从工艺上、材料上来实现。这个非常有难度,因为陶瓷在定型之前是流动的,就必须要调整它的干湿度,使它能够成型。再考虑怎么把颜色融进去,这也需要做大量的试验。我们还跟奔驰汽车公司合作,利用侗锦的图案,设计了一系列的奔驰高端商务礼品。首先也是做了图案的分析,将图案的规范化、几何化进行不同的组合,形成一些基本的图案,再去打样。此外,中国和日本工艺的比较、中日传统服装比较等具有文化交流意义的研究是可以永久做下去的,也会对我们的文创研究提供很多新的启示。

　　今天我的演讲就到这里,谢谢大家!

(王琦整理并经主讲嘉宾审定)

现场互动

主持人（王琦）： 何教授认为中国的设计要走向国际化，就必须学习、理解、融入他国的文化，成为他国文化生活的一部分。同时中国的设计在走向世界的过程中，不能故步自封，一定要关注现代技术和工艺的发展。今天的讲座何教授非常接地气，使用了非常丰富的案例和图片，带给我们的不仅是视觉上的盛宴，更有思想上的启迪。让我们以热烈的掌声再次感谢何教授。

接下来，我们进入现场互动环节，欢迎朋友们积极向主讲嘉宾提问。

观众提问： 何教授，您好！我们汨罗是龙舟故里，汨罗人是龙的传人。汨罗有着浓厚的龙舟文化，我想如果将舞龙的龙头和道具做成文创，能否对它进行产业化，或者推销出去？

何人可： 我觉得毫无疑问，这是汨罗文化最点睛、最重要、最具代表性的内容，产业化一定是可以做到的，关键是产业化的路径，这需要进行研究。因为我们的龙舟文化确确实实是一个国际化的符号了，不仅在中国有，而且在世界各地都有。我举个例子，屈原在汨罗投江的同一时期的欧洲，两千多年前就有维京人，他们也有龙舟，而且比我们的龙舟要大一些。这是因为他们的龙舟不是用来竞赛的，而是用于贸易和军事。他们的龙舟随着贸易商的扩张到了世界各地，这在博物馆和影视片里出现得相当多。我们做文创时要找到路径，跟长沙窑的先辈们一样，让其能够成为一个文化交流的渠道。同时，我们祖宗留下来的宝贝绝对不能丢，一方面要把这些东西的制作工艺、图案、形态等完整无缺地保留下来，同时要把它当代化、国际化，让今天的年轻人不仅喜欢它，还要用它。至于这些东西怎么能够转换，其路径是值得我们去研究的。

观众提问：何老师，您好！龙舟作为汨罗的文化符号、文化现象，我们应该如何将它传承好、发掘好、宣传好，走出汨罗，影响更多的地方，这也是我们汨罗人的期盼。

何人可：我们现在做的都在为这个东西做铺垫。比如，谈到汨罗就一定会说到屈原，一说到屈原大家就会谈到《九歌》、谈到《天问》。在汨罗，有国际诗歌大会，也有国际龙舟赛，我们有很好的平台。但是现在所有的文化"活化"，大家面临同样的问题，就是怎么把它当代化，为今天的人尤其是年轻人所喜爱。只有让当代人使用，才能够真正实现文化的"活化"，所以这个路径是所有做文创的人都要学习和理解的。比如我今天举的例子——故宫御书房的文创产品，就是年轻人自己设计的，而买这些东西的人也主要是年轻人。以前皇宫的御书房，只有毛笔、朱批，哪有钢笔？但是如果现在我们再做毛笔那一套东西，可能就卖不出去了。

文化是一个不断演化、不断发展的过程，我们今天看到的所有的非物质文化遗产，在那个时候都是很前卫的，所以我们现在做的东西要经得起未来的检验。也就是说，我们今天做的东西，一百年以后、五百年以后，我们的子孙后代都会觉得我们这一代人了不起。我们创造了新的东西而不是守旧，守旧是博物馆的事情，创新是文创的事情。

观众提问：何教授，您好！非常感谢您的精彩讲座，我受益匪浅。网上流行说，现代设计取决于甲方的审美，而我觉得做设计应该要有自己独到的见解和特色。请问怎么平衡两者的关系？

何人可：关于你提的这一点有很多的讨论，不过现在最简单的答案，也是网上流行的一句话，艺术家是为"我"设计，设计师是为"我们"设计。为"我们"设计，有两重含义：第一，"我"的个性、"我"的理解、"我"的创造是要保留的，没有个性怎么谈设计呢？第二，说"我们"就不仅仅是"我"一个人了，而是与"我"的用户、客户相关，我们要把这两者很好地结合起来。为什么故宫要找大学生去做设计？因为他们是为"我们"设计，为同时代的年轻人设计。是不是？所以这个应该是一个很好的案例。设计的核心本质就是创新，设计没有创新就没有灵魂。但是设计的创新又和艺术家的创新不一样，要与时代、用户需求结合起来，融入市场。

谢谢！

主持人（王琦）： 谢谢何教授！何教授刚才言简意赅、非常具有启迪性地告诉我们什么是设计。设计的对象是"我们"，为"我们"而设计。设计要面向社会大众，要了解设计的对象有什么样的需求、要实现什么样的目的。可以说，设计是一门"无"中生"有"的创新性学科，是把我们的"潜在"需求变成"现实"需求的活动，所以设计的灵魂在于创新。但是，设计要创新必须根据人的需求，根据服务的对象进行设计与创新，因为只有这样才能够走入市场，获得社会与大众的认可。

谢谢何教授给我们带来了非常精彩的演讲！感谢现场及网上朋友们的倾情守候。"香草美人地，诗韵汨罗江"。我们下期再见！

（王琦整理并经主讲嘉宾审定）

文化·文产·文旅
——当下困境与发展路径及方法

第4讲

张建永，教授，现任吉首大学中国乡村旅游研究院院长、湖南财政经济学院人文艺术学院名誉院长、华东师范大学民俗研究所兼职教授、雪峰山旅游集团文化顾问、湖南省旅游学会专家团首席专家。曾任中国文艺理论学会理事、湖南省美学学会副会长、湖南文学理论学会副会长、湖南省写作学会副会长、湖南省民族民间文化艺术研究中心学术委员会主任。出版了《东方之慧》《原始儒学文化思维研究》《艺术思维哲学》《乡土守望与文化突围》《孤怀独往的精神背影》等8部专著。在《文艺研究》《文艺理论研究》《学术月刊》《浙江大学学报》《中国文化月刊》《孔孟月刊》等刊物上发表论文百余篇。担纲国家文化产业示范基地原版《魅力湘西》总策划、文学撰稿，获第九届深圳中国文博会"大湘西文化旅游产业代表人物"称号，获《光明日报》"2018年中国文化产业年度人物"提名。

直播二维码　　　直播在线参与人数：39.7万

导言

　　在文化及"文化+"成为国家发展战略的背景下，如何通过创新性发展与创造性转化，实现文化、文化产业与文化旅游的融合创新发展，不断满足人民日益增长的对美好生活的追求？当下文化+旅游存在哪些困境？有哪些方法、路径可循？

　　2021年4月10日，吉首大学中国乡村旅游研究院院长、湖南省旅游学会首席专家张建永先生莅临屈子书院讲坛，发表"文化·文产·文旅——当下困境与发展路径及方法"的主旨演讲，并与现场观众进行了精彩的互动。讲座由凤凰网湖南频道全球同步直播，在线参与人数多达39.7万；长沙理工大学设计艺术学院教授、湖南汨罗屈子书院执行院长王琦担任嘉宾主持。

尊敬的领导、朋友们：

非常感谢大家冒着寒雨来这里听我聊事儿。我一踏上这片土地就有很深刻的感觉，站在拥有千年历史的屈子书院讲台上，倍感荣幸。感谢王教授，感谢汨罗这片有着深厚文化积淀的地方。

到了这个地方，不谈文化似乎说不过去，谈文化似乎又不好谈。因为文化问题已经被我们谈得有点"审美疲劳"了，有时近乎"陈词滥调"了。文化能够控制人类的发展方向，能够影响我们的思想观念和情感情绪，它以无形的力量驱使我们前行。在我一生中，无论遇到多大的困难，都有三种主义在我的灵魂深处支撑着我，处处给我鼓劲，给我方向。第一个是浪漫主义，第二个是理想主义，第三个是现实主义。而今天我站在了这块中国浪漫主义的滥觞之地，显得格外有意义。

中国文化思维有两个方向：一个是现实主义方向，以《诗经》为代表；一个是浪漫主义方向，以《楚辞》为代表。伟大的屈原就在这块土地上，将《楚辞》发挥到极致，让绚丽的楚文化延续了数千年而不绝。这也是我愿意到这里来感受、敬仰、拜谒的重要原因。

文化不仅在思想、精神方面给人类以无穷力量，还漫溢到经济领域，具有极大经济价值。如以文化冠名的产业——文化产业，以文化冠名的旅游——文化旅游产业，都是在文化基础上生长出来的新兴产业。这种产业能够活化历史，转化成为生产力，能将绿水青山转化成金山银山，加快乡村振兴进程。在现代社会，文化的变现力以超乎寻常的状态，在国民经济发展中发挥巨大作用。

但是当我们以举国之力来强调文化对于文化产业、文化旅游产业的影响时，不少人将文化简单化、概念化、学术化，以为只要把文化装到产业的笼子里，产业就会兴旺发达。有时候，事情恰恰相反。我们现在看到很多古镇、古村的旅游建设，挖掘了很多历史文化与传奇故事，请了很多的专家做策划和创意，修建了很多漂亮的房子，但是市场并不买账。古镇建成后，门可罗雀，资不抵债，投资打水漂，血本无归者多。为什么会发生这种现象呢？如何理清文化和文化产业、文化旅游产业之间的关系，剖析当下文化产业、文化旅游产业出现的困境，理顺文化、文化产业、文化旅游产业融合的路径，是我今天要阐释的问题。

中国要崛起，文化必然要崛起，而文化崛起不是简单地解释传统文化，而应该在两条路径上展开。一条是学术路径，通过批判地继承，对应当下社会发展，推进文化的现代化建设。另一条是应用路径，即将文化中的经济属性挖掘出来，将其提升为社会发展和经济发展的软实力，促使文化直接转化成生产力和现实经济价值。

以前很多人谈文化，往往把文化神圣化、纯粹化、学术化，仿佛文化跟社会经济生活关系不大，把文化限制在狭窄的范围之内。比如，我在很多地方听到专家批评地方政府、投资商和创意者，说某某城镇太商业化了，他们把商业作为文化的对立面来看待。有一次，我在上海开会临时修改了 PPT，在会上展示了一幅《清明上河图》，让大家看看整个画面上主要有什么。可以说，画面上不是铁匠铺就是裁缝铺，不是裁缝铺就是饭馆酒肆……数百个店铺布满全城，体现了当时北宋汴京繁荣的商业与经济状况。历史的发展有一条坚实的逻辑，即没有商业，甚至没有商业化的商业，就没有大都会。同样的逻辑，没有商业或商业化的商业，就没有古镇。大家口口声声赞美《清明上河图》，赞扬汴京的繁荣，为什么就不能赞美当今商业繁荣下的都市和城镇呢？从旅游角度讲，为什么古镇的建设就不能商业化呢？没有商业化就没有城市，也没有旅游！所以关键的问题不在于要不要商业化，而在于如何商业化。大家想想看，如果凤凰古城、丽江古城、乌镇古镇都去商业化了，成千上万的老百姓怎么生活？没有商业繁荣就没有城镇的生命和灵魂。我们现在很多动辄几十亿元、上百亿元的新建古镇，最缺乏的是什么？就是烟火气。烟火气从何而来？是要有人在里面生存，才有烟火气。所以我今天主要谈三个问题：一是文化及文化新使命，二是困境与盲点，三是路径与方法。

一、文化及文化新使命

（一）文化的基本概念

文化是相对于政治、经济而言的，人类全部精神活动及其活动产品，包含精神文化和物质文化。具体呈现为精神图腾、风土人情、传统习俗、生产工具、生活方式、宗教信仰、民间技艺、历史传统、文化艺术、典章制度、伦理观念、审美精神等。比如说吃粽子、划龙船……我们每个人都生活在文化之中，和文化水乳交融。文化时时刻刻存在，既有型有貌，也无形无影。文化的核心是"价值观和行为规范"。它们融会在各种社会制度之中，隐含在社会行为和生活方式之中，并形成一定的传统。

20 世纪 90 年代，我去欧洲，到了奥地利的裸泳场。我当时就想看一下，欧洲人为什么要裸露全身呢？之后，我写了一篇文章在《环球时报》上发表了。文章记述我们在裸泳场观赏时，一个妇女要求我们离开，除非我们也全裸。这时，我在文章中做了个假设：如果只有我跟我哥们在这里，我们可能敢裸。再退一步，如果我跟我夫人在这里，我们裸也没有问题。但是，在有外人的场所，我感觉此时此刻没有办法裸。为什么？文化发挥了巨大的作用。盘踞在我们灵魂深处的文化站出来了，我们无法突破文化划定的底线。这就是文化的力量，这种力量在做文化产业、文化旅游融合时要特别加以重视。

（二）文化力及文化的经济属性

文化力是一定文化对某种行为、言语、思想、情感乃至目标、计划等人类思想行为的一种稳固的带有指向性的驱动力量。这种力量，是在意识和潜意识中发挥作用。比如屈原投江，是由于他内心强大的爱国主义文化，让他不忍同流合污，不忍看到自己心爱的国家遭到外人的奴役，这就是一种文化之力所具有的魅力。中学时，我们学过《祝福》，每年鲁四老爷家祭祀时都是由祥林嫂来操办的，后来祥林嫂家出现了变故，按照封建意识，她已经不干净了。所以每到年终祭祀的时候，祥林嫂想去擦烛台，旁边有人便用手把她挡住。为什么挡住她？一种文化的力量。封建文化鄙视祥林嫂这个时候的身份。她到庙里捐钱、捐门槛，但即使是捐了钱还是解决不了身份问题。封建文化意识作为一种负能量，压着祥林嫂走向生命的末路。当文化显示出一种正态的文化力时，就构成一个国家和民族的软实力。如屈原的精神就构成中华民族爱国主义传统，这是国家的软实力。爱国精神在屈原这里形成了一座高峰，传播了数千年，构成了中华民族的精神底色。

文化力在两个方面产生作用，一个是纯粹的文化建设方面，另一个是在经济领域发挥作用。以前有一种观念，"学好数理化，走遍天下都不怕"，认为如果学文科，会被讥笑为"手无缚鸡之力"，找工作都很难。那时，大家没有意识到文化还有经济价值。

文化研究有两条路，一条是纯学术的路，一条是应用的路。应用的路也有两条，其中一条是文化事业建设之路，比如说汨罗屈子文化园的诗歌艺术中心。但如果从文化的经济角度来讲，要使这个中心按照市场规律运行将困难重重。

人类认识到文化的经济属性，始于文化社会学、艺术社会学和非生产领域经济学研究。1847 年，比利时的米凯尔就对文化、社会和经济的关系进行了研究。普列汉诺夫最早从经济结构研究文艺。文化的经济学价值被逐渐发掘出来。于光远先生是中国最早主张建立文化经济学的学者。现在，文化的经济学价值已经成为人类的基本学术常识。因此，我们不仅要研究文化对精神思想的建构，而且要研究文化对经济的影响力。

（三）文化赋能和文化"负债"

文化具有经济价值，实际上就是文化能够给经济赋能。文化赋能指文化能够让人类更加文明，社会更加进步，生活更加美好。比如"五四运动"倡导的民主与科学，这就是文化赋能。

但是，文化不仅赋能，还"负债"。刚才我讲的遏制祥林嫂的那种文化，就是"负债"文化。"负债"文化指的是阻碍人类发展，开历史倒车，破坏社会文明，压制人性健康发展的文化。我们现在经常讲要有正能量，如果没有正能量，尽管我们饱读诗书，也有可能不仅成不了社会进步因素，相反成了阻碍因素。所以我们一定要掌握先进文化，以此敞亮心胸，开阔视野，激励斗志，砥砺前行。

（四）经济学领域的文化赋能

经济学领域的文化赋能，主要在文化产业和文化旅游产业两大相关产业之中。我们知道，所有的产业都离不开对资源的开掘、提炼、加工，并使之成为产品。它们拿什么做资源？就是文化。文化是其核心资源。从分类的角度而言，文化产业是文化旅游产业的上位产业，文化产业涵盖文化旅游产业，它们都在文化中发展产业。正因为如此，前几年国家提出了"文化旅游"的概念，更加明确文化对旅游的重要作用。其实，旅游从产生之初就离不开文化，只是那时人们还没认识到文化的重要价值。

当下，国家倾力推进文化旅游，文化在旅游中的价值得到了充分体现，这是好事。但是，有些专家、教授、创意大师、政府官员以及投资者把文化当成文化产业、文化旅游产业的万能钥匙，以为只要把文化装填进产业之中，产业就必然兴旺发达起来。这是一种误解。

（五）文化赋能产业

文化产业作为战略性新兴产业，与一般产业有巨大区隔，这些巨大区隔构成文化产业的特殊优势。

1. 文化是新型的生产力

文化作为一种新型生产力的确证，是在 20 世纪 70 年代。大家知道，英国是一个老牌资本主义国家，工业体系非常成熟发达，以至于成熟发达到了"天花板"，导致盛极而衰。怎么拯救英国呢？时任英国首相布莱尔成立了一个布莱尔文化产业小组。这个小组把文化的经济要素提取出来，推动了文化产业的发展。仅仅两年以后，英国的文化产业产值就排名国民经济产值第二，仅次于金融，超过了其他很多产业。文化产业的兴起拯救了英国的经济。与此同时，美国、韩国、日本等国家顺势而为，把文化产业推进到新的高度，成为国民经济发展的核心竞争力。在中国，文化产业发展真正启动是在改革开放之后。当时我们的观念还停留在把文化定位在思想与精神层面上，因此只是单向度地从思想、精神和社会公益事业等方面去发挥文化的作用。

2. 文化是最强旺的生产力

从各国文化产业国民经济占比情况来看，中国文化产业的国内生产总值（GDP）占比为 4.8%，美国为 30% 多。我们跟美国相比，差了二十几个百分点，这说明我们的文化产业发展上升空间很大。美国的文化充其量才 200 多年的历史，中国则有几千年的历史，但在将文化转化为生产力这方面，中国确实起步很迟，现在尚需奋力追赶。比如说《功夫熊猫》之类的文化产品。功夫和熊猫都是中国的，赚钱的却是美国。他们拿着我们的文化去变现，这值得我们认真反思。

3. 文化是最生态的生产力

除了文化产业、文化旅游产业之外，其他多数产业都需要耗能，有些还是巨大耗能产业。文化产业耗什么能？耗"脑子"。我记得毛主席讲过，写文章脑筋开动不了时，就要吃红烧肉。就几块红烧肉，这又能消耗多少生产能源？所以文化产业是最生态的发展力。

文化产业作为国家发展的一个战略性新兴产业，除了具有一般产业的属性知识，还能满足精神与思想的需要。在文化大国崛起中，文化产业是重要推手。文化产业相对于一般宣传品而言，能够更深入地从灵魂深处润物细无声地发挥作用。中国文化产业发展拥有强大的文化底蕴，这是我们为之自豪的东西。但是，如果我们不能把视野放在人类共同命运、人类共同话题上，放在那些有趣、有料、有味、有思想的文化转化上，不去研究文化如何转化成生产力，就不能发挥文化的经济功能。

4. 文化是最强大的推动力

文化旅游产业在中国，从增长比来看非常"牛"。2019 年，全国旅游人次达到 60.06 亿，平均每人 4 次多，同比增长 12.8%；国内旅游收入达到 6.63 万亿元，同比增长 11%；旅游直接就业人数达到 2825 万；出境旅游人次 13.051 万，同比增长 0.7%。这种大好形势得来不易，发展更不易。如果说前四十年，我国的文化产业、文化旅游产业发展主要是"拓荒"，那么，现在就应该是精耕细作了。

我们讲文化自信，需要的是科学理性的自信，而不是口号式自信。在文化赋能方面，需要积极创造文化转化为生产力的方式、方法。在文化"负债"方面，要保持高度警惕。既要警惕文化中的"糟粕"沉渣泛起，又要防止文化的"买椟还珠"现象。这种现象是对文创和文化旅游的戕害。如何反戕害？这是接下来要解决的问题。

二、困境与盲点

（一）三个主要困境

困境来源于三个方面：一是以文化的本质忽略文化产业与文化旅游产业的本质；二是以文化的学术性忽略文化产业与文化旅游产业的市场性；三是以文化的

公益性忽略文化产业与文化旅游产业的产业性。

比如某些古城、古镇动辄投资几亿元、几十亿元甚至上百亿元，在创意之初，竭尽全力邀请专家、教授和创意大咖把当地的历史文化悉数挖掘出来，以为文化底蕴如此之深厚，历史如此之久远，民情风俗如此之繁多，一旦将其装进产品中，一定会获得"满堂彩"。可事与愿违，甚至面临资金链断裂、前途无望的惨境。

我曾评估过一所很有名的大学给一个古村做的旅游规划。我说，从建筑学角度我给 85 分以上，但从旅游学角度我给不及格分数。因为从建筑学角度来讲，道路、服务设施、停车场、客服中心、酒店，应有尽有，工程结构、标识标牌也不缺，但是需要思考的是，北上广深和其他地方的游客凭什么要大老远把车开到这里停一下，难道就凭这里的停车场、客服中心与酒店？如果规划没能给游客提供之所以要来旅游的要素，没有旅游心理驱动力，那么这样的旅游规划是难以成功的。这也是当下大多数古镇、古村以及许多旅游景点建设面临的困境。

文化旅游融合不是简单的"文化 + 旅游"，而必须用创造性思维，结合市场消费心理，进行深度创意打造，方有可能赢得市场。

许多文化旅游融合不成功的案例告诉我们，问题出在做文化旅游融合时，不自觉地以文化的本质忽略了文化旅游产业和文化产业的本质。比如，里耶出土的 36000 片秦简，记述了秦代的"典章制度"，具有很高的学术价值，但是目前是"裸展"，还只是传统意义上的博物馆展览，没有转化成旅游高价值。问题出在哪里？在于没有用创意去活化历史文物，没有找寻到对接文化旅游市场消费的接榫环节。这是典型的以文化的本质、文化的学术性和公益性忽略了旅游的产业性、市场性。和故宫博物院做的文化产业、文创相比，不可同日而语。可以说，没有经过文化创意，直接把文化拿来裸展、裸陈，几乎成了文化产业和旅游产业最普遍的问题。

（二）盲点的表现

盲点是由"三个以为"造成的：一是以为文化等于文化产业与文化旅游产业；二是以为传统等于产品和市场；三是以为资源等于品牌和效益。这种"三以为"现象比较普遍，有些地方政府官员和投资商、创意者错误地以为只要把地方文化挖掘出来了，旅游就能做起来了。

1. 文化不等于文化产业与文化旅游产业

文化关注的是精神层面，讲究的是精神效益；文化产业与文化旅游产业关注的是经济层面，经济效益是其可持续发展的核心基础。文化关注的是文化领域，文化产业与文化旅游产业关注的是人的消费领域。文化关注的是制度建设与社会公平等问题；文化产业与文化旅游产业关注的是管理、投资、产品、市场和销售等问题。他们关注的层面和领域都是不一样的。

2. 传统不等于产品和市场

做文化产业、文化旅游产业需要全力挖掘传统，但是有些地方的传统因为缺少当代的根基，已经"死"掉了，没用了；有些传统过于冷僻，缺乏市场吸引力。如"非遗"是非常好的东西，"非遗"作为文化保护项目需要坚定不移地做下去；但如果拿来做文化产业或文化旅游产业，就一定要小心了。在做之前，一定要充分论证某个"非遗"是否能够成为产品、能不能拥有市场。

我们现在有很多做文化产业、文化旅游产业的朋友拿到"非遗"项目后就去做，结果赔了夫人又折兵。如果拿"非遗"项目做文化事业没有问题，因为国家有经费支持；但是如果以为拿到"非遗"，就以为拿到市场了，那就是天大的误会。没有对"非遗"项目进行符合市场需求的创意，多半不会被市场认可。有很多文化传统覆盖区域大，然而越广大就越具有普遍性，越具有普遍性就越缺乏独特性、差异性，因此就越容易成为"大路货"。比如说从长沙到张家界，再穿越湘西到怀化，这么漫长的一条线路上，很多人有时候有一点烦。烦什么？因为进到任何一个村寨都是拦门酒，这就没有新奇感了，容易产生审美疲劳。比如湖南省泸溪县的"踏虎凿花"剪纸是典型的国家级"非遗"，政府也确实拿钱在补贴。但是，由于再创造的力度不够大，"踏虎凿花"剪纸作为文化产业、文化旅游产业要活下去还有相当长的路要走。思南土家族剪纸也是国家级"非遗"，思南人花了极大的精力去扶持，但市场效果依然堪忧。将这些好东西做文化事业没有问题，但如果做文化产业、文化旅游产业没有深度创意，就很难拥有市场。

3. 资源不等于品牌和效益

很多人认为有了文化资源和自然资源，就可以直接拿来转化成文化产业和文化旅游产业，这是不对的。以我的经验，除了极少数顶尖级资源，一般情况都需要有符合市场消费需求的创意才可行。

隆回县的虎形山 2009 年就成为国家风景名胜区，资源不可谓不好。但是十多年来，这么好的资源却一直"酣睡"着。因为他们在自然资源和文化资源如何转化成生产力方面，没有找到恰当的方法，不知道如何将文化进行转化并对接市场，所以一直盘桓在旅游市场大门之外。雪峰山集团去了之后，娴熟地把文化如何转化成生产力的经验运用起来，一下子把虎形山做"热"了。现在虎形山上星星还是那个星星，月亮还是那个月亮，但它的市场不再是原来的那个市场了。

比方说，夯土墙是南方农村经典的建筑样式与历史文化资源，但在现代化浪潮中快消失了。我有一个朋友，对夯土墙进行现代创意，既保持了夯土墙的历史质感，又融进了现代元素，所以他做的夯土墙建筑后来成了网红打卡地与旅游地标性建筑。他通过创意与设计，把一个行将消失的"冷"文化转化成受人追捧的"热"文化。

这三个盲点就是我们自己给自己挖的坑，填进去的是人力、物力、财力，流出来的只有眼泪。那些以为文化传统资源只要采取拿来主义，就可以直接裸展、裸陈、裸用的观念，实践证明是不行的。

"文化是文化产业和文化旅游产业的灵魂"这句话最准确的表述应该是：只有那些能够对应市场需求的文化，才是文化产业和文化旅游产业的灵魂，否则就是亡魂。所以，在文化产业和文化旅游产业范畴中，对文化的选择就是创意的开始，是文化旅游融合的最佳熔点。选择什么样的文化，这就是我下面要讲的。

三、路径及方法

我讲的内容既不是教科书上的，也不是哪个名人大咖讲的，而是我从实践中、从亲身经历和研究的案例中得来的。

（一）路径
路径选择在于三个方面。

1.市场属性
做文化产业、文化旅游产业，市场属性是须臾不可忘记的东西。比如说汨罗有《九歌》，有《天问》，有楚辞文化，面对这一大堆文化，绝对不能盲目使用，而要慎重选择，确定哪些历史文化遗产是可以直接对接市场的，哪些是可以进行创意之后对接市场的，哪些是根本就和市场无缘的，这是做文化产业、文化旅游产业所要解决的首要问题。一定要抓住文化的市场属性；否则，挖掘整理出来的文化，就只会和文化事业有关，而与文化产业、文化旅游产业无缘。

2. 大众属性

大众属性是选择文化的重要因素。文化产业也罢，文化旅游产业也罢，不排除有小众对象，但更主要的是社会大众。文化产业、文化旅游产业做的就是大众文化，以满足绝大多数老百姓的文化需求与精神需求。什么叫大众文化呢？毛主席有个定义，就是老百姓喜闻乐见的。但是我们很多做文化产业、文化旅游产业的同仁们，往往在挖掘、选择文化的时候，极容易被专家学者们带到学术层面的"沟里"，讲究学术层面的高端性，而忽略了文化产业、文化旅游产业的大众性。以为学术价值越高，文化品相越古越好。结果适得其反，大众不买账。这种现象较为普遍，后果也十分严重。

3. 服务属性

服务属性是选择文化的重要旨归。学术性对象的文化，主要是研究主体对文化进行研究。服务性对象的文化，主要是服务主体从文化中提取能够服务大众的元素，再创意出产品。文化能不能形成服务的要件极为重要。

比如说婺源。婺源皇岭晒秋是农耕美学的最高境界。姹紫嫣红的晒秋感觉，特别吸引人。这种美文化直接作用于人的视觉，服务于人的心灵，因此，皇岭村不愁人不来住。每到秋季，晒黄豆，晒辣椒，晒西红柿，晒其他的，五颜六色，全部用簸箕晒在古老的建筑上，一层一层，充满了喜庆，创造了农耕文化的美学巅峰！这就对准了消费市场。

比如穿岩山的无边际泳池，旅游收入是周边几个村寨最高、最稳定的。就这么一个小小的、比舞台大一点的池子，每年有八九百万元现金收入，收入最多的一天是十一万元多。这是因为在高山上构筑的无边际泳池，与蓝天接壤，与森林为伍，视野开阔，成为远近闻名的网红打卡地。

比如说故宫博物院，单霁翔等做故宫文创，将原来属于皇家用的东西，经过创意，变成了大众可以把玩的东西，销路好得不得了。如故宫博物院将清朝的官帽做成了一个钥匙扣，把清朝的官帽别在腰上，携官帽行走，多有意思。还有用格格做的烟灰缸，稍微变化一下形式，在烟灰缸旁边搁一格格，烟灰缸就好卖了。所有的这些创意都紧扣文化的市场性、大众性与服务性，因此要市场效益有市场效益，要社会效益有社会效益。

（二）文化选择标准

文化选择首先面临的就是选择的标准问题。前面讲文化要有市场性、大众性、服务性，还只是一个抽象概念。什么样的文化才具有大众性、市场性和服务性呢？我认为有三个标准，这也是我从经验中总结出来的。

我把文化分为三对："热文化"与"冷文化"，"美文化"与"丑文化"，"奇文化"与"庸文化"。凡是"热文化""美文化""奇文化"，把它转化成生产力和经济效益的可能性比较大。相反，如果它是"冷文化""丑文化""庸文化"，要把它盘成一个市场热点，收获经济效益，就极其难了。

1. 热文化与冷文化

什么样的文化叫"热文化"、什么样的文化叫"冷文化"呢？很简单。凡是具有震撼性、趣味性、传奇性、观赏性、娱乐性、互动性等特点的文化，就叫"热文化"。反之，就是"冷文化"。比如说我担纲创意的《魅力湘西》，所选取的文化就是"热文化"，热文化有市场效益，演出十多年来，一直爆满。同样，还有一些拿湘西文化做演艺的，艺术水准不可谓不高，但是，表演几个月就销声匿迹了。同样是少数民族文化，同样是跳舞唱歌，同样是爱情故事，为什么会有不同的市场效果呢？关键就在文化元素的选材与创意走向上。有没有关注文化中的"热元素"、有没有将这些"热元素"的创意放大？比如说《魅力湘西》中的赶尸。赶尸本身具有一定的神秘性，属于"热文化"。把湘西文化的这种奇异性抽取出来，装进罗荣光爱国主义故事中，一下子就成为整场演出的高光亮点。比如，《边城》是非常静态、非常美的东西，写小说没问题，改成舞台作品就有困难。怎么办呢？我在原小说中抽取了翠翠和傩送、天保的爱情故事，强化沈从文原来就设置在他们之间的三角关系，放大那种让人揪心的心疼和谦让，把生死难题放在翠翠面前，形成强烈的内心冲突，构成观众汹涌澎湃的情感波澜。于静中掀起波涛，把冷文化做热，形成观赏热潮。

比如《又见平遥》，在我看来是艺术性和市场性结合得比较好的旅游演艺作品。它为什么能赢得市场？简单地讲，就是王潮歌对文化中的热文化的倾情关注，在创意中全力创意文化热度的结果。《又见平遥》整个故事围绕镖局展开。

谁都知道，镖局干的都是打打杀杀的事，但是，这种打打杀杀的热文化由于司空见惯，观众对之有审美疲劳，容易形成由热而冷的现象。王潮歌避开了打打杀杀，而是选择了一个让人意想不到的场景：就是镖局兄弟们要出征了，很可能九死一生，为了不绝后，出征之前有一个仪式，给出征的新人找个老婆结婚。这样哪怕战死征途，家族根脉不断。这恰恰触及了人类灵魂中最顶层的宗法意识，具有普遍性。选哪种女人方能实现留种的需要？剧中已经糅进了一些性意识在里面。比如选择场景中，可留种的女人，头发要怎么样、眉毛要怎么样、鼻子要怎么样、肩要怎么样、嘴巴要怎么样、胸要怎么样、腰要怎么样、臀要怎么样、手指要怎么样，由生殖问题导向性问题，打了擦边球。这种选媳妇的文化本身就是传统文化中的热点问题。它符合基本道德，又迎合了大众选美的心理欲望。这就是我们文化中潜意识存在的东西，触碰了潜意识存在的那根神经，你只要一碰，观众就觉得有意思了。

2. 美文化与丑文化

这个比较好理解。符合大众审美心理结构的文化都是美文化，反之，就是丑文化。美文化自然能吸引大众。比如说，我们在雪峰山顶建的加拿大木屋，就非常美。海拔一千多米的高山上，宇宙星辰，山谷梯田，壮美极了。睡在云上，坐在雾中，品在星空下。这种美的元素成了吸引游客产生消费心理的重要原因。

3. 奇文化与庸文化

什么叫奇文化呢？唯一性、奇异性、独特性、极致性、稀缺性、传奇性的文化叫奇文化。这些文化做成文化产业与文化旅游产业，人不来都不可能。比如说我们在雪峰山抓取当地文化中的奇元素，加以创意放大，形成旅游热点。如花瑶有一种非常原始野性的婚俗，花瑶妹可以拿男子"打油"。"打油"的时候，抓一把还散落火星的热灰撒到男子的裤裆上，这是花瑶独有的，场面原始、野性。这种由母系社会向父系社会迈进途中的民族文化特色，很震撼，很奇特，自然十分吸引人的眼球。这就是奇文化，奇文化做成的文旅产品，具有不可思议的吸引力。

大家要注意的是，文化的冷热、美丑和奇庸不是固定不变的，它们常常随时代变化而变化。有的在某个时代是热文化，在另一个时代又成了冷文化；有的在某个时代是冷文化，在另一个时代却是热文化。我们可以把原来不热不美不奇的文化，增加热、美、奇的元素，同样能够把文化转化成生产力，做成文旅产品。

如何让文化转化成生产力，最根本的是创意。

（三）创意思维与方法

1.创意基本概念

"创意"的概念在教科书上有非常标准的答案，大家可以去看。我这里给出的不是标准答案，而是我个人对创意的理解。我认为，创意是对传统的叛逆；是打破常规的哲学；是大智大勇的同义语；是一种智能拓展，需要一种超乎寻常的胆识；是破旧立新的创造；是思维翻飞，是超越自我，超越常规，对旧规范、旧习惯、旧思维、旧手段的撕裂和重建；是创造性的系统工程。

我的团队有个规矩，在创意阶段不准说"不"，在策划阶段方可质疑。创意必须脑洞大开，纵横翻飞，要超越常规思维。因为在常规思维之下只能产生常规结果，常规结果必然趋同，趋同就是同质化的根源。

2.创意思维逻辑

我归纳了六组创意思维逻辑。

（1）创奇异：思维要创造与常规不同的奇异新质。人在创意之初，最容易陷入"先在"窠臼。这就是说，先人或同仁已经创造出来的东西，它们极易成为后人的"陷阱"，后人一不留神就会深陷其中而不自知。所以，无论设计的内容还是形式，必须剔除这些"先在"的影响，寻找或创新对象的奇异新质，以此闯出新天地。

（2）创新义：思维要对同一事物创造与众不同的新义。即使是创意同一对象或者同一内容，也必须创造出与"先在"不同的"新义"。比如说图 1 的建筑，它还是建筑吗？它还是房子吗？它只解决遮风挡雨问题吗？不是。它完全改变了房屋原有的功能和形式，给出一个绝美空间，这样的民宿，谁都想住。

我有次参加一个会议，专家们在讨论民宿的哲学本质。我说，讨论民宿的哲学本质有点问题，应该讨论民宿给人的感觉，这才是民宿的根本。一座让人没感觉的民宿一定是没有发展前途的民宿。产品的哲学本质挖掘得再深，文化堆积得再多，如果在外观上不能吸引人前来参观，它还有产品性质吗？还有市场价值吗？肯定没有。

（3）创美艺：思维要给一般性事物创造出美感来。在文化产业、文化旅游产业范畴中，美是核心竞争力与重要生产力。不美的产品没有市场，不能持续发

图 1 民宿

展。桂林山水甲天下，这个甲天下的就是美。千百年来，人们趋之若鹜，就是奔这个独特之美而去的。黄山、华山、泰山也是如此。沙漠中的迪拜，如果没有数十幢美轮美奂的奇美建筑，就不可能成为世界十大旅游目的地。创造美、创新美是文化产业、文化旅游的必胜法宝。

（4）创诗意：思维要超越现实，打破桎梏，向往远方。所谓"诗和远方"是文化产业、文化旅游产业追求的标高。当下都市人有两种"难民"：一种是"心态难民"，一种是"生态难民"。所谓"心态难民"，就是生活在城里压力太大了，学区房、工资、升级、业务、考核、人际关系等，逼得人像蚂蚁一样仓皇地在热锅上奔跑，心态疲惫不堪。所谓"生态难民"，是指因光污染、声污染、空气污染、水污染等构成了严重的生态问题，对这些"难民"而言，旅游有时候就是短暂逃离。"诗和远方"就成了这些"难民"的心理目标。所以，创诗意是我们做旅产思维的重要逻辑。

对资源和文化的选择，重要的在于能否从这些资源和文化中抽取出诗意来。或者说，我们能不能借助这些资源和文化创意出有诗意的远方来？假如能，再远都不缺乏游客。比如说云南腾冲，那么远的地方，有个民宿既不在闹市区，也不

图 2　新加坡金沙酒店

在县城周边，而在遥远的山沟里，但是它不缺游客，因为这个民宿和当地自然资源、文化资源一起构成了浓浓的诗意。

（5）创快意：思维要沿着心灵快乐的路径挑逗快乐的神经。这是新加坡金沙酒店（图2）。新加坡是一个城市国家，到哪去找大海、去找大山？去找大自然？他们在金沙酒店顶上做了一个无边际泳池，把大海搬到了屋顶。这座泳池使得这家酒店一下子成为世界卖点最好的酒店之一。它满足了消费心理对快乐的追求。迪士尼乐园也一样。孩子们甚至大人们去了一次又一次，那么高的消费，大家都在往里砸钱。原因很简单，就是它能够持久地挑逗人的快乐神经。

（6）创效益：思维要把"墙上的美女"整成"炕上的媳妇"。冯仑讲过一句很有意思的话，"要把墙上的美女整成炕上的媳妇"。语言很生动，意思很直白。说的就是一切理想规划创意都像墙上挂的美女图片，如果不能落地并创造效益即成为"炕上的媳妇"，那就永远是挂在墙上的美女，中看不中用。我们所有的创意策划以及规划，说千道万，如果不能付诸实施并且产生效益，那就是很糟糕的事。

我们来看看迪拜。迪拜有什么资源呢？只有黑色石油、湛蓝大海和漫漫黄沙，这三个资源构不成旅游的核心竞争力。它的一切就来源于伟大的创意。迪拜请了一大批世界顶尖级的建筑设计师，建了四十多幢奇美无比的建筑，它们构成了世界上绝无仅有的观光美景。相比迪拜，我们的资源实在是太好了。比如说桃花源的资源和 IP 多好，跟现在的森林康养、度假休闲多么合拍。但是几十亿元往那里一砸，砸出大批仿古贵族院落，文化没有做活，张扬的文化和现代消费心理脱节，结果可想而知。

不是有了文化，文化产业、文化旅游产业就做起来了。文化产业、文化旅游产业范畴的文化导入，必须经得起市场规律的选择，必须经得起消费心理的"挑三拣四"，所以在做文化产业和文化旅游产业之时，对文化应该有一套苛刻的选择标准和符合市场消费需求的创意，这点比拿文化直接做文化事业更难。因为做文化事业只要有政府支持，不存在做不下去的问题，国家会为一切费用买单。税收支持国家能够拿出一大笔费用来搞文化事业，以此提高整个中华民族的文化力，提升大众的文化水平，这是国家责任。但是如果做文化产业、文化旅游产业，离开市场选择，忽视消费心理需求，不对文化进行创意，很可能血本无归。

今天这个讲座，主要针对文化在文化产业和文化旅游产业范畴中面临的困境与尴尬，由此导引出在文化产业、文化旅游产业发展中，我们应该如何选择文化。我强调了文化产业、文化旅游产业范畴中文化的市场性、大众性、服务性，这些认识既不来自书本，也不来自大师、大咖，而是我从全国各地文化产业、文化旅游产业实践中总结出来的，算得上肺腑之言。今天拿出来供大家批判，作为有的放矢的"的"，让大家射。

就讲到这里。

谢谢！

（王琦整理并经主讲嘉宾审定）

现场互动

主持人（王琦）： 张教授从文化及文化新使命，文化产业、文化旅游产业的盲点、困境、解决方法等角度，带给我们一场思想的盛宴。张教授告诉我们：不是所有的文化都能够赋能，不是所有的文化都是文化产业、文化旅游产业的核心，我们在做文化产业、文化旅游产业的时候，要从它的市场性、大众性、服务性进行文化选择。同时做文化产业、文化旅游产业，还必须具备创意思维，要创奇异、创新义、创美艺、创诗意、创快意、创效益。张教授不仅是一位文学家，更是一个文化产业、文化旅游产业实践家。

让我们以热烈的掌声感谢张教授。谢谢！

接下来，我们进入现场互动环节，欢迎朋友们积极向主讲嘉宾提问。

观众提问： 张教授，请问现在很多地方都在打造红色旅游，如何才能做出特色呢？

张建永： 这是个大问题。红色旅游怎么做出特色？我觉得红色旅游最容易做出特色。因为每个地方的红色文化都有自己的独特性，只要牢牢抓住这个地方的独特之处，而不是在概念上做文章，出特色一点不难。比如说汨罗的任弼时和桑植的贺龙，是两个不同地方文化养育出来的人物，除了他们的革命性一致之外，湖湘文化和楚巫文化在两人身上就特征鲜明，个性完全不同。我的意见是，做红色文化特别忌讳大而空的概念式诠释方法，应该实事求是地进行创意。只要实事求是，个性一定能够显现出来。

观众提问：我的意思是如何能使文化产生经济效益？

张建永：刚才我讲了，发掘或创意文化中的大众性、市场性、服务性，选择热文化，拒绝冷文化；创造美文化，摒弃丑文化；发掘奇文化，消除庸文化。这样创意打造出来的文产和文旅产品一定能够产生社会效益和经济效益。

观众提问：您好，张教授！听说屈子文化园要筹备一个屈原文化舞台剧，以您专业的角度，能不能给我们提一些建议或者发展的方向？

张建永：我认为屈原是一座文化高峰，而且在我的理念中，他符合热文化、美文化、奇文化标准，完全能够创意出一部伟大的旅游演艺产品。

但是在具体写作、展示的时候，应该有很多种方法。你是用传统的方法去做，针对的就是传统观众；你用现代的方法去做，针对的就是现代观众。如果做的是文化事业，只要把屈原的思想亮点和性格亮点展示出来即可。但是要做文化产业或者文旅产业，这就要有市场定位，要对屈原一生，包括他的思想性格所构成的所有事件进行选择和创意加工。演出最多一个小时，所选择的文化事件必须能够在极短时间之内吸引观众，要观众坐得住。凡是让观众坐不住的文化事件和思想情感表露都没有意义，只会使观众难受。屈原一生诸多事件和思想情感，从舞台艺术要求来看，有些内容让观众坐得住，有些内容让观众坐不住。坐得住的内容可抓取出来进行创意，融进作品中，坐不住的是要放在书斋慢慢看的。要分清楚场景是什么、对象是什么、目标是什么，这些搞清楚了，我相信屈原这部大戏走向市场没有一点问题。

我认为屈原不仅在思想方面，而且在人格方面、文学方面、美学方面贡献极大。如果有高明的创意者来创意写作屈原剧本，只要他懂得对文化的选择和创意，懂得文化的"三性"，一定能做成思想性、艺术性和市场性结合得很好的作品。

谢谢！

观众提问：张教授，您好！刚才听了您的讲座，我对您讲的文创产品比较感兴趣。屈子文化园这么大一个地方，历史文化底蕴这么深厚，但是我们没有自己的文创产品。张教授是否可以给我们提一点建议，让游客来了之后带一点属于这个地方的特色文创产品回去呢？

张建永：我认为屈子文化园储存了我们最有价值的楚巫文化和湖湘文化，有很高的历史价值、思想价值、学术价值，算得上是一座文化高峰。但是具体要做出怎样的文创产品，那得需要一大批文创人才聚集一起，进行头脑风暴方才可能。我今天的讲座是给方法。如果要做具体创意，我得在这个地方住下来，花时间进行研究，才有可能做出好的文创产品。

主持人（王琦）：谢谢张教授！借着张教授的话题我多讲两句。我们去外地旅游，经常感到困惑的是，无论走到全国哪个地方，感觉文创产品大多大同小异，缺少自己的特色与创新。汨罗有屈原这个大文化IP，以及长乐甜酒、抬阁故事会、粽子、龙舟等地域特色的东西，这些都有待于进一步开发！从今天我们现场朋友的提问来看，汨罗人还是很有文创意识的，相信今后汨罗的文化、文产和文旅会找到自己的发展方向。期待张教授多多对汨罗的文化产业、文化旅游事业予以支持。让我们以热烈的掌声再次感谢张教授。

张建永：谢谢！感谢伟大的汨罗，感谢伟大的汨罗江，感谢屈原！因为这些元素使我对这个地方心向往之。感谢屈子文化园诸位同仁，感谢长沙理工大学王琦教授，感谢我华中科技大学同学、长沙理工大学原党委副书记洪源渤先生，感谢各位听众！

主持人（王琦）： 因为时间关系，现场朋友们如果还有问题想向张教授请教，可以在讲座之后跟张教授私聊。非常感谢现场的观众朋友，以及将近40万网友们的倾情守候！

香草美人地，诗韵汨罗江。我们下期再见。

祝大家身体健康，万事如意！

（王琦整理并经主讲嘉宾审定）

劝学的传统及其现代转化

第 5 讲

　　郭齐勇，武汉大学哲学学院与国学院教授、博士生导师，中国传统文化研究中心荣誉主任、人文社会科学研究院驻院研究员。2006 年被评为国家级教学名师，2017 年被评为世界儒学研究杰出人物，2019 年被评为儒学大家。曾任武汉大学人文学院院长、哲学学院院长，国际中国哲学会（ISCP）会长、中国哲学史学会副会长、中华孔子学会副会长等。现兼任湖北省文史馆馆员、贵阳孔学堂学术委员会主席、湖北经心书院山长、山东嘉祥曾子研究院名誉院长等职。主要从事中国哲学的教学与研究工作，专长为中国哲学史、儒家哲学。著有《中国哲学史》《中国儒学之精神》《儒学与现代化的新探讨》《中国文化精神的特质》《中国人的智慧》《中国思想的创造性转化》《现当代新儒学思潮研究》等。

直播二维码　　直播在线参与人数：42.2 万人

导言

　　中国是一个"好学"的国度，中国的文明是学习的文明。从孔子的"学而时习之"到荀子的"学不可以已"、贾谊的"亲与巨贤连席而坐"，再到杨昌济的"真学问需夙兴夜寐、殚精竭虑、劳神费思而成"，历朝历代劝学、勉学、赞学的名篇名作不断。学之"为己"，还是"为人"？如何学以"成人"？在信息化、数字化、智能化的今天，我们应该如何学习，成就更好的自己？

　　2021年5月23日，武汉大学哲学学院与国学院教授、世界儒学研究杰出人物郭齐勇先生莅临屈子书院讲坛，发表"劝学的传统及其现代转化"主旨演讲，并与现场观众进行精彩的互动。讲座由凤凰网湖南频道全球同步直播，在线参与人数多达42.2万；长沙理工大学设计艺术学院教授、湖南汨罗屈子书院执行院长王琦担任嘉宾主持。

王琦院长，各位女士、各位先生：

下午好！

很高兴来到汨罗，这是屈子的终焉之地，今天我们怀着敬畏之心，以屈子的精神来讨论中华人文传统。

一、劝学的传统

在中华人文传统中有一个劝学的传统，这个"劝"是劝勉、勉励的意思。历史上以"劝学""勉学""赞学""勖学"为题作文者甚多，如尸子、荀子、吕不韦、贾谊、戴德、王符、蔡邕、葛洪、颜之推、韩愈、宋真宗、张之洞、杨昌济等。

那么，他们是怎么勉励学习的呢？他们是怎么讨论为什么要学习（学习目的）、学习什么（学习内容）、怎么学习（学习的态度、方法、步骤）的呢？

1. 尸子

尸佼，尊称为尸子，是战国时期著名的政治家，先秦诸子百家之一。尸子提出"学积有生"的观点，认为学问之道在于创造。他说："土（原文为'生'，据朱海雷本校改）积成岳，则梗楠豫章生焉。生积成川，则吞舟之鱼生焉。夫学之积也，亦有所生焉。"[1]在这里他强调"积累"，积累之后可以"生"出新的东西。"学积有生"受到后人的重视。"学积有生"，也有人改为"学积有出"。"生"与"出"都表明学问积累之后可以创造出新的东西，开出新的生面。这就是推

①尸佼注，王继培辑，朱海雷撰：《尸子译注》，上海古籍出版社2006年版，第2-3页。

陈出新，返本开新，生生不息，即在传统的基础之上，新旧相资而新其故，再创造、再开拓，生长出新的传统。

2. 荀子

荀子是先秦思想的集大成者，是诸子百家的殿军。他有《劝学篇》："君子曰：学不可以已。青，取之于蓝而青于蓝；冰，水为之而寒于水。木直中绳，𫐓以为轮，其曲中规。虽有槁暴，不复挺者，𫐓使之然也。故木受绳则直，金就砺则利，君子博学而日参省乎己，则知明而行无过矣。"[1]这一篇收录进中学的语文教材，是大家耳熟能详的。荀子的《劝学篇》强调我们要学会学习、学会思考、善于利用工具。他说："吾尝终日而思矣，不如须臾之所学也；吾尝跂而望矣，不如登高之博见也。登高而招，臂非加长也，而见者远；顺风而呼，声非加疾也，而闻者彰。假舆马者，非利足也，而致千里；假舟楫者，非能水也，而绝江河。君子生非异也，善假于物也。"[2]学习要善于借助工具，使之成为自己进步的阶梯。

同时，学问在于积累，而积累必须有恒心："积土成山，风雨兴焉；积水成渊，蛟龙生焉；积善成德，而神明自得，圣心备焉。故不积跬步，无以至千里；不积小流，无以成江海。骐骥一跃，不能十步；驽马十驾，功在不舍。锲而舍之，朽木不折；锲而不舍，金石可镂。"[3]学习要靠"锲而不舍""精诚专一"，用心专一，一点一点地积累，方可有志者事竟成。荀子"学习靠积累"的观念，显然受到尸子"学积有生"思想的影响。

那么，学习应从何入手，又从何结束呢？荀子曰："学恶乎始？恶乎终？曰：其数则始乎诵经，终乎读礼；其义则始乎为士，终乎为圣人。真积力久则入，学至乎没而后止也。故学数有终，若其义则不可须臾舍也。为之，人也；舍之，禽兽也。故《书》者，政事之纪也；《诗》者，中声之所止也；《礼》者，法之大分，类之纲纪也，故学至乎《礼》而止矣。夫是之谓道德之极。《礼》之敬文也，《乐》之中和也，《诗》《书》之博也，《春秋》之微也，在天地之间者毕矣。"[4]

---

[1]王先谦撰：《荀子集解》，中华书局1988年版，第1-2页。

[2]王先谦撰：《荀子集解》，中华书局1988年版，第4页。（王念孙说："生，读为性。"）

[3]王先谦撰：《荀子集解》，中华书局1988年版，第7-8页。

[4]王先谦撰：《荀子集解》，中华书局1988年版，第11-12页。

这就是说，学习应该从诵读《诗》《书》等经典入手到《礼》结束。就其意义而言，则从做书生入手到成为圣人结束。真诚力行，这样长期积累，必能深入体会到其中的乐趣，学到死方能后已。所以学习的教程虽有尽头，但进取之愿望不可以有片刻的懈怠。毕生好学才成其为人，反之又与禽兽何异？《尚书》是政事的记录；《诗》是心声之归结；《礼》是法制的前提，各种条例的总纲，所以要学到《礼》才算结束，才算达到了道德之顶峰。《礼》敬重礼仪，《乐》讲述中和之声，《诗》《尚书》博大广阔，《春秋》微言大义，它们已经将天地间的大学问囊括其中了。

怎样学习呢？荀子说："君子之学也，入乎耳，著乎心，布乎四体，形乎动静。端而言，蠕而动，一可以为法则。小人之学也，入乎耳，出乎口。口耳之间则四寸耳，曷足以美七尺之躯哉！古之学者为己，今之学者为人。君子之学也，以美其身；小人之学也，以为禽犊。故不问而告谓之傲，问一而告二谓之囋。傲，非也；囋，非也；君子如向矣。"[1]君子的学习，是听在耳里，记在心里，表现在威仪的举止和符合礼仪的行动上。一举一动，哪怕是极细微的言行，都可以垂范于人。小人学习是从耳听从嘴出，相距不过四寸而已，怎么能够完美他的七尺之躯呢？儒学是为己之学。古人学习是为了提升自身的道德修养，今人学习只是为了炫耀于人。君子学习是为了完善自我、丰富自身，小人学习是为哗众取宠、装模作样给别人看。当然，学习的内容还是"六经"，学习的途径是研读、研习《诗》《书》《礼》《乐》，学习的目标是成圣成贤。

荀子为什么要劝学呢？那是因为荀子希望通过劝学，培养君子的德操。他说："君子知夫不全不粹之不足以为美也，故诵数以贯之，思索以通之，为其人以处之，除其害者以持养之，使目非是无欲见也，使耳非是无欲闻也，使口非是无欲言也，使心非是无欲虑也。及至其致好之也，目好之五色，耳好之五声，口好之五味，心利之有天下。是故权利不能倾也，群众不能移也，天下不能荡也。生乎由是，死乎由是，夫是之谓德操。德操然后能定，能定然后能应。能定能应，夫是之谓成人。天见其明，地见其光，君子贵其全也。"[2]荀子认为学习是

①王先谦撰：《荀子集解》，中华书局1988年版，第12-14页。
②王先谦撰：《荀子集解》，中华书局1988年版，第18-20页。

为了成就君子人格，成为全面的人、纯粹的人。君子要有德操、有操守、有定力、有原则，不随波逐流，能应变但又不哗众取宠，为此，荀子提出了"成人""全人"的概念，后人发展为"完人"的概念。今天的苏州大学、台湾的东吴大学的校训是："养天地之正气，法古今之完人"。法就是学习，学习古今的完人，"完人"就是孔子所谓"成人"、荀子所说的"全人"，全而粹的人。

3. 吕不韦《吕氏春秋》

吕不韦集中很多人编撰了《吕氏春秋》，其中就有《劝学篇》。他强调要疾（趋）学。怎么样学呢？"疾学在于尊师，师尊则言信矣"①。意思是，在学习过程中，老师很重要，要尊师重道。请什么样的人做老师，这是非常重要的。"疾学"就是要向老师学习。古闻来学，未闻往教。老师过去是不到学生那里去教书的，而是学生到老师那里去求学，所谓"往教（原文缺'教'字，据许维遹本增补）者不化，召师者不化，自卑者不听，卑师者不听"②，强调的是师道与尊师的重要性，所以《吕氏春秋》的《劝学》也叫《观师》或《尊师》。

4. 贾谊《新书》

贾谊，即贾长沙。他的《新书》中也有《劝学》，篇幅不长，300字左右。亦见于《淮南子·修务训》，或本自《慎子》，抑或是《管子》。内容是启导学生虚心地看到自身与圣贤的差距，最好能与大贤直接接触、对话。"亲与巨贤连席而坐，对膝相视，从容谈语，无问不应，是降大命以达吾德也。"③这种机会很难得，作为学生应抓住机会，自觉、勤勉地向贤者学习。这是贾谊的劝学思想。

5.《大戴礼记·劝学》

《大戴礼记·劝学》，与《荀子·劝学》相比，其文前半部分相同，后半部分不同。在讲"一""积"之后，没有"学恶乎始，恶乎终"以后的内容（学习"六经"、君子之学与全而粹等），而增加了孔子的话，发挥学礼的重要性，又引用孔子、子贡的水喻，肯定君子之德与大川、水的关系。

---

①许维遹撰：《吕氏春秋集释》，中华书局2009年版，第89页。
②许维遹撰：《吕氏春秋集释》，中华书局2009年版，第89页。
③贾谊撰，阎振益、钟夏校注：《新书校注》，中华书局2000年版，第297页。

6.《小戴礼记·学记》

《小戴礼记》里面没有《劝学》，但是有《学记》。《学记》是《小戴礼记》的第十八篇，强调"建国君民，教学为先；化民成俗，其必由学"，这十六字纲领，将学习的重要性，学校、教师与学生的关系都讲清楚了，相当于我国最早且较为系统的一部教育学专著。按朱熹的讲法，此篇言古代学校教人、传道授业的顺序，及其得失兴废的原因，兼大学小学而谈。其中包括教育的目的、方针、意义、原则，学校的设置、制度与管理，教与学的环节、过程、方法、经验、教训等。《学记》可能是战国时期孔门七十子后学的作品。《学记》有系统的教育思想，认为教育根本上是要培养国家所需要的德才兼备的人才，形成良好的社会道德风尚。《学记》强调的教学原则与方法有：启发、诱导、预防、适时、循序渐进、观摩，善于提出与回答问题，总结教与学的得失见弊。其中，尊师重道、教学相长、师德师风、亲师取友、慎于择师、循序渐进、豫时驯摩、触类旁通、善教继志、长善救失、启发、诱导、乐学等，都是中国教育史上十分宝贵的理论与经验，值得我们继承与弘扬。

7. 王符《潜夫论》

王符的《潜夫论》中有《赞学篇》，综合此前诸《劝学》篇，肯定学习。先举黄帝至孔子十一圣人的从师受教的师承关系，继指读师长之书的重要，继归之于"六经"。然后引用孔子之言曰："吾尝终日不食，终夜不寝，以思，无益，不如学也。"[1] "耕也，馁在其中；学也，禄在其中矣。君子忧道不忧贫。"[2] 该篇强调"夫道成于学而藏于书，学进于振而废于穷"[3]。举董仲舒等人为典范，论证人之性情修养，需"学问圣典，心思道术"[4]。"圣人之制经以遗后贤也，譬犹巧倕之为规矩准绳以遗后工也。"[5] "先圣之智，心达神明，性直道德，又造经典以遗后人。试使贤人君子，释于学问，抱质而行，必弗具也；及使从师就学，按经而行，聪达之明，德义之理，亦庶矣。是故圣人以其心来造经典，后人

①王符著，汪继培笺，彭铎校正：《潜夫论笺校正》，中华书局 2014 年版，第 6 页。

②王符著，汪继培笺，彭铎校正：《潜夫论笺校正》，中华书局 2014 年版，第 6 页。

③王符著，汪继培笺，彭铎校正：《潜夫论笺校正》，中华书局 2014 年版，第 6 页。

④王符著，汪继培笺，彭铎校正：《潜夫论笺校正》，中华书局 2014 年版，第 11 页。

⑤王符著，汪继培笺，彭铎校正：《潜夫论笺校正》，中华书局 2014 年版，第 11–12 页。

以经典往合圣心也（原文无'也'字，据彭铎本增补），故修经之贤，德近于圣矣。"[1]"是故凡欲显勋绩扬光烈者，莫良于学矣。"[2]贤人君子的学问是靠阅读经典、修养自己逐渐积累起来的，所以王符的《赞学》也是一种劝学。

8. 蔡邕《劝学》

蔡邕的《劝学》汇集了一些名言，其文早佚，但在《文选》注及《太平御览》中保留了一些片段。《文选·潘安仁闲居赋注》引其言曰："人无贵贱，道在则尊。"[3]又据《太平御览》，蔡邕说："木以绳直，金以淬刚，必须砥砺，就其锋芒"[4]；"明珠不莹，焉发其光；宝玉不琢，不成圭璋"[5]。学习不仅仅是书本知识的学习，还要经过磨砺，将所学到的理论运用于社会实践活动中，慢慢地去成就自己。

9. 葛洪《抱朴子》

葛洪也有很多关于劝勉学习的言论。他说："学之广在于不倦，不倦在于固志。"[6]（《抱朴子·崇教》）指出学问的博大精深来源于学而不倦，能做到学而不倦的内因在于目的纯正、志向坚定。青年人只有树立正确的学习目的和坚定的志向，才能有强大的学习动力，才会取得巨大的成就。葛洪又说："水则不决不流，不积不深。"[7]（《抱朴子·外篇·勖学》）意思是水道不疏通，水就不会畅通奔流；水若不积蓄融汇，也就不会成为深广的江海。这两句以水为比喻，前句说明在学习中遇有疑难，如果没有人具体指导，就不会茅塞顿开；后句说明学习是一个渐进过程，如果不能坚持不懈，日积月累，就不能成为知识渊博、有学问有本领的人。他还说："千仓万箱，非一耕所得；干天之木，非旬日所长。"[8]（《抱朴子·极言》）这几句大意是：千仓万箱的粮食，不是一次耕耘就能得到

---

[1] 王符著，汪继培笺，彭铎校正：《潜夫论笺校正》，中华书局2014年版，第13页。

[2] 王符著，汪继培笺，彭铎校正：《潜夫论笺校正》，中华书局2014年版，第14页。

[3] 萧统编：《文选》，上海古籍出版社1986年版，第704页。

[4] 《钦定四库全书》子部小说家类，《太平御览》卷767，杂物部二。

[5] 《钦定四库全书》子部小说家类，《太平御览》卷803，珍宝部二。

[6] 葛洪撰，杨明照校笺：《抱朴子外篇校笺》上，中华书局1991年版，第145页。

[7] 葛洪撰，杨明照校笺：《抱朴子外篇校笺》上，中华书局1991年版，第114页。

[8] 葛洪著，王明校释：《抱朴子内篇校释》，中华书局1980年版，第239页。

的；高入云天的大树，不是十天工夫就能长成的。这几句话比喻任何事业的成功都不可能一蹴而就，要想得到硕果，就必须不断努力，坚持不懈地下功夫，因为任何事物的发展都必须经历渐变的过程。

10. 颜之推《勉学》

颜之推的《勉学》说，"夫所以读书学问，本欲开心明目，利于行耳"[1]，读书学问是为了开阔我们的胸襟，擦亮我们的眼睛，使我们的行为更加健康。我们怎么样去养育亲人、亲和家人，怎么样去服务、扶持、尊重老人，这都是学习。我们作为家庭成员，要尽自己的责任和义务；我们作为社会成员，应学会在社会中做一个真正的君子，戒奢以俭，见危授命，不要骄纵自己。所以学习应是全面地学习，而不是只读一点知识性的东西，要学习如何做人，怎样才能成为一个健康的社会人。学做人的过程中要有行动，要把读到的东西变成实践活动。这是颜之推的《勉学》。

11. 韩愈《师说》《进学解》

韩愈的《师说》《进学解》都是劝学名篇。他说："古之学者必有师。师者，所以传道受业解惑也。"[2]大家都很熟悉，这一篇也收录到了中学的教材。"人非生而知之者，孰能无惑？惑而不从师，其为惑也终不解矣。"[3]意思是老师的地位之所以这么高，是因为老师不只是教书，而且要传道、授业、解惑，所以古代把老师的地位抬得很高。韩愈的《师说》之所以这么有名，是因为学习一定要有老师来指导。老师不是指现在那种带有工具性意义上的、偏于一隅的知识人，而是具有传道精神的、全面发展的人。当然，古代老师要传的"道"，主要指孔孟之道、圣人之道。"受业"在古代，主要指学"六经"，后来指学"四书"。"解惑"当然是从认字开始，还要善于启发学生提问，并有针对性地予以解答。一个好的老师不仅是知识的解惑者、专业的授业者，还是文化精神的承载者。

同时"道之所存，师之所存也"[4]，"道"是通过老师的学问修养传承下来

①颜之推撰，王利器集解：《颜氏家训集解》，上海古籍出版社 1980 年版，第 165 页。
②韩愈撰，马其昶校注：《韩昌黎文集校注》，上海古籍出版社 1986 年版，第 42 页。
③韩愈撰，马其昶校注：《韩昌黎文集校注》，上海古籍出版社 1986 年版，第 42 页。
④韩愈撰，马其昶校注：《韩昌黎文集校注》，上海古籍出版社 1986 年版，第 42 页。

的。然而，在韩愈所处的时代，"师道之不传也久矣，欲人之无惑也难矣！古之圣人，其出人也远矣，犹且从师而问焉；今之众人，其下圣人也亦远矣，而耻学于师。是故圣益圣，愚益愚，圣人之所以为圣，愚人之所以为愚，其皆出于此乎？"①古代的圣人超出常人很远，尚要从师而学习，而当今之世，众人远远比不上圣人，却耻于向老师学习，那就越来越愚蠢，所以要恢复师道，尊重老师。

韩愈的《进学解》有两句话大家很熟悉："业精于勤，荒于嬉；行成于思，毁于随。"②学问的精进在于勤奋，荒废是由于嬉嬉闹闹。做事情成功是因为深思熟虑，而毁于随波逐流。韩愈《进学解》强调我们怎样向老师学习、怎样去勤奋地学习。

12. 宋真宗赵恒的《励学篇》

真宗是宋朝的第三个皇帝，他写了《励学篇》。其中有日后成为谚语的"书中自有黄金屋，书中自有颜如玉。书中自有千钟粟，书中车马多如簇。"这种读书学习的功利性目的十分明显，和荀子、韩子的目标都不一样。

13. 张之洞的《劝学篇》

张之洞曾经担任湖广总督，他也写了《劝学篇》，提出中体西用思想，坚持旧学。当时有一个叫何启的维新派，批判张之洞及洋务派的思想，批判中体西用学术。历朝历代的人都写《劝学篇》《励学篇》等等，这不只是一种文化的积累，如何治理国家、治理社会、治国平天下都是要通过学习才能实现的。清末，洋务派的首领张之洞主张坚持旧学为本体，认为可以学习西方的坚船利炮、声光电话，但封建专制的本体不能变，这就遭到维新派思想家们的批评。

14. 杨昌济《劝学》

杨昌济是毛主席、蔡和森的老师。他称自己是"强避桃源称太古，欲栽大木上参天"③。在《劝学》篇，他写道："近世科学发达，欧美各国因致富强，日本

---

①韩愈撰，马其昶校注：《韩昌黎文集校注》，上海古籍出版社 1986 年版，第 42–43 页。

②韩愈撰，马其昶校注：《韩昌黎文集校注》，上海古籍出版社 1986 年版，第 45 页。

③王兴国编：《杨昌济文集》，湖南教育出版社 1983 年版，第 386 页。此页注 3 又云："据杨开智说，这句诗是：'强避桃源称太古，欲栽大木拄长天。'"（参见《湖南文史资料选辑》第十一辑所载杨开智《回忆父亲杨昌济先生》。）

师之，突然进步。欲跻中国于富强之列，非奖励科学不为功也。"①杨昌济是近代湖湘学的首领，他强调要开放地、科学地学习，不再受蒙蔽。不过，在杨昌济看来，学习西方近代的启蒙精神及科技文明，当与开掘自家传统的资源结合起来，不是被动地引入西方近代文明，也不是墨守成规于自家传统，而是要通过中西的涵化，实现传统的现代转化，以贡献于世界。他说："吾国有固有之文明，经、史、子、集意蕴闳深，正如遍地宝藏，万年采掘而曾无尽时，前此之所以未能大放光明者，尚未谙取之之法耳。今以新时代之眼光，研究吾国之旧学，其所发明，盖有非前代之人所能梦见者。吾人处此万国交通之时代，亲睹东西洋两大文明之接触，将来浑融化合，其产生之结果，盖非吾人今日所能预知。吾人处此千载难逢之机会，对于世界人类之前途，当努力为一大贡献。"②如何学习呢？这需要我们夙兴夜寐、殚精竭虑、劳神费思下功夫。学习不是靠巧言令色包装自己、宣传自己，而是要下真功夫，要学真学问。

从荀子到杨昌济先生，历史上写《劝学》之人远远不止这么多，不同时代的人，有着不同的诉求，既有"书中自有颜如玉，书中自有黄金屋"的功利性学习，更多的是学做人，学为圣贤，学做君子，学做一个全而粹的人（完人）。学习的内容也会发生变化，传统社会基本上是学"六经"，后来是学习"四书"。以上足见中国劝勉学习的传统及其时代的变异。近代，中国面临两千年未有之大变局，更应该开放地学习新学。可以说，勉励学习在中国成为一种风尚，盛行几千年而不衰。

二、学习的文明

中华文明是一个学习的文明。一部《论语》处处展现了孔子和他的弟子们的精神品格。《论语》开篇就是《学而》篇："子曰：'学而时习之，不亦乐乎？'"如果不算"子曰"的话，那么，《论语》的第一个字就是"学"，孔子强调学习。学习什么？首先学习知识、文化，肯定"学而知之"，而非"生而知

①王兴国编：《杨昌济文集》，湖南教育出版社 1983 年版，第 198–199 页。
②王兴国编：《杨昌济文集》，湖南教育出版社 1983 年版，第 202 页。

之"。其次是学做人，做一个堂堂正正的有尊严、有格范的人。所以我们的文明是学习的文明。

1. 孔子与孔门弟子是如何学习的？

孔子和孔门弟子是怎么学习的？据《史记·孔子世家》记载，孔子以诗书礼乐教，弟子大概有 3000 多人，身通六艺者 72 人。《史记·仲尼弟子列传》又说，真正得到孔子传授，不但在籍，而且及门——登堂——入室者，有 77 人。

孔子思想广博，从游于他的弟子也各具特长。《论语·先进》有孔门四科十哲的说法："子曰：'从我于陈蔡者，皆不及门也。'德行：颜渊、闵子骞、冉伯牛、仲弓；言语：宰我、子贡；政事：冉有、季路；文学：子游、子夏。"[1]四科：德行、言语、政事、文学。其中，文学指文献典籍。十哲：颜回（子渊）、闵损、冉耕、冉雍；宰予（子我）、端木赐；冉求（子有）、仲由（子路）；言偃、卜商。"孔门风范"历来为人们所称道。《论语》中所记孔子循循善诱的教诲之言，或简单应答，点到即止；或启发论辩，侃侃而谈。其言简意赅、含蓄隽永、耐人寻味。

21 世纪初，上海博物馆公布的购藏之楚竹书，有很多《孔子世家》《仲尼弟子列传》中的人物，如颜回、仲弓、子路、子贡、子游、子夏、曾子、子羔、子思等，有的甚至是以他们的名字题篇。孔子和他的弟子们是中国教育的楷模，是中国读书人的楷模。现在有人批评《论语》没有体系，说它只是师生之间的讨论与对话。其实，体系是呆板的、封闭的，而对话、讨论才不会教条化。提问，有问题意识；叩问，叩其两端而竭焉，这才是开放式的。孔门师生之间、弟子之间相互砥砺前行，在知识与道德教育乃至六艺方面教学相长，相互借鉴。

孔子和弟子的师生关系，已经不是现代意义上的师生关系所能比的，那个时候师生是生活在一起的。学习的内容是礼、乐、射、御、书、数，或《诗》《书》《礼》《乐》《易》《春秋》。学习的目的是学做人，学为君子儒，而不是小人儒，要成就君子人格，言行一致，成圣成贤。学习的方法是开放式地学习，多闻多见多思考。孔子及弟子多是互动式地学习，不是老师讲学生听，而是对谈式的、切磋式的学习。还有启发式的学习，"举一反三"。

---

[1]朱熹撰：《四书章句集注》，中华书局 2011 年版，第 117 页。

　　我们常说教育是立国之本，国运兴衰系于教育。中国的教育特别发达，思想家与教育家往往是一身而二任，如前古有孔子，中古有朱子。朱子的弟子多于孔子，朱子著作等身，活跃于几大书院，很敏锐，又论战，又教学，又深耕经典，是百科全书式的人物。

　　中国文明是学习的文明，强调学而知之，肯定知识理性。老百姓都懂"读书明理""腹有诗书气自华"。当然，读书不只是读有字之书，也读无字之书。学习不仅是书本知识的学习，还有在生活中的学习，向生活学习。中国人一向善于学习，善于总结与开拓。在人与自然的关系、人与人的关系、社会与国家治理、人的心性情才修养、科学技术文明等方面，我们积累了丰富的经验，不断反思、反省、提炼、升华，形成了自身独特的文化特质。

　　和古希腊、古希伯来、古巴比伦、古印度及其他族群文明相比，我们有自己的特点，其中一点就是特别强调后天的学习。比如中国古代在科学技术上曾有过令人自豪的灿烂辉煌。在器物层面的文明上，过去说中国古代有四大发明（指南针、火药、造纸术、印刷术），其实还有比这四大发明更重要的发明：漆器、青铜器、丝绸、瓷器等，其精湛高超的工艺，无一不体现了中华文明的博大精深。此外，算盘、茶叶等很多发明都是中华民族的智慧结晶。我国古代领先于世界的科学发明和发现有上百种之多。举两个例子，北宋沈括《梦溪笔谈》中所记述的科技知识具有极高价值，基本上反映了北宋的科学发展水平和他自己的研究心得，被李约瑟誉为"中国科学史上的坐标"。而明代宋应星的《天工开物》对中国古代的各项技术进行了系统总结，构成了一个完整的科学技术体系。书中记述的许多生产技术，一直沿用到近代。《天工开物》先后被译成日、英、法、德等国文本，被外国学者称为"中国 17 世纪的工艺百科全书"。另外，朱子的"格物穷理"，对朱子身后整个东亚的科学与技术发展，乃至赶超西方科技，有着巨大的作用。这些都足以证明，我们是善于学习的文明。

　　在制度层面的文明上，中国古代的行政、司法制度，土地、赋税等经济制度，征辟诠选制度（荐举、考试），文官制度，教育制度（开放教育，平民子弟通过接受教育参与政治甚至最高政治），荒政、赈灾制度，优待老人与弱势群体制度，君相制与监察制等等，这些制度文明中有不少实质公正的内涵与制度设计的智慧，对人类文明的贡献极大。在观念与价值层面的文明上，儒家"仁爱忠恕"，墨家"兼爱非攻"，道家"道法自然"，理学家"民胞物与"等理念，一系列修养工夫论等，都是调节身心的安身立命之道，也是对世界文明的伟大贡献！以上制度文明与观念文明中的精华，曾获得西方启蒙时代大家们的青睐。

我们善于学习各地域、各民族文化。从大的规模上讲，我们曾学习印度传来的佛教文化，以后佛教中国化了，形成了中国佛教的诸流派；佛教与儒、道教融合，形成宋元明清时代的理学。之后，理学传到东亚，成为东亚文化圈的精神文明。明中叶利玛窦等传教士来华，传播耶教与西方文化，又开始了四百多年学习西方文化的历程，现在还在这一过程中。学习西方文化，不忘本土文化，中西文化相互交融。

2. 张之洞的教育思想与实践

我们以张之洞的教育思想与实践为例来说明。张之洞一生处在中西、新旧文化的簸荡之中。近代洋务派创办了新式学堂，如方言学堂即外语学堂、军事学堂、技术学堂等。京师同文馆是最早官办的新式学堂。洋务派除办学外，还开了公派留学的先河。约 150 年前，张之洞创立了湖北经心书院，又创办四川尊经书院、山西令德书院，当时他处在以"通经致用"为中心的早期旧学时代，强调"以根柢之学砥砺诸生"，以"端品行、务实学两义反复训勉"。中期的张之洞则由清流派转化为洋务派，修正了早期的办学宗旨，在坚持以旧学为"体"的基础上，开始注意以西学为"用"，增加了传授西文、西艺等新学，开办的学校也由新式学堂代替了旧式书院，然后有了实业教育与现代学制影响下的普通教育。体现在经心书院的课程设置上，由初期的经解、史论、词赋等课目，于 1895 年遵照张之洞书院改制之意，设置外文、天文、格致、制造四门。此外，另设经史一门，专讲"四书"义理与中国政治。

1896 年初，张之洞从暂署两江返回湖广本任，开始大规模兴办学堂，他兴办的学堂有四类：实业、普通、师范、妇幼。武汉大学的前身自强学堂、方言学堂即在实业学堂的范畴之内。张之洞重视通才教育，曾选择经心、两湖、江汉三书院的优等生入湖北文高等学堂学习经学（道德学、文学附）、中外史学（国朝掌故学附）、中外地理（测绘学附）、算学（天文学附）、理化学、法律学、财政学、兵事学。后四门均为西学，延聘东西各国教习讲授。学生四年结业后再派往东西洋游历一年。以后以文普通中学堂毕业生升入，分习三年堂课毕业，即派往东西洋游历一年。张之洞重视师范教育、妇幼教育、留学教育，在湖北创办图书馆、湖北官报等文化设施。他还主持制定了我国第一个正式颁行的近代学制——癸卯学制。这一学制颁行全国，为中国近代学制的建立和完善奠定了基础。当然这一学制的精神与灵魂是"中体西用"。

以康有为、梁启超、严复为代表的维新派，抨击洋务派的教育思想，但他们不自觉地成为洋务派师法西方教育的传人。他们不再偏重专业技术教育与专门人才的培养，而是倡导开发民智、普及教育、培养新民；主张不仅要学习西文、西艺，更要学习西政；在全国建立相互衔接的三级学校教育制度等。这就开始了中国教育的启蒙和思想解放。洋务派、维新派之后，我们的教育不断地发展。中国学习的文明还在进一步发展中，不断进取，不断借鉴，不断学习。

三、今天我们如何学习？

家庭教育、学校教育、社会教育，是孩子们学习的主要场域。我们提倡自我教育、乐学的观念，使孩子们愉快地学习，快乐地学习。现在的中小学生学习很痛苦，不快乐。

1. 学习目的、内容与步骤的变化

古人学习尽管也有功利目的，如读书做官，黄金屋、颜如玉等，但主流是学习做君子、做圣贤，如张载所说的"为天地立心，为生民立命，为往圣继绝学，为万世开天平"[①]等。君子人格是值得称道的，君子的内涵也在不断地变化。孔子主张"君子儒"，反对"小人儒"。今天我们提倡学习是为了丰富自己，成就健全的人格，如冯契、萧萐父先生主张的"平民化的自由人格"。现代社会是公民社会，不再是传统精英与大众两极的社会，人的主体性、独立性彰显出来。做一个现代公民，其内涵很丰富，在法律层次上"守法"，严格区分群己权界、人己权界，而在道德层次上则讲"自律"。现代人的操守，在于对社会事务与大众利益的关切。

---

① 张载著，章锡琛点校：《张载集》，中华书局 1978 年版，第 320 页。

传统学习的内容主要是"四书""五经"。今天是多元开放的社会，学习内容应扩大为世界各族群的基本经典，再就是现代的学术文化、基本的逻辑与逻辑学、基础科学、现代技术、数理化生、文史哲，还有经济学、政治学、社会学、心理学、人类学，计算技术等。现代学科深度分化又深度整合，学习内容丰富多彩。所以今天的学习内容完全和过去的不一样，更加丰富了。

随着时代的变迁，学习的态度、步骤与方法也在变化。如《大学》讲八条目：格物、致知、诚意、正心、修身、齐家、治国、平天下。其中修身为枢纽，是根本。《中庸》的学习步骤是博学之、审问之、慎思之、明辨之、笃行之。今天，我们的学习方法发生了变化，尤重实验、实习、讨论。学习还有一个态度问题，先要立志，还要锲而不舍。

2. 中国近现代教育理念的发展过程

一部近现代教育史可以说就是中国传统教育与西方近代教育全面接触、碰撞、交叉、整合的历史，进而发展为中西教育互相欣赏、互相借鉴的交流史。

蔡元培的"养成共和国民健全之人格"教育理念非常了不起，他主张德、智、体、美育的全面综合发展，主张"学术自由，兼容并包"，推动中国教育、学术思想、社会文化的变革。在二十世纪二三十年代，还出现了陶行知的乡村教育与生活教育思想，陈鹤琴的幼儿教育与"活教育"理论，黄炎培的"大职业教育主义"，晏阳初的平民教育思想，梁漱溟的乡村建设运动等。这些既是各流派人物在教育上的探索，也是他们的政治理想。

1978年以来，我国改革开放经过了40多年。中国教育的开放，从深度与广度上大大超过了清末民初时期。中国教育的制度、内容、方法，更多地学习、参考西方现代的教育，力图使受教育者充分地学习中外文化（主要是中西文化，特别是科学技术）。

现在是多元文化融合的国际化教育。"国际化"是今天中国教育的一个重要的关键词，"国际化"还包括外国学生、学者来华留学。但是，目前"国际化"办学有若干弊病，即基本上是西式化办学，把"外国"收缩为"西方"，且中国教育特色逐步被抹杀。

3. 教育的全面性与主体性

20 世纪 80 年代以来，中国教育特重国民的素质教育，在培养目标上强调德、智、体、美、劳全面发展，从教育方针与体制上要求从娃娃抓起，从青少年开始，学习中外文化，学会互赏互鉴。

对青少年来说，除学校教育之外，家庭教育、社会教育更为重要，在中国教育日益国际化的背景下，我们要造成一种氛围，把学习、借鉴中外文化与文明，渗透、贯穿在儿童、少年、青年乃至成年、老年教育之始终。

我们强调开放式的学习。开卷有益，希望国民虚心学习，促进中外文化的交流互动。在这里，外国文化不仅指西方文化，还应指全球各族群的古今文化。从地域上说，除欧洲、北美，还应包括亚洲、非洲、南美、澳洲等。我们要了解中国，一定要读"四书""五经"《老子》《庄子》《坛经》；要了解印度，一定要读《吠陀经》《奥义书》；要了解阿拉伯，一定要读《古兰经》；要了解西方，一定要读《新约》《旧约》。

法国的小学、中学的国文教育，十分注重本土文化思想的训练。中学生即开始学笛卡尔、马勒伯郎士的哲学，孟德斯鸠、卢梭的政治学等。法国所有大学生的国文教育，都重视古典学，即古典语言和希腊、罗马的典籍及有关宗教、历史、哲学、伦理、政治、经济等古典著作的阅读。法国的哲学名篇进入了他们的"高考"试卷。为什么我们的中学教材中鲜有古代哲学的原著经典？

现在中国的各个大学都仿效西方设置了通识教育，但通识课程却只是一些概论、通论，或通专论、通专史，而西方的通识教育主要是西方及世界各文明的经典。与概论教育不一样，经典教育可以启发学生的思维。前者是封闭灌输式的，后者是开放启发式的。

斯坦福大学明确以博雅教育作为大学教育目标，该校要求学生不局限于一个专业，要有广博的知识与修养，要"均匀"，即接触不同学科，同时了解不同文化的经典、观念与价值。该校规定学生在九个领域中选修十一门课（每门课至少3 学分），这九个领域为：（1）文化、观念及价值；（2）世界文化；（3）美国文化；（以上为文化核心课程）（4）数理科学；（5）自然科学；（6）科技及应用科学；（以上为科学核心课程）（7）文学及艺术；（8）哲学、社会及宗教思想；（9）社会及行为科学。（以上为人文及社会科学核心课程）以上课程基本上是经典导读，其课程名称为：荷马的《奥德赛》《伊利亚德》、柏拉图的《理想国》、亚里士多德著作选、奥古斯丁的《忏悔录》、中国思想家孔子著作选读或《论语》、中国道家哲学选读或老子的《道德经》、《孟子》选读、《庄子》选读、马丁·路德著作选、马基雅维利的《君王论》、密尔顿的《失落园》、蒙田散文选、但丁的《神曲》、摩尔的《乌托邦》、卢梭的《社会契约论》《论人类不平等之起源》、莎士比亚的《哈姆雷特》《暴风雨》、牛顿著作选、达尔文著作选或《物种起源》、马克思恩格斯著作选或马克思的《共产党宣言》、恩格斯的《家庭、私有制与国家之起源》、韦伯的《新教伦理》、黑格尔的《精神现象学》、培根的《新工具》、笛卡儿的《方法论》《沉思录》、洛克的《政府二论》、霍布斯的《利维坦》、尼采的《悲剧的诞生》、弗洛伊德的《梦的解析》、库恩的《科学革命的结构》《古兰经》《艺术史》《世界文明》等。

芝加哥大学的通识教育是非常有名的。该校大学生的毕业学分中有一半以上是涵盖六个领域（人文类、外国语文类、数理科学类、自然科学类、社会科学类、文明研究类）的通识课程，名为共同核心课程，学生必修 21 门课。①

哈佛大学的教育传统也是通识教育，重视人文精神的培育。哈佛大学的教育理念是：最佳教育是开放式、创造性教育，不仅应有助于学生在专业领域内具有原创性的思想与能力，而且要创造条件让学生善于深思熟虑，有追求的理想目标和洞察力，成为具有自由人格的、完美的、成功的人。哈佛本科生在校四年中，除在一个主要领域中学习外，也要进行跨学科专业的学习。该校不少教授强调人文学习的重要性，主张理解、吸收不同的价值观念。大学本科生必修 8 至 10 门"核心课程"。核心课程的主要领域有：外国文化、历史研究、文学与艺术、道德思考、科学与社会分析，并须修习英文写作、数理统计及外国语文。

我们主张"开卷有益"，拥抱世界，学习世界各族群文化的同时，深耕自家的文化经典。积极引进、学习西方肯定是必要的必需的，但我们有五千年的文化累积，因而要有自己的主心骨，有对自己文化的深切理解与中华民族文化的主体性。文化或文明对话的前提是文化或文明的自觉与自信。自信不是盲目的，是以自觉为基础的。我们一定要深度理解自家文化的根源与发展、正面与负面。一个

①以上有关斯坦福大学与芝加哥大学的情况，详见黄俊杰著：《大学通识教育的理念与实践》，台湾
　通识教育学会 1999 年版，第 271–289 页。该书简体字版由华中师范大学出版社出版。

西方人，不管从事什么行业，在其家庭、社会、学校教育中，起码诵读过《荷马史诗》、柏拉图或亚里士多德等人的哲学著作、西塞罗等人的罗马政论、莎士比亚的文学作品等。一个中国人，应当学好母语，具有中国文化常识，同时对基本经典下过功夫。

经典如"四书"《老子》是中国人必读的书，应下功夫把握。如果只让你读一本中国书，那我就建议读《论语》。如果让你读两本中国书，那我就建议读《论语》与《老子》。古代文人必读的书是"左孟庄骚"或"左史庄骚"，即《左传》《孟子》《庄子》《离骚》或《左传》《史记》《庄子》《离骚》，这些都是基础。当然有"少不读《老》《庄》"的说法。现代人读古书基础差，可以先学《唐诗三百首》和《古文观止》，青少年最好能背诵。

五经（《周易》《诗经》《尚书》《仪礼》《春秋》）或"十三经"是中国文化的根底，我们有条件有能力的人，一定要读经。六经、诸子，经史子集四部，每一个中国人都应有一两本。我讲的是精读，啃原文加注疏，一个字一个字地啃，下功夫读，这是看家的本领。精读与泛读有辩证的关系。泛观博览也很重要。

学习、读有字与无字之书，一定要深度思考。还要用二分法，传统文化不是一切都好，我们要学会扬弃，既保留又克服。当然不是浅表化的，而是真正入乎其内，出乎其外的。

我们引导学生们、孩子们循序渐进，慢慢地学习、欣赏、借鉴中外古今的文化及其经典，并且养成终身读书、学习、思考的习惯。我们中小学课本中中外经典太少，多的是"把别人嚼过的馍再喂给青少年"，而不是让学生们直接接触经典，低估了学生们的理解能力。

教育、学习、读书，不能只限于学校，要倡导终身教育、学习、读书。通过各种书院等形式，把教育推广到民间去，到社区、到乡村去，让老百姓有机会读书、学习，提升其文化水平，使他们养成良好的读书习惯。

各位可以思考一下，如果今天让你来写《劝学篇》，你将如何撰写？如果今天让你的孩子来读《劝学篇》，你怎么鼓励孩子去写一个新的《劝学篇》？

我今天就讲到这里。谢谢大家！

（王琦整理并经主讲嘉宾审定）

主持人（王琦）：中国是一个学习的国度，中国五千年的灿烂文明跟中国人喜爱学习的传统有着紧密的联系。今天郭老师娓娓道来，给我们梳理了从尸子、荀子一直到张之洞的有关劝学的名篇。历代名人劝学的目的是让中国人知道我们为什么要学习以及如何成就更好的自己。用我们现在的话来说就是，学习是为了提升自己的修养，成为一个全面发展、身心健康、人格健全的人。学之"为己"还是"为人"，这是值得我们进一步深思的问题。我们今天的学习应该是一种更为开放的学习，敞开自己，继承传统，立足现代，拥抱世界，成就更好的自己。

现在让我们以热烈的掌声再次感谢郭教授。

接下来，我们进入现场互动环节，欢迎朋友们积极向主讲嘉宾提问。

观众提问：郭教授，您好！刚刚您提到现在要阅读经典，但是我们中学教材中的很多经典是删改了的，比如这个学期我们所读的《红楼梦》，就删除了很多章节。请问教授对此有什么看法？

郭齐勇：你可以自己找原著来读，《红楼梦》120回全本还是比较方便找的。出于对中学生的学习时间和身心健康的考虑，删掉一些也是有必要的。有一些经典，比如说《老子》也不适合于你们读，你们长大以后读才能更好地理解

《老子》。你们读一些删节后的经典也是可以的，当然将来更好的是读全本。

观众提问：郭教授，您好！现在的中学生时间比较紧张，上高中之后，想扩充自己的阅读量，但苦于没有更多的时间。请问：如果我们想丰富自己的课外文化常识，您可以推荐几本著作吗？

郭齐勇：可以的。如果让我推荐一本书，我就建议读《论语》，读一下杨伯峻先生的《论语译注》。

主持人（王琦）：我接着郭老师的话题补充一句，孩子们读经典，如果觉得古典的东西很难读懂，建议大家选择中华书局全注全译本的经典著作，里面不仅有关键字词的解释，还有白话文的翻译。

观众提问：郭教授您刚才提到，我们的孩子苦于学习，您对现在这种教育方式的改进有什么建议吗？

郭齐勇：怎么改进是很复杂的一个工程，我个人主张还是开放式地、快乐地学习。孩子们的压力很大，是因为有高考的压力，有竞争。我们的教育改革有一个循序渐进的过程，我希望能够朝着开放式的、愉快的学习这个方向发展。

观众提问：郭老师，您好！您刚才从古代讲到现代的各种著作里都在强调学习的重要性，您也说到我们现在学习要有思考、反思，不只是学习文化，还要把这些文化知识变成自己的修养。请问：怎么样才能更好地把文化知识变成自己的修养，而不只是浮于表面，为了学习而学习呢？

郭齐勇：这个问题提得很好，其实在提问过程中，你有了自己的答案。因为学习不只是读书，不只是限于读一点名篇，而是要有自己的所思所得，如果累积这些所思所得，慢慢就会学成一个大家。你在今后的学习中，不妨尝试用一个本子把自己平时所想到的问题记录下来，或者把名家的东西记录一些。这个本子不断地记录你读书的心得，记录你的思想，慢慢地累积下来，你就会成为一个大学问家了。

主持人（王琦）：同学们提问非常积极，在这里也祝福同学们，不仅能够考上自己理想的大学，而且能够找到自己的兴趣和发展方向，成为自己真正想成为的样子。

今天的讲座非常成功，感谢郭教授的精彩演讲！感谢现场的观众朋友们与线上40多万网友！感谢媒体朋友和工作人员的辛勤劳动，感谢热情的同学们。

香草美人地，诗韵汨罗江。本次讲坛至此圆满结束，我们下期再会。

祝大家身体健康，万事如意！谢谢！

（王琦整理并经主讲嘉宾审定）

第6讲 建筑艺术审美与文化遗产保护

柳肃，1956年6月生，博士，毕业于日本鹿儿岛大学工学部建筑学科。现任湖南大学建筑学院教授、博士生导师，中国科学技术史学会建筑史专业委员会主任委员、国家文物局古建筑专家委员会委员、岳麓书院首席专家顾问。《百家讲坛》"如果古建筑会说话（北京故宫）"主讲嘉宾。长期从事建筑历史与理论研究、文物古建筑修复保护设计，在国内外出版学术专著26部，发表学术论文180多篇，承担过2项世界文化遗产、40多项国家级和省市级重点文物建筑和历史城镇村落修复保护规划设计。2016年获中国建筑教育奖，被授予"中国勘察设计协会传统建筑分会终生荣誉会员"称号，2019年获评中国勘察设计协会传统建筑分会建国70周年"杰出人物"，作品获中国勘察设计协会传统建筑设计一等奖、教育部建筑设计一等奖等。

直播二维码　　　　直播在线参与人数 67.9 万

导言

　　建筑是石头的史书，是凝固的文化与艺术，是一个民族全部社会生活的集中体现。在历史发展的长河中，勤劳勇敢的中国人创造了哪些各具特色的建筑艺术？体现了怎样的政治、文化、心理与审美特质？在文化复兴与民族振兴的当今，我们应该如何保护这些文化遗产？

　　2021 年 6 月 26 日，湖南大学建筑学院教授、《百家讲坛》主讲嘉宾柳肃先生莅临屈子书院讲坛，发表"建筑艺术审美与文化遗产保护"的主旨演讲，与现场听众进行了精彩的互动。讲座由凤凰网湖南频道全球同步直播，在线参与人数多达 67.9 万；湖南大学岳麓书院教授、湖南汨罗屈子书院院长朱汉民担任嘉宾主持。

我今天非常高兴能在具有重要历史意义的地方——汨罗江边的屈子书院，诚惶诚恐地与大家交流关于建筑艺术的问题。我做了30多年的古建筑修复与保护工作，其中有非常多的甜酸苦辣。同时，文化遗产保护也是我国发展的重要战略与方向，所以今天我非常高兴与大家分享"建筑艺术审美与文化遗产保护"。

我将从四方面展开话题，其中会配有适量图片进行解说。

一、建筑的文化价值

首先说说文化遗产保护与我们的日常生活，以及国家的发展、文化的传承有什么关系。

文化遗产包括物质文化遗产和非物质文化遗产两部分。物质文化遗产包括历史城镇、历史村落、历史建筑（含文物古建筑）、古代工艺器物等，它们又可以分为可移动的物质文化遗产和不可移动的物质文化遗产两类，古建筑就属于不可移动的物质文化遗产。非物质文化遗产包括诗歌、戏曲、音乐、美术等传统艺术门类，传统技艺，传统节日，风俗习惯，传统饮食，生活方式等等。这两个方面既相区别，又相联系。

我在修古建筑的几十年中，不断有人问我：这个古建筑破破烂烂的，又不好用了，你干吗要花那么多的精力去保留它、修复它？其实，这其中折射的就是对于文化遗产、古建筑的价值认知的问题。怎么看待古建筑，怎么判定它的价值？我本人是文物局古建筑专家组的成员，经常被派到下面去审查、判定，哪些地方发现的古建筑可以申报文物？评定为什么级别？这就需要我们来判定古建筑的价值。这价值又怎么判定呢？文化遗产的价值可以从三个方面来确定：历史价值、科学价值、艺术价值。这也是我们今天用以确定各种历史文化遗产的保护级别的基本标准。

所谓历史价值，是指该建筑与重要历史人物和重大历史事件的关联性。例如某位重要历史人物的出生地或曾经生活的地方，像毛主席故居、刘少奇故居等；某个重大历史事件的发生地，例如南昌起义旧址、遵义会议旧址等。

所谓科学价值，是指该建筑在结构和材料等技术方面的特殊性，具有科学研究的价值。比如说我修古建筑修了 30 年，是岳麓书院的首席顾问，至今岳麓书院破了一块砖、一片瓦都要我去修。我在修古建筑的过程中，最麻烦的事情是经常连砖都买不到。为什么？因为我们今人做出来的砖没有古人做得好，买了今天的砖修不了古建筑。古人的砖是怎么做出来的？这就需要我们进行研究，这就是科学价值。

所谓艺术价值，是指该建筑在造型和装饰等艺术方面所表现出来的特殊性，它能代表一个时代的一种风格类型和特征。古建筑上面雕梁画栋，各种彩绘艺术体现了古人的宗教观念、伦理道德等思想，或寄寓了人们对于美好生活的向往。总而言之，都是古人遗留下来的审美和艺术的信息。我们今天可以根据它们去研究唐代人的思想是怎样的，宋代人的思想是怎样的，这就是艺术价值。

中国古代建筑有各种类型，各种类型不仅仅是使用功能上的差异，更重要的是各自有着不同的思想文化内涵。例如宫殿、坛庙、宗教建筑、风景园林、民居等等，都包含思想文化因素，有时这些甚至比使用功能更重要。因此作为一种物质文化遗产的古建筑本身也包含着非物质文化遗产的因素。下面我分门别类地给大家简要介绍中国古代建筑，主要是领会其中的思想和文化。

我们先来看看故宫。故宫前面是天安门，天安门后面是端门，端门后面是午门。午门是故宫的正门，要进午门才算进了故宫。进了故宫之后就是太和门、太和殿、中和殿、保和殿、乾清宫、坤宁宫等，一直到故宫后门神武门。神武门后有一座小山叫景山，景山正中央有个亭子叫万春亭。在座的朋友们应该大多数去过北京，但可能多数没有去过景山。建议大家以后到北京去，可以抽半天时间到故宫后面的景山看一看，因为站在万春亭中就可以看到北京城的中轴线。整个故

图 1　故宫鸟瞰

宫在皇城的中央，沿着故宫的中轴线，一直可以看到天安门，天安门前面是天安门广场，再到大前门，大前门的前面是前门大街，直到北京城的正南门——永定门；景山后面是鼓楼大街，有钟楼、鼓楼；景山的西面是北海，北海下面是中海，再下面是南海，这就是中南海。图 1 就是皇城的布局，故宫处在都城的正中央。

清朝的北京城是完整的中轴线布局。前面是天安门、大前门、前门大街，后面是鼓楼、钟楼。南面有天坛，北面有地坛，东面有日坛，西面有月坛。天地日月，围绕中央的皇宫，天下以皇帝为中心的思想明显。南面为阳，所以天坛在南面；北面为阴，所以地坛在北面；东面为阳，所以日坛在东面；西面为阴，所以月坛在西面。再看南边的天坛和北边的地坛，并不是在正南正北，天坛在南面偏东一点，南面为阳、东面为阳，处在阳中之阳，这就是"太阳"。《易经》中说"太极生两仪，两仪生四象，四象生八卦"。两仪就是阴阳，四象就是太阳、少阳、少阴、太阴。地坛在北面偏东，阴中之阳，即"少阴"。这些都是中国古代的哲学思想贯穿到了皇城的规划当中。

刚才说的是都城和皇宫的规划，再来看看坛庙，这是中国古代的祭祀建筑。

图2 北京天坛

中国的祭祀不是宗教，是感恩和纪念。例如天坛、地坛，祭祀的是自然神灵。天地自然风调雨顺，给了我们优厚的生活条件，所以要感天地之恩。天坛是坛庙建筑中最重要的建筑，是皇帝祭天的地方。天坛占地面积有多大？天坛一年就用一次，皇帝一年一次到这里祭天，平时就空着，派人守着。而天坛的面积将近故宫的四倍，其重要性可见一斑。天坛为什么重要？因为它是天的象征，是中国人思想观念中最高的存在。没有比天更大的，皇帝也只是上天之子，所以到这里都要恭恭敬敬。天坛建筑群中最著名的就是那个三层圆形屋顶的祈年殿，但其实它并不是最重要的，天坛中最重要的建筑是前面那个没有建筑的圆形坛台——圜丘坛，这是天坛的核心，一年一度最重大的仪式——皇帝祭天就在这里举行（图2）。

社稷坛，位于天安门的西边。长安街上的中山公园就是古代的社稷坛。古装电影里经常说"江山社稷"。社稷是什么意思？"社"是土地之神，"稷"是五谷之神。中国古代是农业国，有土地有粮食就意味着国泰民安。皇帝每年要祭祀社和稷两个神，所以在天安门西边设立了社稷坛。社神的牌位是一根石头桩子，埋在地下，上面露出小尖，就像祖宗的牌位一样。坛台上面用五种颜色的土壤填埋：东面青色、西面白色、南面赤色、北面黑色、中央黄色。东南西北中，青赤白黑黄，五种颜色的土壤。这与中国古代阴阳五行说相关，同时也是天下五方、国家统一的象征。皇帝每年到这里祭祀，就有这个意思，具有政治的含义。

接着来说祭祀人物的庙。我们都知道孔庙（又称文庙）是祭祀孔子的地方，孔庙是全国祭祀人物当中规格最高的。自西汉"独尊儒术"之后，孔子的地位扶摇直上，凡办学必祭奠孔子，全国各地学校都有祭祀孔子的文庙。如：长沙有岳麓书院文庙、长沙府文庙、长沙县文庙等，岳阳文庙也保存得很好。全国今天保存下来的文庙至少有400座。一看到文庙就知道是过去的学校所在，唯独不是学校所在的文庙是山东曲阜的孔庙。
曲阜是孔子的家乡，那个孔庙的规
格如同皇宫（图3）。

此外，还有祠庙，这是祭祀著
名人物的，例如屈子祠是纪念屈原
的。中国古代要纪念某一个人，往
往会建一个庙或者一个祠。现在全
国最大的屈子祠有两个：一个是汨
罗的屈子祠（图4），是屈原去世
的地方；还有一个是湖北的秭归，
是屈原的家乡。要纪念一个人，一
般是在这个人出生的地方、去世的
地方、曾经到过的地方等等建祠和
庙进行纪念。所以坛庙是纪念建
筑，与宗教毫无关系。天坛、地
坛、孔庙、屈子祠等是中国的坛
庙，是表示感恩或纪念的建筑。如

图3　山东曲阜孔庙大成殿

图4　湖南汨罗屈子祠

四川成都的武侯祠是纪念诸葛亮的，这里曾是他活动的地方。湖南永州的柳子庙
是纪念柳宗元的。柳宗元当年被贬到永州做官，为老百姓做了很多好事，还写了
很多著名的文学作品，如《永州八记》《捕蛇者说》等，这个建筑今天还在，也
是国宝。另外，还有大量老百姓祭祀祖宗的祠堂，也属于这种性质的建筑。

刚才说的是祭祀建筑，下面讲讲宗教建筑。中国目前保存下来最古老的寺
庙，是山西五台山中的南禅寺（图5）。现代人往往有一个认识误区，即认为
木质建筑不耐久。南禅寺这座建筑是唐代的原物，它的柱子梁枋都是唐代的木
头，距今一千多年了。今天随便列举一座清代的建筑都有两三百年历史，我们
今天的钢筋混凝土建筑顶多不过百年。木结构的建筑受潮会腐烂，但如果保护
得好，使用寿命是相当长的。

山西浑源悬空寺（图6），是在悬崖峭壁上凿石头修建的，这种建筑修建的

图 5 南禅寺大殿

图 6 山西浑源悬空寺

难度非常大。为什么不建在平地上？因为这里要表达的是宗教思想。佛教有一个
很重要的理念——修行。修行的人要远离尘世的纷扰，只有六根清净，才可以静
心修炼，所以要躲进深山，躲到悬崖峭壁上去修炼。

　　风景是中国古代文人用来修养心性、陶冶情操的，只有高文化修养的人才
可以欣赏自然之美，在自然美景中体会不同的心境。如岳阳楼是很著名的风景，
但是最有名的不只是这个建筑，还有与它结合在一起的范仲淹的《岳阳楼记》。
如果登上岳阳楼，看着烟波浩渺的洞庭湖，在这时背诵《岳阳楼记》，领略"上
下天光，一碧万顷"的情景，人会有顿时豁然开朗、"宠辱皆忘"、心旷神怡的
感觉（图 7）。《岳阳楼记》也写到"阴风怒号，连月不开"的情景，此时登岳
阳楼，领略到的则是压抑的心境，所谓情景交融，相互呼应。所以要欣赏自然之
美，需要提高自身的文化修养。

图 7 在岳阳楼上看洞庭湖

　　刚才说的是风景，再说说园
林。园林是人造的，一类是皇家园
林，另一类是私家园林。最有名的
皇家园林是北京颐和园、北海、中
南海、圆明园等。皇家园林的特点
是什么？中国古代皇帝大多喜欢长
生不老的神仙方术。神话传说东海
之中有神山，山上长着能让人长生

不老的神药。历朝历代的皇帝大多希望得到神仙的帮助长生不死，所以喜欢在皇家园林中开辟大的湖面，象征东海。故宫西边的北海、中海、南海，就象征海。中间建岛屿，象征着神仙居住的神山。颐和园的昆明湖中也有岛屿，象征东海神山。北海中的岛是琼华岛，中南海中的岛是瀛台，这些名字都与传说中的神山仙境有关。从秦朝开始一直到清朝，我们今天还可以看到的皇家园林，都是这种做法。圆明园虽然被毁了，但其记录中也有蓬岛瑶台等，这些都是东海神山的象征。这是皇家园林的特点。

我国最著名的私家园林是江南园林，其中苏州园林已被列为世界文化遗产。私家园林的审美跟皇家园林不一样，追求的是心灵的安静，所以大多为小桥流水，假山怪石，曲径通幽。例如，上海的豫园位于上海老城区最繁华的地方，闹中取静，适宜安静地读书，修养心性。过去像豫园这样的江南园林都是私人所有，不对外开放，其主人顶多邀几个朋友喝茶聊天。今天，上海豫园里游人如织，已经体会不到那种安静的意境了。

前面举了一些例子介绍了中国古代建筑，不同类型的建筑表达的是不同的思想和文化。历史建筑和文化遗产保护的价值和意义主要体现在它的唯一性和不可再生性。任何一个历史遗产都有自己的特点，每一座古建筑都是独一无二的。例如长沙的岳麓书院、汨罗的屈子书院等，某个地方的，某个时代的，某种规模体量和建筑式样的都只有一个，没有第二个。而且真正的古建筑是不可再生的，所以一定要留住真东西。古人的雕刻、绘画等，表达的是古人的思想与观念，留下的是古人的信息，新做出来的东西没有这个信息，所以就没有这个价值。今天的建筑，再高的楼都是可以用钱来衡量的。但是，故宫多少钱？天安门多少钱？岳麓书院多少钱？这是无价的，没有钱可以衡量。现代建筑都可以用钱衡量出来，但是古建筑毁掉就没有了。

二、历史建筑的保护问题

"建筑是石头的史书"，是看得见的历史。中国作为一个有着数千年文明史的国家和民族，要自立于世界民族之林，必须要有自己的历史和文化，而且必须看得见。保护历史、保护本民族的文化是华夏子孙共同的责任。我在《百家讲坛》讲故宫第一集就讲过，民国时故宫有一次差点被毁掉，幸亏军阀吴佩孚将它保护下来了。1923年，国会建议把故宫核心的三大殿拆掉，建一个国会大厦，被吴佩孚知道了，他就写了公开信，发到报纸上，向社会公布。他说，世界上所有的文明国家都在尽全力保护着自己的文化遗产，中国作为有着几千年文明的古国，怎么能自己拆掉自己的文化遗产？说出去会被全世界耻笑。他的电文被报社公布出来后，舆论大哗，国人纷纷谴责抗议，最后迫使国会撤销了议案。我们今天还存在这个问题，有些地方政府没有文物保护的意识，随便拆除古建筑。

社会革命往往带有破坏性即破除旧世界，为了表示对过去时代的政治上的否定，往往对它的文化也采取破坏性的行动。中国古代历史上任何一次改朝换代，几乎都把前朝的东西毁掉重建。过去的都城和宫殿往往被一把大火烧掉，或者是换一个地方重新建都。前朝的都城就让它在历史的烟尘中自生自灭，这种现象在一定程度上也成为一种文化基因，我们今天一定程度上还在继续着这种破坏性的文化基因。文化被破坏，意味着审美被破坏。所以那个时代人们穿的服装只有黑色、蓝色、灰色、军绿几种颜色，缺乏审美。

我们回到古建筑，举一个例子。我考察过湘西辰溪县的一个古村落，该村落离辰溪县约50公里。我看到一栋中国庭院结构式的古宅子，却做了西洋式的门楼（图8），这应该是这家有人出去留过学，或者是有人在广州、上海等地经商，看到了洋式建筑，回来后修了一个中西合璧的宅子，这就是近代的文化。但是这么美的建筑，却在外面搭出一个毫无美感的棚子。我跟县领导说，一定要强令他们拆掉外面的棚子，把这个建筑修复好，中西合璧多好。可见，如果不讲究审美，不教育人们审美，就会出现这种问题。此外，文化教育的落后也会导致人们审美水平低下，对于过去的文化艺术（历史建筑）不能从审美的角度去欣赏。

图8 辰溪五宝田村某宅

我们今天的教育中仍然缺乏审

美教育。审美并不一定要我们专门搞音乐，或专门画画，而是要培养人们的审美意识，让人有美感，有艺术感。艺术审美培养的是人的想象力，有想象力才有创造力。没有审美就没有想象力，没有想象力哪来的创造力？我们今天培养出来的学生可以考出很高的分数，但是世界上那么多的发明创造，天上飞的、地下跑的、水里游的为什么很多是人家发明的？我们的创造在哪里？说到考试，全世界可能没有人考得过中国学生，但是分数是可以看见的，审美是看不见的，我们要记住看不见的东西的作用。

审美意识被破坏了，就意味着我们的工作精神和生活态度被破坏了。我们今天所说的"工匠精神"，实际上源于一种审美的态度，对待自己的工作要精益求精，把它当作艺术品来看待。我们古代的工匠是这样的，但是今天就没有了。如鸟巢是国家级重大工程，但是北京奥运会后不到一年的时间，很多地方的地砖就开始破裂，不少地方还有一片一片的积水。古人对待建筑是什么态度？踢脚的地方都作为艺术品一样雕刻（图9），而今天国家级大工程做出来是这种样子。我教建筑学院的学生建筑历史，其实并不是让他们将来都做古建筑，而是教他们学习古人做建筑的态度和精神。

图9 古人建筑踢脚部位都精雕细琢

当古建筑遇到经济开发建设的时候，有些地方政府就有可能不顾一切地摧毁这些过去的文化艺术。我国目前城市建设中普遍存在的主要问题，是快速城市化所伴随而来的"建设性破坏"，城市中大片开发，导致古建筑难以保存。其中一个重要原因是政府以 GDP 论英雄，考核政绩。在老城区开发过程中，类似这样的事情太多。要保护古建筑，甚至要跟地方政府的领导"作斗争"。

很多人有一个错误的观念，认为保护古建筑就意味着落后、不发达，他们没有处理好保存文化遗产和发展建设的关系。在这方面，反而是西方发达国家做得比我们好。过去我也遇到过一些老板，请我去设计房子，要求 50 年不落后。我说，不要这样说，只要设计出来的是精品，就永远不会落后。天安门"过时"了吗？故宫"落后"了吗？历史就是历史，不存在落后与过时的问题。

西方人也保存他们的历史，例如，德国的柏林大教堂是柏林城中最雄伟的教堂，虽然战争已经过去 70 多年了，但是至今还保留着烟熏火燎的战争痕迹，留下来给后人看。他们对待历史的态度令人尊敬，对于自己曾经犯过的错误，他们真诚地反省，告诉后人永远不要再有战争。又如，位于柏林市中心的德国国家博物馆，外墙上留有火烧和机关枪打的痕迹。里面虽然是恒温恒湿的现代化高级设施，但是外观上就留着历史的样子，不刷新，不改造，这就是对待历史的态度。意大利罗马不仅保留着全城的古建筑，而且大片的废墟都保留着。如罗马斗兽场就是半边建筑，半边废墟。一些柱子要倒了，用现代结构加固着，至今还保留着废墟的样子。罗马城每一天都有六七十万的游客，他们就是来看历史的。这里可以看到两千年前的古罗马、一千年前的中世纪、五百年前的文艺复兴……罗马保留着全城的古建筑，是不是就不建设了呢？崭新的现代化的新城就在旁边，古城和新城分开。当年梁思成保护北京城也是这个理念，古北京原封不动地留着，城墙、城楼、胡同、四合院留着，新北京在旁边建设，都已经规划好了，但是没有人听他的。所以现在老北京就只剩了故宫、天坛、颐和园这些点了。如果当年梁思成的想法实现了，那就是古北京和新北京并存，成为绝无仅有的东方古都。

又如，日本京都是完全仿照中国唐朝长安城的规划建造的。京都的规划图和长安城的规划图几乎一模一样，方方正正豆腐块的格子（图 10），皇宫在中轴线的北面，皇宫前的大道是朱雀大道，南边的门是朱雀门，连名称都和中国的一样，完全继承了中国文化。文化遗产是全人类的。今天的世界之所以这么精彩，是因为全世界有这么多不同的民族、不同的文化。所以我们在保护自己文化的同时，还要保护别人的文化，要让这个世界保留着五彩缤纷的文化多样性。

图 10 日本京都古城

三、保护的理念与方法

1. 抢救保存真正的古建筑，保存真实的历史信息

《世界文化遗产公约》中有两条重要原则：历史的原真性、生活的延续性。其中最重要的首先是保存历史的原真性，留着古建筑还要用。现代老街区老建筑之所以留不住，是老百姓自己不想留，说老房子不好用，没有厕所，没有自来水。但是这里面是可以改造的，要保住老房子，就要让人还住在这里。"生活的延续性"是指在保护历史城镇、村落建筑的同时，还要保留原来的生活状态。现在通常的做法是开发，把原住民迁走，引进商家重新经营，这样就破坏了原来的历史风貌。虽然历史建筑还在，但是历史风貌不存在了。老街区至少要留一部分给原住民居住，才能保留历史的风貌。

2. 保护和利用相结合

对于历史建筑最好的保护就是利用，要让它继续活着。博物馆式的保存并不是最好的方式，利用可以是多种途径的，其中改善内部设施是完全可以做到的。

图 11　日本古民居内装的空调

一些城镇、街区、历史建筑中，老百姓不愿意住在里面了，就要靠政府做工作。如果老百姓不懂这些，就做几个样板出来，让老百姓明白。图 11 是我在日本参加修的一栋古建筑，三百年的木头房子，里面装着空调，装完后天花板一盖就看不见了。厕所改造后装了现代马桶，在老木头房子的地板上，装上现代的设施不就是现代化了吗？生活的现代化说白了就是厨房、厕所现代化，厨房里一开热水就来了，一点微波炉就亮了，一拧煤气就燃了，厕所里有淋浴，有抽水马桶，这就是现代化。其他电器买来就是，与这座建筑的风格式样是古建筑还是现代建筑毫无关系。

我在永州修了一个历史街区，这条老街上全都是这样的历史建筑，老百姓说不要住这样的房子。但是要保护历史名城，就必须要保护历史街区、历史建筑。我找到街道上比较有文化的住户，跟他们说了保留建筑外观，改造内部设施的道理，他们同意了。于是我把他们的房屋内部都改造了，厨房、厕所都是一应俱全的现代生活设施。做完之后，一条街的老百姓就都愿意改造了，于是这条街的老建筑就得以保存下来了。因此，当我们去保护古村落的时候，可以先做一两个样板，让村民们看到，在古建筑里面仍然可以过现代生活。

3. 非物质文化遗产保护

非物质文化遗产和物质文化遗产有着密切的关系。一方面，文化本身是相通的，对保护文化的态度也是一致的。每个民族都有自己的文化遗产，非物质文化也是一样的。不要以为西方有高楼大厦，就把传统文化都抛弃了。下面这张图是丹麦人的婚礼场景，他们也有自己民族的传统（图 12）。我在日本留学的时候，看到日本保留下来的文化很多是中国文化。在日本，每到传统节日，大人、小孩都穿着传统的服装举行各种文化活动。中国的二十四个节气在日本的日历上多数是红日子，也就是法定假日。在中国，过去只有春节，其他都是政治性的节日。

近几年增加了清明、端午、中秋等
节日。当年韩国人拿着端午节申报
世界文化遗产，中国人在网上骂。
因为韩国的端午节文化保留得非常
完整，所以申报成功了，而之前中
国的端午节连国定假都不是。

曲水流觞是中国古代文人玩的
一种游戏，书圣王羲之的《兰亭集
序》里面写的就是曲水流觞。阳春

图 12　丹麦人的婚礼

三月天气好的时候，文人们相邀到山里面风景优美的地方对诗，三三两两坐在水
边上，拿着毛笔提一句诗，倒一樽酒，放在小木船上，在水里面漂。漂到谁面前
谁就对，对不上就罚酒。这种游戏在中国老早就失传了，甚至很多人都没有听说
过。但是日本人还在玩，叫作曲水之宴，还要手拿着毛笔写竖行诗（图 13）。

另一方面，有些非物质文化遗产本身和物质文化遗产（建筑）是直接相关
的。例如祭祀文化和宗教文化等。祭祀建筑与祭祀文化、宗教建筑与宗教文化就
是直接关联的。韩国今天不用汉字了，所有政府文件中没有一个汉字，但是所有
的古建筑上都是汉字。韩国非常尊重儒家文化，在孔子生日那一天，韩国所有的
书院都会举行祭祀孔子仪式（图 14）。虽然孔子的思想在今天并不一定全部符合

图 13　日本人的曲水之宴

图 14　韩国书院的祭孔仪式

现实需要，但是祭孔是一种文化象征。韩国人今天也不完全听孔子的，却尊重儒家的思想传统。我国曾因历史的原因取消了祭孔，直到改革开放后才恢复。20世纪90年代第一次在山东恢复祭孔，韩国派了一个代表团到中国来参加，结果他们发现祭孔的仪式程序不对，这让中国人汗颜。因为中国已经有上百年没有祭过孔子了，所以不会祭了，而韩国把这个传统保留下来了。

四、实践工作体会

我学习研究古建筑，从事修复保护古建筑工作30年了。修古建筑表面上是技术性的问题，但更多的是对文化的理解。如果不理解文化，只是凭技术，并不一定修得正确，说不定就搞错了。岳麓书院文庙中的崇圣祠、明伦堂，抗战时被日军炸掉了，一直到2004年湖南大学让我把它恢复起来。修复时既要符合历史，又要依据儒家的文化思想，还要根据现实的使用需要来进行设计。我经过多方考证和研究，最后将岳麓书院修复完成，获得了各方的好评（图15）。

岳麓书院的屈子祠，原来并不在现在这个位置，而是在另外一个有一点点古

图15 岳麓书院文庙崇圣祠

建筑的地方，但是没有办法恢复了。学校请我在现在这个位置重新设计和建造。这个建筑我想了好久，因为它是纪念性建筑，所以要雄伟一点，但又在岳麓山的清风峡口，爱晚亭下面风景优美的地方，如果太雄伟又会破坏风景，于是我就取了比较小巧秀丽的曲线形卷棚式屋顶，做完之后反响不错（图16）。另外，做这个建筑还让我真正体会了中国古人的生态观念。中国古人做建筑是绝不会破坏自然山水的，屈子祠后部因为地形复杂做了爬山廊，虽然当时设计特别费劲，图纸改来改去做了半年。但是做完之后自己觉得很满意，人们也非常喜欢。中国古人的观念，就是尊重山水自然，建筑不能破坏自然。今天的建筑，见山就推平，见水就填平。而古人做建筑有山就爬山，这就是爬山廊（图17），弯弯曲曲，没有一条直线；如果有水就悬挑在水面上，绝不把水填平。这是一种观念，人对自然的尊重，用今天的话说是生态的观念，用古人的话是顺应自然，天人合一。中国古代诸子百家虽然各自的政治理念、道德观念不同，甚至截然相反，但是在对待人和自然关系问题上，基本上是统一的。儒家的天人合一、道家的道法自然、阴阳家的阴阳五行甚至建筑中的风水观念等等，都强调人与自然的融合。

这是我在日本做过的一个建筑设计——串木野市日中文化交流园（图18）。两千多年前秦始皇派徐福到东海神山寻找长生不老的仙药，带去三千童男童女和大批工匠（这是做了移民的准备，找不到仙药就不回来了）。今天的日本人认为这是中国文化第一次大规模传到日本。日本有很多地方记载有徐福在日本登陆，而以串木野这个地方最为重要。他们准备在这里建一个日中文化交流园，请

图16 岳麓书院屈子祠

图17 屈子祠后部的爬山廊

图 18 日本串木野日中文化交流园

图 19 串木野日中文化交流园石碑

我设计中国的园林建筑，请一个日本的景观设计师来设计景观，用日本的景观配中国的建筑。施工完工后他们做了一块石碑，上面雕刻着"设计监修，中国湖南大学柳肃"字样（图19）。

这是共和国国歌作者田汉的故居（图20），二十世纪五六十年代被拆掉，变成了农田。当地政府请我做复原重建，我先请来考古队挖掘。由于农田没有破坏原来建筑的基础，把秧苗移开，只刨出一点点深度，就露出了全部建筑的基础。但是上面是什么样子呢？当时并没有留下照片，我只能请老人们来回忆，根据他们的回忆来做设计。建成以后，老人们说当年就是这个样子，我算是成功了。

长沙望城有一座惜字塔，塔顶上长了一棵参天古树，中央电视台报道过这个奇观（图21）。这座塔只有一百多年的历史（清朝同治年间的），但这棵树也有

图 20 长沙县果园镇田汉故居

图 21 长沙望城惜字塔

一百多年历史了。树根在塔里面往外膨胀，塔都开裂了，最宽的裂缝有十几厘米，已经非常危险了（图22）。有人建议把树砍掉算了，我说不行，必须塔和树同时保护。我建了一个由古建筑修复、结构加固、树木保护等专业人员组成的特殊团队，中南林业科技大学70多岁的刘克旺教授也积极参与这项工作。每个施工过程都要精心设计。我们选择在冬天，树叶落了，树最轻的时候施工。我们搭了内外两圈钢架，内圈钢架支撑大树，外面再搭一圈脚手架来修下面的塔。修完

图22　惜字塔开裂

之后，我心里还悬着。直到第二年春天，新树叶长出来了，树没有死，我心里的石头才落地了。最后，我跟望城的领导说，现在你们必须要做到这个树周围一公里范围内不准有任何的建筑，因为做建筑就会造成环境破坏。这就是把建筑文化遗产和生态、艺术审美结合在一起，这才是完美的作品。

保护历史、保护本民族的文化是我们华夏子孙共同的责任。无论什么人、什么阶层、什么专业，都可能在自己的岗位上、在生活中对保护历史文化有所作为。

谢谢各位！

（王琦整理并经主讲嘉宾审定）

现 场 互 动

主持人（朱汉民）：非常感谢柳肃教授结合几十年从事古建筑文物保护的经验，为我们做了一堂既有理论又有实践，既有属于道方面的又有属于术方面的非常有价值的报告。让我们一起向他表示感谢！

柳教授的报告信息量太大了，我都没有办法做总结。他谈到了建筑及其背后深厚的文化价值、科技价值、艺术价值与历史价值，我相信在座的各位观众以及在线上收听讲座的观众都会有巨大的收获，也知道我们应该以怎样的态度去对待古代建筑与文化遗产。我对柳教授讲的一段话印象特别深刻，他说保护建筑，就是保护历史的文化价值、艺术价值。怎么保护呢？首先必须是自己有文化、有艺术欣赏能力、有历史知识。只有具有深刻文化历史自觉意识的人，才有可能保护好文物、保护好前人给我们留下的宝贵遗产！让我们再次以热烈的掌声感谢柳教授！谢谢！

接下来，我们进入现场互动环节，欢迎朋友们积极向主讲嘉宾提问。

观众提问：柳肃教授好！朱汉民院长好！我有一个很重要的问题，屈原曾经谈到耀州高庙祭祀文化，据说有一万多年的历史。中国考古队在这里发现了八千多年的水稻，认为这是长江流域最好的考古例子，但是现在这里成为拆迁的对象。我想向您请教：高庙祭祀文化的重要意义在什么地方？有没有保留的价值？

柳肃： 你说的高庙遗址，我听说过，但没有特别了解。既然有这么深厚的文化底蕴，肯定有很重要的价值。发掘出来可能有艺术价值，考古地层有科学价值，从这来判定肯定是有很高的文物价值。如果在这样的情况下，将它变成要拆迁、要开发的地方，大多是因为开发商出高价买了，政府赚了一笔钱，所以一定要呼吁地方政府领导重视文化。一旦文化和经济发生矛盾，就必须做出选择：是要文化还是要经济？不存在什么"双赢"。考古遗址想用它来卖门票赚钱是不可能的，就算赚钱也赚不了多少，但是地一卖就是一大笔钱，这就必须要在经济和文化之间选择。希望地方政府的领导有这种眼光，文化是优先的，几千年的遗址毁掉就不会再有了，所以要呼吁地方政府将它保留下来。

观众提问： 柳教授您好！您在讲座中提得最多的一个词是"美"，中学生也应该有美学教育。我觉得我们现在除了音乐课和美术课外，还可以增加旅游。但是我们去旅游，经常是跑到名胜古迹处拍个照，发个朋友圈，说到此一游就完事了。请问：如果我们逛庙和寺，应该如何逛？

柳肃： 中国古代的祭祀和宗教是两回事，在这里不讲太多，因为要深入发挥内容太多。去旅游之前，用你们今天常说的一句话就是做攻略。过去的观念是先看一些书，先了解要去的地方及相关知识。我有一个网络课程《中国古代建筑艺术》，已经开了十几次了，现在有几十万人学过这个课了。有的学员在网上给我留言，是因为看了我的网课后，觉得以前去故宫是白去了。他们看了我在《百家讲坛》讲的故宫后也是这样的感觉，觉得要重新去看。我的网络课程对中国的宫殿、寺庙、园林等都有一些介绍，如果上了这门课再去看建筑，应该就看得懂了。具体知识在这里也是两句话讲不完的，告诉大家一个方法，去之前先要有相关的知识。比如说要去的地方是颐和园，不光要知道颐和园的历史，还要知道皇家的文化、皇家的建筑等相关知识，知道这些再去看就看得懂了。

主持人（朱汉民）： 尽管还有很多朋友现场想向柳肃老师请教，线上也有朋友提出了很多问题，由于时间关系，只能以后有机会再交流。今天下午，大家听了一堂精彩的关于建筑审美与文化遗产保护的报告，都收获了精神大餐。谢谢柳老师！谢谢工作人员！

本次屈子书院讲坛到此圆满结束，我们下期再见！

祝大家身体健康、万事如意、幸福平安。

（王琦整理并经主讲嘉宾审定）

让智慧随心飞翔

——艺术与科学融合的创新

第 7 讲

鲁晓波，教授、博士生导师，清华大学美术学院院长、艺术与科学研究中心主任，清华米兰艺术设计学院院长，教育部长江学者特聘教授。兼任教育部设计学科教学指导委员会主任、国务院学位委员会设计学科评议组召集人、中国美术家协会副主席、中国工业设计协会副会长；担任国际红点设计奖评委、意大利金圆规奖评委。长期致力于信息艺术设计、工业设计教学和相关领域的理论研究、艺术创作和设计实践。国家科技支撑计划"国家文化科技创新工程"专家组专家、"十三五"科技计划重点专项专家。主持国家元首检阅台造型设计、上海世博会湖南馆设计；主持哲学社会科学国家重点项目"新媒体艺术形态研究""基于虚拟现实的文化创意产品设计理论与方法研究"；主持国家科技支撑计划"973"项目"文化遗产保护的方法验证与典型示范"课题、科技部国家重点研发计划"中国风格文创产品及智能设计技术集成及应用示范"项目。担任《中国大百科全书》第三版设计卷主编。组织策划 4 届"艺术与科学国际作品展暨学术研讨会"和"北京国际新媒体艺术展暨学术研讨会"；策划北京国际新媒体艺术展暨论坛、国际艺术与科学作品展暨论坛；联合策展"基弗在中国""新朦胧主义艺术展"等。

直播二维码　　　　直播在线参与人数 49.5 万

2021年4月19日，习近平总书记在清华大学
参观时强调，"美术、艺术、科学、技术相辅相
成、相互促进、相得益彰。要发挥美术在服务经
济社会发展中的重要作用"，"把美术成果更好
服务于人民群众的高品质生活需求。要增强文化
自信，以美为媒，加强国际文化交流"。在科学
技术迅猛发展与人工智能到来的时代，艺术与设
计应该如何承担起自身的使命？20世纪以来的艺
术是会终结还是会重生？科技在艺术、设计发展
过程中的作用是什么？艺术与科学如何实现融合
创新？

　　2021年7月31日，清华大学美术学院院长、
中国美术家协会副主席鲁晓波教授莅临屈子书院
讲坛，发表"让智慧随心飞翔——艺术与科学融
合的创新"主旨演讲，并与现场观众进行了精彩
的互动。讲座由凤凰网湖南频道全球同步直播，
在线参与人数多达49.5万；长沙理工大学设计艺
术学院教授、湖南汨罗屈子书院执行院长王琦担
任嘉宾主持。

尊敬的各位来宾，线上的各位朋友：

感谢屈子书院、感谢王院长的盛情邀请！非常荣幸有机会跟大家做一个学术性的交流活动，我今天汇报的题目是《让智慧随心飞翔——艺术与科学融合的创新》。

我们正处在一个聚变的科技时代，也是新冠病毒肆虐的一个特殊时期，我们更处在一个向深层次的改革、更高水平的开放，加快实现新发展格局战略的新起点上。历史告诉我们，任何一个技术创新活跃的时代，无一例外地伴随着人文创新的交融，文化与科技的互动推动人类创新与文明的发展。文化影响科技的发展与传播，影响着创新的进程，科技的发展和创新成果也推动了文化艺术的进步。中国改革开放四十余年，创造了世界经济的奇迹，成为世界第二大经济体。面对着科技的迅猛发展与大数据、人工智能的到来，艺术与设计如何承担起提升大众的生活品质，提高国民的幸福感，赢得国际社会更多尊重的重任？这需要依赖文化的自觉、自信和自强。新时代我国社会的主要矛盾已经转化为人民日益增长的美好生活需要与不平衡、不充分发展之间的矛盾。要实现高质量的创新发展，艺术与设计需要有自己的担当。

刚才王院长说到今年是清华大学建校110周年，习总书记特地来清华大学考察，而且首站便来到了清华大学美术学院，我们做了"实种实褒，实颖实栗——清华大学美术学院校庆特别展"，介绍了美术学院建院以来人才培养的整个发展历程。我有幸陪同习总书记并就美术学院的工作进行了汇报。一是坚持文化自信培养一流人才。多年来，我们通过科技与艺术的融合，赋能创新发展，引领学科建设，服务国家民生；二是汇报了我们当时承担的国家重大美术项目；第三，汇报了首都机场壁画群、《永远盛开的紫荆花》《战友》《火神山五兄弟》，以及反映时代、展现中华文明和国家重大历史题材的美术创作，体现了清华大学美术学院在以人民为中心的创作导向指引下所取得的重大成果。此外，还有国徽、政协会徽、国家勋章、建国瓷、北京奥运会形象与景观、米兰世博会中国馆等设计作品，这些都是由我们的前辈和老师们设计的，我都做了详细的汇报。习总书记指出："美术、艺术、科学、技术相辅相成、相互促进、相得益彰。要发挥美术在服务经济社会发展中的重要作用，把更多美术元素、艺术元素应用到城乡规划建设中，增强城乡审美韵味、文化品位，把美术成果更好服务于人民群众的高品质生活需求。要增强文化自信，以美为媒，加强国际文化交流。"在整个汇报与交流过程中，我深深感受到总书记对艺术设计工作的高度重视，对培养德艺双馨的青年人才的殷切希望，由此更加感到自己责任重大。

艺术设计从来就对国家形象和民生发挥着巨大的作用，科技将改变未来。未来的冲击不仅是技术冲击，而且也是文化冲击。每次科技的重大进步，人类都会呈现迅猛发展的态势，当代社会就是一个高速发展的社会。高速发展的社会具备一些特征，比如说，消减了我们过去习惯的某种永恒性追求而获得了更多快捷的暂时性；告别了过去的单一性而获得了丰富的新奇性；社会由一元转向了多元；人类在获得巨大发展潜能的前提下，也面临着巨大挑战，承受着巨大压力。

一、艺术是否会终结？

为什么20世纪以来艺术终结论不绝于耳，各式各样的书籍都在提出一个问题：艺术是否会走向终结？我们回顾艺术史，发现艺术都有着自己的范式。艺术的观念是美的艺术，主题是关于宇宙万物的必然性和规律的认识。古希腊艺术是西方古典艺术的典范和标准，它被称为最纯真的源泉，其柱式、纹样，影响了整个西方的艺术发展。

文艺复兴时期，人类以科学精准性地观察自然，促成了造型艺术从过去中世纪的象征到遴选的一个决定性转变。文艺复兴时期的作品对人物及其内心世界的刻画，对人物解剖、比例、尺度的把握，就是对客观事物真实的遴选。文艺复兴时期人性的解放带动了科技发展，同时进一步促进了艺术自身塑造能力的提升。

印象派反对当时占正统地位的古典学院派艺术。由于受现代科技的影响，尤其是受到光学的影响，印象派认为一切色彩皆产生于光，从而推动了美术技法的革新与观念的转变。印象派的作品是直接把原色涂抹在画布上，从而产生了强烈的艺术感染力。它不像过去画素描那么细致，而是带来了一种特有的艺术魅力，一种情感的流露和表达。

表现主义更强调对人们内心世界的一种表达，强调艺术家的主观情感和自我感受，反对艺术的目的性。它的特点是对客观事物的形态进行夸张、变形的处理，以此抒发艺术家内心的主观情感，否定现实世界的客观性，他们认为主观是唯一的真实。

到了 20 世纪初，非具象艺术、立体主义、超现实主义纷纷出现，涌现了蒙德里安、毕加索等大量的艺术大家，他们的艺术作品有非常鲜明的时代特点。比如说蒙德里安通过一种内省、深刻的观感与洞察，创造了普遍现象的秩序与均衡之美。他的作品就是一些几何的线型和颜色块，但依然体现了一种审美和结构，所以美一直是艺术所追寻的目标之一。

近代真正改变西方现代艺术进程的有两位代表人物：一位是杜尚，一位是丹托。杜尚作为一位艺术家的最大特点就是以一种虚无、嘲讽、反理性、反传统的方式反对习惯性的思维逻辑、颠覆传统。他第一次把一个男性用的小便池放入了美国美术馆，使世界一片哗然。他主张日用品也可以成为艺术。他还将达·芬奇的《蒙娜丽莎》这幅经典艺术作品画了两撇胡子，表示对权威的一种调侃，从而创造一种新的审美方式。丹托是一位哲学家与艺术评论家，他第一次提出了艺术终结论，说作为艺术的艺术不知走向了何处。他著有《艺术的终结》《艺术终结之后》等，不断地提出对艺术未来发展的思考。

此外，还有一个重大事件对造型艺术产生了重大影响，那就是摄影的发明与发展取代了造型艺术的再现、述事功能。1839 年，在法国科学院与美术学院的联合集会上，法国政府宣布放弃对银版摄影术发明的专利，所以摄影技术获得推广。今天的摄影技术，不管是微观世界还是宏观世界，都有充分的表现力，甚至连黑洞都能记录，可以说摄影技术代替了过去用造型艺术来述事的最大功能。

从以上案例可知，艺术的发展在一定意义上就是艺术范式的转换，每一个历史时期都有一定占据着支配地位的艺术范式，决定着艺术发展的主流方向，形成了某种艺术的思潮，其中科学技术在这一进程中始终发挥着非常重要的影响力。

今天，我们处在一个新的时代，时代变革又一次提出了关于艺术本质的哲学问题，艺术似乎需要依附哲学才能体现自己的意义，并逐渐失去自己的范式，所以当今我们对出现的很多新的艺术形式很难理解。比如说观念艺术，观念艺术强调来自视觉效果的艺术冲击力，而不是精神或思维，它将注意力放在传达某一观念而不是制造"永恒"的艺术品。不像维纳斯、蒙娜丽莎、大卫之类的作品具有一种永恒的艺术魅力，它更多的是表达一种观念。

此外，我们还看到很多奇怪的现象。比如说怪诞成为一种需求，一些极尽狂、丑、大的"江湖书法"在现实生活中大行其道，一些让人无法理解的时尚与时装秀基本与生活相脱离，等等。艺术似乎失去了美，跟我们没有关系。还有其他很多凡人难以理解的艺术，我不知道这种艺术给社会带来一种什么样的教益或启迪。在设计界也存在这样一些问题，我想未来人类不可能朝着这个方向去发展，把一些病态作为时尚。我特别欣赏一句话：在今天我们如果是用规模和强烈的感官刺激获得注意力，这个有一点知识的傻瓜就能做到，但是反过来可能就需要智慧了。不是靠规模和强烈的感官刺激来获得注意力，这就是一种思想的魅力。

当艺术（尤其是造型艺术）走到了一个新的十字路口，我们是会走向终结还是重生？如果重生，新的可能性在哪里？我认为新的可能性在于转化，在于观念的转化、认知方式的转化、媒介的转化、审美体验的转化。不管时代怎么变革，科技怎么影响艺术，艺术的本体价值应该坚守。艺术是一种情感教育，陶冶情操、纯洁心灵、提升境界，使人获得高尚、温馨的精神家园，从而通向幸福和自由，这是艺术最本体的价值。同时，艺术也是一种价值观的塑造，是一种审美判断力的培育，通向精神境界的途径。艺术是有功能的，而不是艺术家的自娱自乐。这些功能包括文化的传递与保存、文化的选择与批判、文化交流与融合等，其中最重要的是文化更新与创造功能。

艺术还是有个性的，那些大师级的艺术家都是开宗立派、传承与创新的典范，如齐白石作为一位湖南籍的艺术大家，重塑了中国传统水墨画，写意传神、浑朴雅拙。他的作品不流于媚俗，不狂怪欺世，是真心和本质的艺术流露，世俗和文人的审美的融通。作画妙在似与不似之间，太似为媚俗，不似为欺世。他说

"笔愈简而神愈全"。齐白石的绘画，用非常简约的几笔，就把描绘对象的境界体现得淋漓尽致。

二、艺术与科学

2019 年是达·芬奇逝世 500 周年，也是吴冠中教授 100 周年诞辰。当时我做了"对话达·芬奇：艺术与科学国际作品展暨学术研讨会"，倡导艺术和科学的对话。吴冠中先生说："在承袭中、在黑夜里，我四处寻找美，但时时也碰见了丑，我的画，一是求美，二是求意境，有了这两项才动手，否则不画画。"其实他最重情感，这就是大师。吴先生的绘画用寥寥几笔便体现了对中国传统水墨画的一种传承，同时又非常富有时代新意，有一种新的境界，体现了中国传统哲学、传统美学的真谛。他的作品《水乡》画的就是苏州园林，用点、线、面与大量的空白，体现了中国哲学一种很深的意境，体现了对世界万物的美的规律、美的形式的追寻。

科学家爱因斯坦说过"照亮我的道路是善、美和真"。我们都说科学求真，宗教求善，艺术求美，爱因斯坦把善和美放在了真之前。爱因斯坦还说过，我们能够有着最美好的经验就是奥秘的经验，它是坚守在真正艺术和真正科学发源地上的基本情感。谁要是体验不到它，谁要是不再有好奇心，也不再有惊讶的感觉，谁就无异于行尸走肉。所以伟大的科学家不是不讲情感。

华裔科学家李政道教授也是诺贝尔奖获得者，他也一直是清华大学的名誉教授。他说，现在大家可以相信科学和艺术是不能分割的，艺术和科学如同一个硬币的两面，它们源于人类活动最高尚的部分对深刻性、普遍性、永恒和富有意义的追求。李政道先生一直倡导艺术与科学的融合，他每次做国际学术研讨活动都要请一位艺术家画一幅主题画。我很有幸，他请我画了两次。在爱因斯坦广义相对论发表一百周年前夕，李政道先生给我来了一封信，问我能不能画一幅画纪念这个伟大的时刻。我说自己当然愿意按照他的意愿来创作这样一幅画，但自己一个文科生，对广义相对论了解甚少。于是他给我找了几个科学家介绍爱因斯坦的广义相对论的专论。我听了很长时间，觉得理解也很肤浅，他举了个例子概括性地说明了这个问题。他说就好像一个人站在钢丝床上，钢丝床就会塌陷下去。实际上，爱因斯坦的广义相对论就是讲时空受质量的影响，在一个高质量的东西作用下时空是可以弯曲的。他希望我能够把这种意思表达出来。此外，他还说了一个引力波的问题，当时引力波还没有被发现，结果两个月之后引力波就被证实了，世人一片哗然。想象力并非艺术家的专属，其实伟大的科学家的想象力远远超越凡人甚至艺术家。于是，我就画了这样一幅画（图 1）：一个是引力波，在一个重量的作用下弯曲，另外选了一幅爱因斯坦经典的肖像，用水墨的方式进行刻画，中间用一道橙色。当你把橙色作为绘画一部分的时候，得到的是爱因斯坦的正面像，但是当你把橙色作为背景时，看到的是爱因斯坦的侧面像，这就是所谓的相对论。李政道先生非常满意这幅画，后来他的助手把这幅画做成了一个延伸产品送到美国。因为李政道先生高龄，不方便回国，所以他为了这幅画给我来了一封比较长的信，给予了充分肯定。艺术既要讲情怀，又要讲传承和创新。智能时代需要新的艺术范式，当然也一定是多元的艺术范式。人文、科技、艺术的深入融合与创新，一定是未来众多的艺术范式里最重要的一支。

谈到艺术与科学，大家也许觉得是一个新的命题，其实不然。达·芬奇是文艺复兴三杰之一，他既是一位学识渊博、多才多艺的画家，又是一位预言家、发明家、雕塑家、音乐家，甚至是医学家、生物学家、地理学家、建筑工程师和军事工程师。在清华大学艺术博物馆落成首展上，我们展出了达·芬奇 60 幅手稿真迹。他的手稿里面对飞行器、交通工具、人体解剖、兵器设计、建筑设计等都有涉猎，而且有非常多的想法、创意与分析。

图 1 鲁晓波为纪念爱因斯坦"广义相对论"发表一百周年所创作的主题画

达·芬奇的《最后的晚餐》与拉菲尔的《雅典学院》是文艺复兴时期最经典的作品。为什么这两幅绘画成为传世之宝呢？一个重要原因是文艺复兴时期发现了透视规律。由于透视学的产生，人类掌握了艺术价值。这两幅作品都非常好地运用了透视学的原理，产生了一种特殊的艺术感染力。

原来古典的宗教油画主要是用熟褐色作画，色彩表现力非常有限。随着矿物和油料技术的发展，西方欧洲油画的表现力就大不一样了。科学技术在艺术发展过程当中始终扮演着重要的角色。刚才说到印象派，是颜料和光学的研究成就了印象派，使它具有一种特殊的感染力。印象派实际上认识到色彩是通过光线形成的，而人类感受光又是跟空间有关系的。尤其是点彩派，它把一些颜色直接涂抹在画布上，通过空间与视觉的混合达到一种艺术效果。印象派在整个美术史上占有非常重要的位置，而科技在其中扮演了重要的角色。

工业革命以后，出现了很多有机械装置病的艺术家。如 Jansen 用一些工业传感器与工业建设用的塑料管做成了一个可运动的雕塑（通过风力推动），它能够产生一种所谓的运动行走的艺术作品。后来视频技术又催生了影像艺术，今天我们都叫它新媒体艺术。在国外与国内一些重要的美术馆都有新媒体艺术专馆。2000 年世博会，当我看到 EXPO2000 RANNOVER 这个世博会的标志时，突然感觉人类进入了一个新的信息时代。工业文明时期的 LOGO 有标准的图形、标准的作图、标准的颜色，甚至有标准的组合，是静态的；而今天的信息时代，LOGO 的形态、颜色可以不断地变化，但是它的识别性依然那么好。

我们进入了一个信息时代。信息时代一个最大的特点，就是由过去的静态的叙事方式转向了一个动态的现实叙事，现在又进入一个交互的叙事方式，这给艺术带来了一种新的可能性。过去的公共艺术，可能更多展现的是一个静态的雕塑，一个大型的绘画，差异性也是很小的，现在的公共艺术把信息科技结合起来，就完全不一样了。它可以让公众有更多的参与性与体验性，跟过去欣赏一个静态的绘画或者一个雕塑，得到的体验是不一样的。

未来 VR 艺术、虚拟现实艺术可能是最主流的艺术形式。包括汽车设计、服装设计，都可以完全在一个虚拟现实的情况下产生。我曾经跟一些学院的青年学生，医学院的教授、博士生合作，创作了一个作品叫《大脑的交响》。在一个空间里面，就像在美术馆欣赏一幅画一样的，你进去以后拍一幅图像，同时带上一个产生脑电波的仪器，当你注意力特别集中的时候，就会瞬间呈现你刚才进来时拍的那张图像；而当你的注意力稍微放松，图像瞬间就消失了。其中，图像的清晰程度取决于分辨率和计算机的计算速度。这是我们在很多年前做的一个实验，主要是想通过运用脑电波来控制计算机、控制影像，实际就是今天讲的脑机接口。

今天的艺术越来越重视与受众进行交互，进行互动，现实世界和虚拟世界出现了一种融合。或许在不久的将来艺术不再是人类的专属，人工智能介入艺术已成趋势。2015年谷歌实施了自己的生梦计划，后来又发布了品红计划。微软和荷兰国际集团的机器人通过学习，成功复制了伦勃朗的作品，对我们冲击很大。阿里的鲁班现在改成路班，每秒能够做8000张海报，让艺术设计界大为惊叹。过去人们一直对此不屑，觉得机器人怎么可能做艺术？艺术关乎着情感，特别微妙，机器怎么能做？但是今天看来，这个时代变化太快，一切皆有可能。

2018年10月25日，一幅完全由AI创作的肖像画第一次进入世界艺术品的拍卖殿堂，拍出43.2万美元的高价，这是大家都没有想到的。这是非人类艺术作品第一次进入艺术殿堂，被最高艺术殿堂所认同。过去我们说艺术风格是一个艺术家一辈子进行探索凝结而成的，但是我们今天看来，风格的迁移在人工智能与计算机的支撑下是多么的容易。

未来艺术不会也不可能被终结，而是将出现多元的新的范式。新时代艺术范式的产生，不仅仅靠传统的艺术家、理论家，还需要突破狭隘的观念，倡导学科与艺术的交叉与跨界。艺术家的定义也不再局限于原来传统的艺术家群体。我们经常看到一夜之间成就一位世界级的艺术家是可能的。清华大学美术学院的研究生，有时候做一件作品，一下子就可能被遴选到世界顶级的艺术大展里。当然，这需要用一种新的艺术形式、新的艺术范式来获得突破。

三、设计与价值

前面讲了很多关于艺术的问题，下面讲讲设计。设计是对事物的一个统筹规划过程的总称，我们可将任何造物活动的目标、概念、策划和实践过程理解为设计。设计的英文单词是"design"，更强调有目标、有计划的技术性与艺术性的融合创造。Victor Papanek 给"设计"下了一个定义，认为"设计"是为构建有意义的秩序而付出的有意识的、直觉上的努力。这里有几个关键词：有意义、秩序、有意识的、直觉上的努力。"有意义"是指要对社会有价值，"秩序"是指符合工业化生产，"有意识的、直觉上的努力"是指在艺术上的一种努力。设计是人为事物形成的前提，所有的人为事物自觉、不自觉都有一个设计的过程，所以设计要创造价值。它不是自娱自乐，而是通过设计创造价值。

设计跟衣、食、住、行、用密切关联。中国拥有巨大的设计市场需求，设计从业人数也应该是世界之最。中国近 2000 所高校都开设有设计专业。据不完全统计，设计专业在校生大约有 200 万，这个规模是非常大的。我是设计学类教指委的主任，我们评"一流专业"，第一次给了设计学专业 474 个名额，在全国所有的学科里边排名第三，这在世界上也算规模最大的，但是我们高端设计人才还很缺乏。在中国这样一个制造大国，世界级原创产品还不多，像 IDU 这样的具有国际顶级水平的设计品牌还没有。我们现在需要什么呢？需要一种大视野、大格局，直面问题与需求，跳出设计看设计，跳出创新看创新。

设计要创造价值。不同的观念、不同的概念形成不同的价值追求。价值塑造、能力培养和知识传授密切相关。培养人才第一个就是价值塑造，体现在设计的价值观上尤为重要。比如某个品牌出了一款白金的全钻手机，售价 88 万。我上网查询了一下，这款手机上面镶了 1000 颗钻石，而且长沙的消费者对它认同度很高，上市一个月销售了 7 台，这是一种价值观。还有一种价值观是追求一种新奇的体验。在智能手机出现之前的手机利润跟卖白菜一样，价位很低。这是因为只要是一个企业就可以生产手机，所以利润很薄。我记得摩托罗拉 V70，第一次把手机盖设计成旋转的，而不是翻盖的，创造了一种新的体验。据说当时一部手机的利润超过了 1000 元钱，所以新奇也是一种价值。

当然还有一种价值是解决问题。我们都说乔布斯很伟大，但是乔布斯的伟大不是做了特别酷的手机，而是他第一次试图解决艺术不平等的问题。在乔布斯之前的电脑都是实验室里的科学家在使用，随着电脑进入大众家庭，电脑的形式不能再像一个工具，所以苹果 Macintos 在电脑的造型设计（包括接口上），更多地体现了一种人性化设计。今天，由于新冠肺炎疫情，"无接触"的商业模式重新兴起，大量的无人便利店，非接触的新产品、业态都在产生，这些都是随着社会问题而提出的新的解决方案，所以科技抗疫、消毒配送机器人，等等，大量这类的东西产生了。

还有一个大家比较熟悉的品牌——无印良品。无印良品最早的理念是"没有商标与优势"。所谓"无印"就是没有商标，但是它做成了一个世界知名的商标品牌，这是靠它的一个理念而获得成功的。无印良品非常简约，直奔功能，没有那么多装饰性的东西在里面。无印良品经常做全球的设计大赛，大赛的目的一方面是吸收新的符合无印良品价值观的灵感，另一方面也是向大众渲染自身的一种理念。如其中一个大赛金奖的设计居然是一个可以再利用的毛巾。可能谁也没有想到这样一个没有什么技术含量，甚至没有太多的创新的作品就获得了设计大奖。这个毛巾在中间画了一些直线和横线的水平格条，便于毛巾使用完后，可以剪开再用于其他的用途。后来，我想我小时候就是这样，床单用完了当桌布，桌布用完了当抹布，抹布用完了当墩布。这个作品创造了一种节约的消费理念，所以无印良品在全球获得一些有环保意识的人的推崇。

当然，豪华、繁复也是一种价值。过去的皇帝、贵族们的用品，都是劳动密集型的，甚至可能一群人一辈子只能帮他做某几件东西。今天我们再去重复这种类似的东西，我认为是没有价值的，同时也是一种浪费。今天更应该倡导一种简约之风。比如说大众的 LOGO 越来越扁平化。不仅仅是大众，迷你、奥迪、宝马都在逐渐地简化自己的 LOGO。1987 年至 1990 年，我曾在德国学习，让我感到特别诧异的是德国的设计中有很多运用了中国的传统哲学思想。在那里，我经常可以看到书上面写着"为人民服务——毛泽东"，或者是中国先哲"大道至简"之类的经典名言，作为整个设计方法论的一个指导思想。LAMY 是欧洲的一个非常著名的做笔的品牌，笔的特点是简约，但人机工程学做得特别好。它做了一个什么广告呢？生活必需品，应简单实用，造价便宜，落款是"孔子"。我想孔子不可能说这个话，那时候也不是商业社会。但是德国人把孔子的一些思想翻译成德文，把德文再翻译成中文。这些都体现了德国人对中国传统造物哲学的一种认同，中国是讲大道至简、简约至极的。

德国的设计大师 Dieter Rams（迪特尔·拉姆斯）是德国工业设计之父，简约主义设计风格的代表人物，新功能主义的创始人和代言人。他在 20 世纪 80 年代设计的东西，到今天仍然不过时。莱卡是顶级相机品牌之一，至今采用的仍然是旁轴系统，并没有像很多公司那样追求各种各样新技术的注入。莱卡要创造一种新的视觉文化，不是像有的企业，看到哪个东西好马上就借鉴过来，莱卡始终固守着自己品牌最核心的一种元素和价值，把重点放在影像给人们带来的感官美的价值，所以莱卡在相机品牌中有一种不可动摇的魅力。又如，ALPA 是瑞士的一家顶级相机品牌，它的理念就是简约至极，它一反常态地把所有的电子装置全部取消了，用的都是纯手工装置，回到摄影的原点。而且这个相机的一个最大的特点就是可以移轴，可以克服透视变形。ALPA 的镜头是德国罗顿斯德最有名的两家做镜头的厂商做的，手柄是瑞士做枪托做得最好的企业做的，取景器是瑞士做瞄准镜做得最好的企业做的。ALPA 用这种方式回归视野的原点，于是一下成为世界顶级品牌。

另一种价值就是一种精神信仰、一种象征的意义。我们看到一些伟大的建筑，比如说埃及金字塔就是象征性的，中国西藏的布达拉宫的设计也是因地制宜的，里面冬暖夏凉，并且用了一些植物防虫，今天修复修缮用的都是传统技艺。

还有一种价值是对自然和谐的追求。过去的工业化生产，为了方便制造，牺牲了人们对形态的自然属性的追求。在今天就不一样了，因为智能制造、3D 打印，我们可以做任何想做、任何形态的东西。比如说上海世博会的英国馆做得非常好，它是从蒲公英中获得灵感，设计方用各种各样的光导纤维把光带入展示厅里，每个管子里就装有几个生物的种子，为了强调一个理念——生物的多样性。

我在 TED（Technology，Entertainment，Design，简称 TED）上看到一个视频讲座"向大自然学习设计"。其实在大自然当中有很多很酷的科技，我们应该向大自然学习。达·芬奇的很多设计都是仿生的。还有，飞机为什么能飞？空气动力学的发明者凯利也受仿生学的启迪。高迪是建筑大师，他建了巴塞罗那的地标建筑——圣家族大教堂，建立一百多年，最近快要竣工了。我专门去看了一下，确实很震撼，教堂的设计全部是仿生的。他做过的很多建筑都类似这样。堪称"当代达·芬奇"的 Luigi-Coiani 是一位德国设计师，他设计了很多仿生曲线异形的各种各样的作品。他的设计 90% 是自然的，10% 是自己的。他认为，人文设计要融入整个生态环境当中，是一个典型艺术和科学融合的践行者。

　　传统的智慧对设计也非常重要。比如说，2008年奥运会的标徽都是清华大学的校友设计的，一个印章、一个八卦图、一个篆刻等都体现了对中国传统文化的发扬与借鉴。又如，都江堰的引流排沙，历经了上千年，到现在还在服务于人类，汶川大地震对它也没有造成影响，这才是伟大的设计。中国有着非常优秀的设计文化，如明式家具、宋瓷、清瓷等。我们有时候太过于向外看，其实中国有非常好的设计哲学、设计思想，值得我们去挖掘、传承与创新。

　　日本的柳宗理首次将民间艺术的手作温暖融入冰冷的工业制品之中，所以他成为日本的工业设计大师。他设计的产品到现在来看，既时尚又优雅自然。我去过希腊爱琴岛后感受很深，它像布达拉宫一样，完全因地制宜，用非常简单的材料构筑了一个极具特色的地域文化地标。

　　怎么发挥中国传统技艺？中国的传统技艺太了不起，但是一定要跟现代的科学结合。我的设计都是用计算机参数化的设计，既方便又能真实地表达自己的意图，而且便于加工。宝马公司曾委托清华大学的几位老师、博士生与国家非物质文化遗产传承人，共同为宝马7系典藏版做了一个设计。这个设计是7系华彩辉耀典藏版（图2），也是为纪念新中国成立70周年的献礼。这款车最后没有售卖，在全球巡展100多场，无论在哪里都很受欢迎。我想通过这个事例来说明中国的传统技艺是非常有审美品位和价值的，完全可以在全球获得赞誉。

　　最近有很多国内的大品牌在跟我们商量合作，用科技和文化融合来提升自身的品牌和设计的价值。我们也承担了一些国家重点研发的专项，如"中国风格文化创意以及智能产品设计技术集成与应用示范"，这是清华大学美术学院第一次拿到国家重大专项并作为牵头的学科。

图2　鲁晓波团队设计的宝马新7系华彩辉耀典藏版

设计可以推动时尚科技。现在几乎所有的科技，尤其是一些黑科技都是跟设计密切关联在一起的。比如说宝马公司百年庆典时做的一个小型展览，展出自己的概念车。它的车身皮肤就像蛇皮，可以动，可以伸展，这里包含了各种各样新媒体技术的结合。从设计上来看，这个展览做得非常有深意。虽然该设计纪念100 周年的历史，但瞄准的却是下个百年。

美是一种价值，而且是一种取之不尽、用之不竭的资源。其他资源是可以消耗尽的，但美是不会的，所以有人说懂得审美的人就不只是在生存，而是在生活。审美跟利益无关，而正是这种无关，才是我们灵魂的构成部分，才是我们作为人在芸芸众生中的独特之处，所以审美也是一种最深刻的教养。

现在有很多乱象的产生，都是一种缺失基本审美的行为和决策。科技 + 设计是形成品牌黑马的一条重要途径。如特斯拉就是一种科技和设计的深度融合，它在这么短的时间里，迅速成为一个世界有影响力的品牌。还有光影美的捕捉，在建筑设计上应用得太多了。我们强调设计切莫忘记从善，我们可以锦上添花，但是别忘了雪中送炭。我们很高兴地看到，在中国脱贫攻坚战中设计界扮演了重要的角色。马斯洛说的五个层次的需求理论，最高层次是自我实现的一种需求。他后来受到了东方哲学的影响，反思自己，最后提出了一个 Z 理论，即自我超越的需求，这是人类最大的需求。

在追求平等的思想指导下，很多设计师做了很多很好的设计。比如说手语翻译的手环，这在技术上完全是可以实现的。盲人看不见形象，要靠触摸，而靠触摸是很难的。清华大学的学生到了一个盲人学校，发现这些视力很微弱的学生渴望使用电脑，于是设计了一款可触摸的图形图像，让盲人跟正常人一样享受信息化所带来的成果。后来这个触摸式信息终端设计又迭代了，有研究生、博士生、博士后迭代地推进，现在还在继续推进。

情感化设计也是今天做设计要给予高度关注的。台湾的诺曼写了一本书，说情感化的设计是一种创意方法，随着时代的发展将显得日益重要。法国的斯塔克设计的东西都富有愉悦性，所以他成为当下最热点的设计师。未来的设计会跟数字经济、虚拟现实相结合。比如说苹果的三个产品奠定了自身在世界最重要的地位。第一个产品是 iPod，它其实就是一个 MP3，但体验感做得非常好。第二个是iPhone。当时做手机并不是苹果的强项，索尼、爱立信、摩托罗拉的市场占有量很大，但是苹果把智能手机的体验性做得非常好。第三个是 iPad。微软做平板电脑比苹果早十年，但是 iPad 的用户体验在当时做得最好，所以奠定了它的基础。

现在很多广告也采取这种交互的方式。我们学院的一个年轻老师，当时为美国做一款阿凡达影片推广广告，就做一个互动式的，让每个人往那儿一站，就可以把自己变成阿凡达。交互设计越来越成为设计的一种重要的形式。现代设计发展有三个阶段、三个层次：造型设计强调形式，后来发展到交互设计，强调"形式＋行为＋计算"，今天我们进入一个系统设计时代，强调的是"形式＋行为＋情境＋计算"。比如说，Mit 媒体实验室推出了很多富有引领性、原创性的概念设计，体感人机界面也出自 Mit 实验室。新技术带来了更多的可能性，给设计师提供了更多实现自己梦想的手段。

我和我的团队 2010 年曾为上海世博会做了湖南馆的设计。我们用了两个大型的罗布斯环与几十台投影仪，把所有的展览内容投影在罗布斯环上，人坐在那儿就可以把整个展览看完。我们当时做这个设计也冒了很大的风险，后来这个设计获了奖，我们都感到很自豪。所以说，设计创新和设计学科要想获得更大的发展，就需要在更广领域和更深层次的学科交叉融合。

我们的一个学生做了个作品叫《自然之光》，像一个大灯泡，但是不会产生眩光，就是用一种参数化的软件迅速成型，然后直接用 3D 打印出来的。这在过去是不可能，画图都画不出来，更别说做出来。另外一个作品是《自然之声》，就是把手机往桌上一放，就会自动把声音放大。这个也是用新的设计软件来实现的，只做了很短的时间（两周），便直接参加了艺术与科学在国家博物馆的展览。在环境和公共环境景观设计上也是一样的，类似这样的艺术作品将会越来越多。

我们在教学上也是如此。过去的解剖是需要真人的，但现在完全可以用数字解剖。因为可以把一个人全部数字化，数字化后就可以在一个数字解剖平台下实现教学和学习。未来大规模在线开放课程 MOOC 将来可能取代很多的学校，中小学的教育也越来越是一种交互式的、体验式的学习。

未来在万物互联与 5G 的情况下，人类的整个生活方式、工作方式、学习方式都会发生巨大的变化，但是构建一个什么样的和谐的人机关系，这是摆在设计师面前非常重要的任务，所有未来的操作方式都在发生革命性的变化。

现在有人说有大数据 +、人工智能 +，应该还要提倡一个设计 +。这是因为设计能赋能所有的技术领域、所有的行业，所以说艺术与科学可能是解决我们未来发展最重要的途径和方法之一。清华大学从 2000 年开始做艺术与科学国际作品展和学术展，现在到了第五届。第一届是在中国美术馆，最新的一届是在国家博物馆。第四届的主题是"对话列奥钠多·达·芬奇"。第五届的口号是"人工智能时代艺术与科学的融合"。当时我们邀请了世界上在人工智能最前沿的设计实践者与研究领域的专家学者来进行展示和交流传播。

在我们展览的现场，观众可以直接跟机器人对话。我们邀请了人工智能研究中心的主任张博院士，他发表了"计算机文学艺术创作"演讲，讲得非常精彩，大家可以上网搜索他的演讲内容。还有，日本的一个著名的艺术家与计算机科学家，每次都参加我们的论坛，讲章鱼的生命形态和它所处的环境是如何相互适应的，并用计算机进行了生命形态的模拟。影响未来的肯定是人工智能。特斯拉、马斯克的脑机接口引起了我们极大的关注，让我们既兴奋又担忧。人工智能现在已经在很多领域与场所应用。包括烹饪，当然还有军事上的应用，更让我们感到可怕。很自然地，大家会想到人工智能能否超过人类。有人说，人类最大的威胁不是自然净化的生物，可能还是来自人工智能。

未来的社会趋势是更广泛的互联互通、更透彻的感知、更深入的智能，所以设计应该将人和人、物与物、人与物之间产生的关系，既按照社会逻辑又按照自然逻辑集成到一起，才能创造价值。我们处在一个信息万变的科技时代，各种新观念、新信息、新机会、新挑战搅动着我们的心理，我们应如何应对？我同意这样一种说法：让生命在运动中得以沉淀，让灵魂在浮躁中得以宁静，人类需要一种定力，定其心应天下之变。智慧是什么？是基于知识、素质的悟性和能力。什么是心灵？不是讲心，也不是讲脑子，但是它又在你的大脑里，又在你的心脏里，它是一种人文精神，一种艺术情怀。在人工智能时代，我觉得自然和人文的价值应该并重，科学与艺术应该融合，传承和创新应该并举，全球化与多元化应该共存。世界文化一定是多元的。艺术设计就是以科学精神、人文情怀来推动学科发展、设计创新。美好生活的构建需要靠人类智慧，但是智慧需要随心飞翔。

谢谢大家！

（王琦整理并经主讲嘉宾审定）

现场互动

主持人（王琦）：非常感谢鲁院长的精彩演讲！鲁院长以宏阔的视野，跨越了古今中外，跨越了时间空间，给我们带来新的理念、新的视野、新的观念，让大家感受到艺术和科学是如影相随、互相促进的。艺术的每一次进步都有科技的影子，科技的每一次发展都有设计在其中。通过鲁教授的案例分析与诗一般的语言，我感到鲁教授不仅是一位艺术家，而且是一位非常有人文情怀的诗人。我相信在艺术和科学不断融合中，我们的生活会更加多元化、更加美好。让我们以热烈的掌声再次感谢鲁教授！

接下来，我们进入现场互动环节，欢迎朋友们积极向主讲嘉宾提问。

观众提问：请问在数字经济时代，艺术和设计如何更好地为当代社会、为民生服务，让我们的生活与社会更加美好？谢谢！

鲁晓波：这个问题就是我整个讲座的初衷。我想强调的是，在今天科技高速发展的时代，尤其是在数字经济时代，科学技术越是发展，我们就越需要对情感有一种关注。虽然说科技是第一生产力，但是中国在内涵式的发展道路上，需要更注重内涵即人文精神和艺术情怀。当然，要实现艺术家的这样一种理想，首先要有一种正确的价值观，这也是我在整个讲座上一再强调的"设计要创造价值"，它不是个人的一种自娱自乐，而是要有像屈原般的家国情怀。

同时设计师还要掌握科学技术，去实现自己的梦想。今天新的艺术范式、新的艺术形式，包括设计工具，无不跟先进的科学技术密切关联。过去工业时代做一个模具、生产一个工具必须要有一定的规模与批量，否则模具成本太高，但是在今天有可能就是做一件定制的 3D 打印。而且随着技术的不断提升，个性化定制一定会快速地形成，可能人人都是设计师。设计作为一种思维，肯定对每个人都是有益的。一个社会决策，一个社会变更，也有设计的观念在里面。

此外，设计师在今天这个时代需要具备学习的能力和一定的知识储备，这样才能实现服务国家和民生的理想。

谢谢！

主持人（王琦）：谢谢鲁院长！我非常赞同鲁院长的观念，艺术是要创造价值的，不仅要美，而且要能够解决现实问题。同时艺术和科学的发展，对设计师提出了很高的要求，需要他们不断地去丰富自己的知识储备。谢谢鲁院长！

观众提问：鲁教授，您好！非常感谢您今天为我们讲述了这么多案例，也给我们分享这么多工业设计相关的智慧。请问：作为乡村振兴的探索者与实践者，应如何从艺术与科学融合创新的角度去看屈原文化精神的传承与发展、艺术与创新？谢谢！

鲁晓波：谢谢你！你提出的这个问题也是大家一直在思考的问题。习总书记这次来到清华大学考察时，特别强调了在城乡建设当中艺术、美术所应该发挥的重要的作用，而且还特别提到"如果做好了一个城市的品牌或者一个乡村品牌的提升，具有魅力的城市形象的构建，艺术人文的因素是非常重要的"。这给我们提出了一个更好的期许和目标。中国城乡建设的城市化进程非常快，如何在发展当中有更高的站位、有更系统的长远思考是非常重要的。城市的魅力、城乡建设的美丽，当然要取决于生产力的提升，给人们带来更多创业的机会、发展的机会，但是一个城市的魅力可能还跟这个城市拥有的历史自然景观和整个的氛围密切关联。

一是要整体地布局和思考，跟当地的历史、文化以及产业战略、发展战略密切关联。不要因为眼前的利益，就很盲目地、草率地进行一些决策和开发。我们经常看到一些这样的事例：开发早的城乡可能最后带来了更大的一种浪费，因而一个系统性的、深思熟虑的城市整体规划是非常重要的。因为我们是做设计和美术的，所以特别注重一个城市的特色，关注这个城市的文化、特色、魅力在哪里。我们经常看到一个好的雕塑设计出来之后，就不断地被他人模仿；一个好的城市建筑出来以后，也不断地被其他城市模仿。我觉得城市的独特魅力与特色应该是基于自己的生态、地理以及文化基础而慢慢伸展出来的，形成的是一种差异化的特色发展，建立一个有特殊品位和内涵的独特城市氛围和文化，这个很重要。

当然，这里还需要科学和艺术在更广的领域、更深的层次、更高层面的跨学科、跨专业的融合，因为我们面临的问题绝不是单一的。如果我们用单一学科来解决复杂的问题，可能会常常感到遗憾。你提出的问题既是对设计师、美术工作者，同时也是对各行各业，尤其是具有决策能力的人来说的一个非常关键的问题。科学和艺术可能是解决这些复杂问题非常重要的方法和途径之一。

谢谢！

主持人： 谢谢鲁院长！感谢线上49.5万网友们的倾情守候，感谢来到现场的观众朋友们、媒体朋友与工作人员！

香草美人地，诗韵汨罗江！我们下期再会。

祝大家身体健康、万事如意！

谢谢！

（王琦整理并经主讲嘉宾审定）

第 8 讲

《诗经》的人生启迪与审美情趣

　　姜广辉, 湖南大学岳麓书院教授、经学研究所所长。1948 年生于黑龙江省安达县,1978 年考入中国社会科学院研究生院,师从著名历史学家侯外庐先生。毕业后留中国社会科学院工作。曾担任中国社会科学院历史研究所中国思想史研究室主任、研究员,中国社会科学院研究生院博士生导师、《中国哲学》主编等职务。著有《理学与中国文化》《义理与考据》《易经讲演录》《诗经讲演录》《论语讲习录》《新经学讲演录》《中国文化的根与魂》等。主编《中国经学思想史》,此书于 2013 年获得"第四届中华优秀出版物"国家最高奖项。多篇论文被译成英文与法文,曾多次到日本、美国、法国等国家讲学。

直播二维码　　　直播在线参与人数:48.5 万

导言

　　《诗经》作为中国古代的第一部诗歌总集与"六经"之一，反映了上古华夏各个阶层丰富多彩的社会与精神生活，在中国传统文化中具有重要的地位和作用。《诗经》蕴含着怎样的特色与人生智慧？如何领略其审美境界？

　　2021年9月19日，湖南大学岳麓书院姜广辉教授莅临屈子书院讲坛，发表"《诗经》的人生启迪与审美情趣"主旨演讲，并与现场观众进行了精彩的互动。讲座由凤凰网湖南频道全球同步直播，在线参与人数多达48.5万。长沙理工大学设计艺术学院教授、湖南汩罗屈子书院执行院长王琦担任嘉宾主持。

感谢主持人的介绍，各位领导，各位朋友，下午好！汨罗是中国诗歌的圣地之一，大诗人屈原曾在这里生活9年，他的人格和才华为世人所敬仰和热爱。因此，今天能有幸在屈子书院以《诗经》这一中国最早的诗歌总集为核心话题做一场讲演，对我来说具有特别的意义。

我今天演讲的主题是：《诗经》的人生启迪与审美情趣。下面，我将分四个部分来向大家分享我对《诗经》的理解。第一部分，介绍《诗经》的形成背景及其内容构成；第二部分，探究《诗经》的四大特性；第三部分，阐述《诗经》中的人生启迪；第四部分，探讨《诗经》中的审美情趣。

一、《诗经》简介

《诗经》被视为"中华元典"的"六经"之一。所谓的"六经"，指的是《诗》《书》《礼》《乐》《易》《春秋》六部经典，这是中国最早的几部文献。《诗经》在先秦称《诗》或《诗三百》。到了汉代，因为社会尊经的缘故，所以在"六经"后面都普遍缀了一个"经"字。《诗》后面加一个"经"字，故名之曰《诗经》。在先秦时期，《诗经》在"六经"中是排在最前面的。而从汉代刘歆开始，将"六经"的顺序重新做了一个调整，于是《周易》就被排在"六经"之首。

后人对《诗经》进行编辑整理，把诗分为《风》《雅》《颂》三个部分。《风》即是《国风》，在新近出土的楚竹书文献《孔子诗论》中叫《邦风》，这应该是先秦时期的叫法。可能汉初为了避开汉高祖刘邦的名讳，改为《国风》。《国风》反映的是十五个诸侯国或地区的风土人情，共有160篇。那时周王朝有采诗制度，由朝廷派出采诗官到各地去采风，了解各地的风土民情，以及各诸侯国的政治得失。采来的诗篇，经过整理，制作成乐歌，用来歌唱。

《雅》是朝廷宴享之诗，是招待贵族与诸侯朝会的乐歌。"雅"的意思是"正"。周人出于尊王的观念，将周王朝直接统治地区的乐歌称为"正声"。《雅》大部分是反映贵族的作品，只有"小雅"的一部分来自民间。《雅》共有105篇，分为"大雅"（31篇）与"小雅"（74篇）。

《颂》是宗庙祭祀诗，用以歌颂神明与祖先功德。分为"周颂""鲁颂""商颂"（一共40篇，其中"周颂"31篇、"鲁颂"4篇、"商颂"5篇）。《颂》是宗庙祭祀的乐歌，用的是皇家的乐调，不但配合乐器，而且还融入了扮演、舞蹈等元素。

《礼记·王制》说："乐正崇四术，立四教，顺先王《诗》《书》、礼、乐以造士，春秋教以礼、乐，冬夏教以《诗》《书》。"《诗》《书》、礼、乐"四教"中，《诗》被排在第一位，凸显了《诗》的重要地位。可以说，《诗》是西周王官之学的首选教材。

二、《诗经》的四大特性

（一）《诗经》的史诗特性

各民族在文明初启之时，差不多都有其民族史诗一类的东西。《诗经》中的《国风》部分再现了西周至春秋中期各诸侯国民众真实的社会生活，而《大雅》和《颂》则颂扬了其先祖艰苦创业的功绩（《大雅》中的《文王》《绵》《公刘》《皇矣》等篇，是周族的史诗）。从这个意义上说，《诗经》是一部史诗式的诗集。

（二）《诗经》的情感特性

《诗经·国风》反映的是里巷田野、匹夫匹妇的悲欢怨怒之言，这样的作品之所以能与帝王圣贤的格言大训并列为经，关键在于它是人们质朴、真实情感的艺术反映。董仲舒说："诗道志，故长于质。"（《春秋繁露·玉杯》）清代苏舆亦云："诗言志，志不可伪，故曰质。"①《诗经·国风》是质朴的情感的反映。而真正的诗歌，就是原始质朴式的诗歌。

（三）《诗经》的价值特性

西方德国哲学家伽达默尔有一段话，在说到当时《荷马史诗》起到的作用时说：那时的时尚是，一个人必须诉诸荷马才能证明自己的全部知识的正确性，正如基督教作家诉诸《圣经》以证实自己的知识的正确性一样。②

在先秦时期要说明一个问题具有真理性，用什么来证明它的真理性呢？往往就要引用《诗经》。《诗经》说了什么论断，或某一论断能与《诗经》相互印证，该论断就具有真理性——《诗经》在先秦时期就有这样的意义。所以在先秦时期，各个诸侯国的卿大夫在外交场合频繁引诗、赋诗，就是为了证明其主张的真理性。在当时，一个外交使者能力怎么样，文化素质怎么样，就看他对《诗经》的理解和运用怎么样。有时候两国使者之间交谈，或者一国使者去拜见另一诸侯国的国君，他并不直接讲他要做什么或他想要什么，而是引用《诗经》的某句话来表达他的意思，对方只要听到他引到《诗经》中的某句诗就知道他想要什么，往往也会用《诗经》中的一句诗来回答，从而让使者也明白他的意思。先秦时期国与国之间往往用这样一种形式进行外交，所以《诗经》那时的地位非常高。孔子说："不学《诗》，无以言。"（《论语·季氏》）在孔子眼中，不学《诗经》连说话的资格都没有。所以先秦儒者著书动辄引用《诗经》。如"四书"，即《论语》《孟子》《大学》《中庸》引《诗经》之例较多。《大学》只有1700多个字，有12处引用《诗经》。《中庸》也只有3500多个字，16处引用《诗经》。可见，《诗经》在古代被引用的频率非常高。后来孔子的话也被频繁地引用，所以就产生了"子曰""诗云"之说，"子曰"就是"孔子说"，"诗云"就是"《诗经》说"。由于《诗经》具有这种权威性，因此古代的儒家一直重视阐释它所蕴含的价值观。

---

① 苏舆：《春秋繁露义证》，中华书局1992年版，第36页。
② 参见 H.G. 伽达默尔：《伽达默尔论柏拉图》，余纪元译，光明日报出版社1992年版，第52页。

（四）《诗经》的文学特性

《诗经》是中国诗赋之祖，虽然原始，却得天机之自然。在语言上，《诗经》以四言为主。众所周知，中国诗歌史上有一个从四言诗到五言诗，再到七言诗的发展主线。《诗经》兼有杂言，但基本是以四言为主。四言诗节奏鲜明，有音韵美。《诗经》的四言诗影响了后世的曹操、陶潜、嵇康等人。

上面是我个人对《诗经》的认识和体会，下面我来谈谈《诗经》的人生启迪。

三、《诗经》的人生启迪

（一）对生命深沉的思考

"生命"与人生，是人类永恒的话题。人如何度过有意义的生命？《诗经》对这个问题有过深沉的思考。

首先是认为人的"生命"与浩渺的宇宙相比非常渺小与短暂。《诗经》中的《曹风·蜉蝣》是一首哲理诗，一直引导人们对生命意义的深沉思考。这首诗是这样写的：

> 蜉蝣之羽，衣裳楚楚。心之忧矣，于我归处。
> 蜉蝣之翼，采采衣服。心之忧矣，于我归息。
> 蜉蝣掘阅，麻衣如雪。心之忧矣，于我归说。

蜉蝣是一种小翅昆虫，据说在成虫以后生命非常短暂，朝生而夕死。《蜉蝣》这首诗即以蜉蝣起兴，来抒写人生的困惑。蜉蝣羽翼非常漂亮，它们大部分时间都在土中，一旦发育成熟，飞出来到天空交配的时候，满天都是蜉蝣，非常漂亮。但是交配完后，它们便纷纷落地，生命就此终结。蜉蝣的生命是如此短暂，但是它们飞上天空时的美丽却又如此令人震撼。这引起古代的哲人们关于生死问题的思考，因而有佛教、道教、宋明理学关于心性问题和生死问题的探索。当然，蜉蝣也成为后世文人写作的常用题材，用来表达"生命苦短"的感叹。

如西晋学者傅咸曾经写过《蜉蝣赋》：

> 有生之薄，是曰蜉蝣。

> 育微微之陋质，羌采采而自修。
> 不识晦朔，无意春秋，
> 取足一日，尚又何求？

　　蜉蝣虽然生命短暂，但它还会在短暂的时间内修饰华丽的羽翼，给人以美好的感受。这是傅咸所体会到的哲理。

　　又如阮籍的《咏怀诗》七十一：

> 木槿荣丘墓，煌煌有光色。
> 白日颓林中，翩翩零路侧。
> 蟋蟀吟户牖，蟪蛄鸣荆棘。
> 蜉蝣玩三朝，采采修羽翼。
> 衣裳为谁施？俛仰自收拭。
> 生命几何时？慷慨各努力。

　　木槿花、蟋蟀、蟪蛄、蜉蝣等生物，虽然生命都很短暂，但都各自发出自己的色彩和声音。而苏东坡《赤壁赋》亦曾写道：

> 驾一叶之扁舟，举匏尊以相属。
> 寄蜉蝣于天地，眇沧海之一粟。
> 哀吾生之须臾，羡长江之无穷。

　　在这里，苏东坡感慨人生如蜉蝣之短暂，个人如沧海一粟之渺小。既然人生短暂，人世间的荣辱、得失、忧乐便不足为念了。

　　明代唐寅（唐伯虎）是位知名的书画家。他曾经给朋友写信表露内心的想法说："窃窥古人，墨翟拘囚，乃有薄丧。孙子失足，爰著兵法。马迁腐戮，《史记》百篇。贾生流放，文辞卓落……若不托笔札以自见，将何成哉？譬若蜉蝣，衣裳楚楚，身虽不久，为人所怜……岁月不久，人命飞霜，何能自戮尘中，屈身低眉，以窃衣食，使朋友谓仆何？使后世谓唐生何？"[①] 他也是从《蜉蝣》的诗中来

---

①唐寅：《与文徵明书》，《明文海》卷200，文渊阁四库全书电子版。

体认生命和人生的价值，感叹即使人生如蜉蝣般短暂，也要绽放出生命的美丽。

（二）做人做事要有始有终

《大雅·荡》说："靡不有初，鲜克有终。"大意是说凡事都有开头，但很少能到终了。"鲜"就是"少"，"克"就是"能"的意思。这两句话讲了一条人生哲理，多用以告诫人们为人做事要善始善终，即"立身行道，终始若一"。孔子的弟子子夏曾说："有始有卒者，其惟圣人乎！"（《论语·子张》）认为大概只有圣人能做到有始有终。先秦哲学家老子也说："民之从事，常于几成而败之"。（《老子道德经·守微第六十四》）这是说，民众在做事情时，常常几乎要成功了，最后却走向失败。他们为什么会失败呢？因为他们忘记了初心，忘记了自己最初想要做什么，最终走了偏路、岔路，以致于走向失败。所以，"慎终如始，则无败事"。

习近平总书记曾引用《诗经》这句话说："'靡不有初，鲜克有终'。实现中华民族伟大复兴，需要一代又一代人为之努力。中华民族创造了具有 5000 多年历史的灿烂文明，也一定能够创造出更加灿烂的明天。"① "善始"就是"良好的开端"，这是比较容易做到的。可是在许多时候，人们往往会因为日后成就的获得、地位的升迁、环境的变换、享乐的诱惑等而改变初衷。因此，有"良好的开端"未必有"良好的结局"，其关键在于是否将"善道"坚持下去。

《韩诗外传》说："官怠于有成，病加于小愈，祸生于懈惰，孝衰于妻子。"意思是说，官做得大了，形成骄矜之习，就可能怠慢法纪；大病稍愈而误以为痊愈，不继续治疗，反而会使病情加重；太平日久，养成松懈懒惰的毛病，就可能发生意外的祸患；即使是孝子，有了妻子儿女后，对父母的孝心也可能衰减。

在古人看来，信道不笃，中途变节，少有不失败的。唐玄宗是历史上较为典型的例子。唐玄宗即位之初，励精图治，躬行节俭。他起用宋璟为相，朝廷政治清明，遂启开元盛世。宋璟死，唐玄宗以为功成治定，遂变其所守，荒淫奢侈。将国事交予李林甫、杨国忠等佞臣办理，致使政事大坏，天下大乱。司马光评论说："明皇之始欲为治，能自刻厉俭约，如晚节犹以奢败。甚哉！奢靡之易以

---

① 习近平：《在纪念中国人民抗日战争暨世界反法西斯战争胜利 70 周年大会上的讲话》，《人民日报》2015 年 9 月 3 日，第 2 版。

溺人也。诗云'靡不有初，鲜克有终'，可不慎哉！"（《历代名贤确论》卷七十九）他引用了《诗经》这句话来评议，意义非常深刻。

（三）做人做事要小心谨慎

《小雅·小旻》有句话："战战兢兢，如临深渊，如履薄冰。"是说做人做事要小心谨慎。很多人听到这句话时，觉得做人做到这个份上，也太小心了——平时总是"战战兢兢，如临深渊，如履薄冰"，是不是心理有一点问题？但是古人特别强调，这是一种处事态度。若我们奉行这样的处世态度，对于国家而言，不会造成损害。这句话在后世不仅被当作明王贤哲所应有的处世态度，也成为士大夫修身处世所应遵循的原则。

《左传》记载了一个故事。鲁僖公二十二年，鲁国的邻国邾国讨伐鲁国。因为邾国比较小，军事实力也不强，所以鲁僖公很轻视它，没有做好充分的准备便欲出战。臧文仲劝谏说：不要小看任何一个国家。没有做好充分的准备以备不测，就算是军队再强盛，也不可靠。他特意引《诗经》"战战兢兢，如临深渊，如履薄冰"来劝谏鲁僖公。鲁僖公不听，亲自率军与邾人交战，结果鲁国军队被打败。邾人还获得了鲁僖公的盔甲，把它悬挂在邾国的城门口，以侮辱鲁僖公。

对于个人而言，奉行"战战兢兢，如临深渊，如履薄冰"的处世态度，即便一生不能有大的作为，也能保全自身。曾子临死之时引用"战战兢兢，如临深渊，如履薄冰"，说明自己一生都谨守礼义，小心处事，身体上未受到任何外界的伤害，并以此教导弟子们处事的方法。

文天祥是一个伟大的政治家，也是一个伟大的思想家。他说："天祥自筮仕（做官）以来，战战兢兢，不敢有一毫自肆。"（《青崖集》卷五）习近平总书记也引用《诗经》这句诗："《诗经》中说'战战兢兢，如临深渊，如履薄冰'，就是说官当得越大，就越要谨慎，古往今来都是如此，每一个党员、干部特别是领导干部都应该明白这个道理。"[1]

世界上各个宗教都有许多清规戒律，儒学并非宗教，那它靠什么来约束儒者的行为呢？主要是对圣人经典名言的尊奉。在中华元典中，载录了很多教人谨慎

---

[1]习近平：《在十八届中央纪律检查委员会第六次全体会议上的讲话》（2016年1月12日），人民日报出版社2016年版，第15–16页。

小心的告诫。如《周易》中有"君子以恐惧修省""君子终日乾乾，夕惕若"，跟上面我们讲的"战战兢兢，如临深渊，如履薄冰"意思是差不多的。《中庸》也说"戒慎乎其所不睹，恐惧乎其所不闻"，《大学》亦云"君子必慎其独"，其实都是一个意思。

孔子认为贤明的执政者有"三惧"（三怕），《韩诗外传》用三个历史故事来诠释。

（1）处尊位而恐不闻其过。贤明的执政者有"三惧"，第一惧是处尊位而恐不闻其过，意思是当你身处高位，如果别人不敢跟你提批评意见，这是非常可怕的。越王勾践说："闻过而不以告我者，为上戮。"当年越王勾践打败吴国，称霸天下，担心从此没有臣下敢于指出他的缺点错误，于是向诸位卿大夫发布命令："知道我的过错却不告诉我的人，是上等罪人。"但是现在我们有些高层领导干部缺乏这样的自觉性。

（2）志得意满而恐骄矜。志得意满，就怕骄傲。公元前 632 年，晋文公与楚成王争夺中原霸权。晋文公当年流亡到楚国，楚成王待他不薄，分手的时候楚成王问他：如果晋楚两国交战你打算怎么办？晋文公说他会"退避三舍"（三舍就是 90 里），意思是楚国和晋国交战时，晋国主动退避 90 里。后来晋国和楚国交战，晋文公果然退避了 90 里，可是在退避 90 里的时候，他使诈设了一个埋伏，导致楚军全军覆没。晋文公用欺诈手段取得了战争的胜利，但是他感到非常担忧，因为他使诈了，心里不安。这个故事也提醒我们：凡事取得一定成功的时候，都要防止骄矜。现在不少企业常常是在取得几百亿、上千亿的业绩时，突然一下子垮掉了，其中有没有思想懈怠骄矜的成分在内呢？肯定是有的。

（3）闻天下之至道而恐不能行。当年齐桓公得到了两个贤臣：一个是管仲，一个是隰朋，非常高兴，但是他害怕自己到关键的时候不能信任、依靠这两位贤臣。他说："吾得二子也，吾目加明，吾耳加聪，不敢独擅，进之先祖。"意思是："我得到二位贤卿，我的眼睛更加明亮，耳朵更加聪慧，但我不敢独擅，而要祭告先祖，让他们监督我听从贤卿的意见。"正是因为齐桓公的这个态度，后来齐国大治。

《诗经》中的人生启迪还有很多，我以上只是举了几个例子而已。

四、《诗经》的审美情趣

《诗经》是文学作品，文学作品要讲究美，有一个审美情趣的标准。

（一）意境之美

所谓意境，是指作者通过一系列物体表达出来的一种感觉，如马致远《天净沙·秋思》"枯藤老树昏鸦"一句中，枯藤、老树、昏鸦就是客观意象，而构造出来的那种凄然的感觉就是意境。《诗经》中的《蒹葭》意境最为独特，也是最美的诗之一，其特征是极为朦胧虚幻。王国维说："《诗经·蒹葭》一篇，最得风人深致。"

> 蒹葭苍苍，白露为霜。所谓伊人，在水一方。
> 溯洄从之，道阻且长。溯游从之，宛在水中央。
> 蒹葭萋萋，白露未晞。所谓伊人，在水之湄。
> 溯洄从之，道阻且跻。溯游从之，宛在水中坻。
> 蒹葭采采，白露未已。所谓伊人，在水之涘。
> 溯洄从之，道阻且右。溯游从之，宛在水中沚。

《蒹葭》一诗的景色、人物都写得很虚，追寻的原因也未提及，所以很难将它与现实的事件对应起来。但正因为如此，此诗本身已经生成为一种意象，一种人生的情境。诸多类似的情境，都能够在这首诗中得到再现，如追求恋人而不得、追求理想而不得、追求某种顿悟而不得等等，都可用此诗的意象来做比喻。这世间，最美的东西都是不可追寻的。也正是因为它的不可追寻，才承载了各种幻想，幻化为各种美的意象。这是诗歌的意境之美，非常值得回味与琢磨。

（二）思恋之美

古诗中描写思恋之情的有许多，男女情人相互思恋，或者母亲思念儿子，儿子思念父母，等等。如：

> 人道海水深，不抵相思半。海水尚有涯，相思渺无畔。
> 我住长江头，君住长江尾。日日思君不见君，共饮长江水。

这些是比较有名的思恋诗，但是写得最早、最好的思恋诗，还是《诗经》中的《郑风·子衿》，这首诗非常有代表性，情感真实，诗句优美，思念悠悠。这首诗是这样写的：

青青子衿，悠悠我心。纵我不往，子宁不嗣音？
青青子佩，悠悠我思。纵我不往，子宁不来？
挑兮达兮，在城阙兮。一日不见，如三月兮。

这首诗很简短，但写得非常真切。这是一首爱情诗，描写了一个女子在城楼上等候恋人的焦灼心理。

首章先以女子的口吻自述心怀。她心里对恋人充满了思念，因为某种原因，她没去与恋人见面。可令她失望的是，心上人既没来找她，也没来问为什么她没去，"纵我不往，子宁不嗣音"，不免生出些许怨望和惆怅。二章写女子虽然有些懊恼，心中还是思念不止。纵然我没有按约定去找你，你怎么就不能来探问一下呢？"纵我不往，子宁不来？"三章写女子在城楼候望、等待她的恋人。思恋、猜疑、埋怨的情绪全都搅和在一起，涌上心头，令她焦灼不安，以致她不能静下心来慢慢等，"挑兮达兮，在城阙兮"，她不时挑目达远，四处张望，让混乱的情绪有所缓解。最后一句："一日不见，如三月兮。"一日没和恋人见面，时光竟如三个月那么漫长，写出了女子对恋人的无限思恋。末句"一日不见，如三月兮"，所描绘的悠悠思念，令人印象极深，成为后世用来表达思念的名句。后世人们在表达对亲人、好友的思念时，常常引用这句话，把《诗经》的语言直接变成自己的语言，似乎千言万语，只有"一日不见，如三月兮"最能说出自己的心声。好诗能把人内心深处的思想写出来，把一段感情写出来。

《子衿》一诗道尽了女子对恋人的满腔思恋之情，情感非常真实，诗句也非常优美，女子等待恋人时的焦灼情状宛若在眼前。这种艺术效果的获得，在于诗人在创作中运用了大量的心理描写。这种心理描写手法在中国后世文学发展史上被应用得淋漓尽致，如要上溯其源就要上溯到《子衿》这首诗。

下面我举几首后世描写心理写得比较好的诗。如王昌龄的《闺怨》：

闺中少妇不知愁，

春日凝妆上翠楼。

忽见陌头杨柳色，

悔教夫婿觅封侯。

这首诗描写了女子让自己的丈夫到边关去建功立业，到了春天她思恋丈夫的时候就后悔了，诗中对她的心理描写非常贴切。

又如唐代李益的《江南曲》：

嫁得瞿塘贾，

朝朝误妾期。

早知潮有信，

嫁与弄潮儿。

这首诗描写了一位女子嫁了一个商人，商人去经商了。那时候通信不发达，她不知道丈夫在外边做什么、在哪里经商。"早知潮有信，嫁与弄潮儿。"潮起潮落还有信，她的丈夫却一去没有音讯。这首诗写得既巧妙，又很通俗，描写人物的心理非常到位。

如唐代金昌绪的《闺怨》：

打起黄莺儿，

莫教枝上啼，

啼时惊妾梦，

不得到辽西。

这首诗写一位女子做了个好梦，梦到她在辽西戍边的丈夫，黄莺一叫却把她叫醒了。这首思念丈夫的诗，用短短的四句话就把心理描写得非常形象。

如元代姚燧的《凭阑人·寄征衣》：

欲寄君衣君不还，

不寄君衣君又寒，

> 寄与不寄间，
>
> 妾身千万难。

这首诗是写一位女子想把丈夫的寒衣寄去，却又怕丈夫穿暖和了不回来了，如果不寄衣服给丈夫，又怕丈夫受寒。寄还是不寄呢？心里很矛盾。这里的心理描写得非常好。后世诗歌中的许多创作手法在《诗经》中都能找到源头。

（三）感恩之美

谈到感恩之美就要说及古人的"苞苴之礼"。古人馈赠鱼肉瓜果等物品时，用茅草等加以包裹，所以"苞苴"就是礼物的代称。"苞苴之礼"是指人们要相互馈赠礼品，这是人与人之间表达感情的一种方式。无论古代还是现代，人们交往时往往互相馈赠礼物、传达情谊。馈赠的意义并不在于物品本身，而在于调节与和谐人际关系。上海古籍出版社新近出版的楚竹书《孔子诗论》中有一句话，"币帛之不可去也，民性固然……"，币帛就是赠送礼品，按照孔子的说法赠送礼品是不能去掉的，这是人们表达情谊的重要仪式。

在《诗经》中有一首诗《木瓜》，体现了"币帛之不可去也"的道理，具体内容如下：

> 投我以木瓜，报之以琼琚。匪报也，永以为好也。
>
> 投我以木桃，报之以琼瑶。匪报也，永以为好也。
>
> 投我以木李，报之以琼玖。匪报也，永以为好也。

这首诗三章反复都在说同一件事：你赠给我果子，我回赠你美玉，虽然回赠物品的价值远在前者之上，但它并不只是一种回赠，而代表了自己对对方情意的珍视。薄来厚往，回赠东西价值的高低具有象征性的意义。所谓："人敬我一尺，我敬人一丈。"在历史上有这样一些知恩图报的故事。

秦穆公出行时，跑丢了一匹心爱的骏马。秦穆公亲自去找，发现这匹骏马被岐山脚下的山野之人捉住杀了，并分给三百人吃了。秦穆公的手下欲将这些人治罪。秦穆公说：君子不因为牲畜害人。我听说吃马肉而不喝酒，会伤及身体。于是给他们酒喝，杀马的人非常惭愧。过了三年，秦国和晋国交战，晋兵把秦穆公围困了。那三百人听说之后便自发组织起来，冲锋陷阵，以死相救，不仅帮助秦穆公解围，还把晋惠公抓住了。这三百人报答了秦穆公的恩德，秦军反败为胜。这个故事正好可以作为"投我以木桃，报之以琼瑶"的注脚。

韩信是历史上著名的军事家。他在青少年时不得志，家贫，自己又不会谋生，常常寄食于别人家，别家的主人都很烦他。有一次他到城外垂钓，有一漂母可怜他，给他饭吃，一吃就是几十日。韩信对漂母说：以后我一定重重地报答你。漂母发怒说："大丈夫不能自己养活自己，我看公子可怜才供你饭吃，哪里期望你报答呢？"后来韩信帮助刘邦打天下，被刘邦封为楚王。韩信访求到漂母，赠给她千金。这个故事也是"投我以木桃，报之以琼瑶"很好的注脚。这体现的就是一种报恩的心理，也叫报恩之美。

先辈们常讲"善有善报"，教人要知恩图报。"受人滴水之恩，当以涌泉相报"，其思想源头，便来自《木瓜》一诗"投我以木桃，报之以琼瑶"的感恩报恩精神。

《诗经》305篇，反映了上古华夏社会各个阶层方方面面的精神生活。在春秋时期以前，只有《诗经》《尚书》等几部成文典籍。因为《诗经》集中了上古时期人们的智慧，蕴含丰富的哲理，先秦时期人们尤其喜欢引用《诗经》，就像古希腊人特别喜欢引用《荷马史诗》一样，《诗经》在当时起到了核心价值观的作用。所以无论在先秦还是在后世，《诗经》在中国文化中都具有非常重要的意义。

谢谢大家！

（王琦整理并经主讲嘉宾审定）

现场互动

主持人（王琦）：谢谢姜老师的精彩演讲。《诗经》不仅是"六经"之一，而且是我国现实主义诗歌的源头，《诗经》中的《国风》和《楚辞》中的《离骚》并称为"风骚"，成为文学的代名词。《诗经》不仅对文学产生了非常重要的影响，而且深刻地影响了中国人的生活方式、审美心理等。

今天姜老师的讲座，不仅让我们了解了《诗经》的基本知识与特性，而且让我们领略了《诗经》中所蕴含的人生智慧与对生命价值的深沉思索，及其意境之美、思恋之美、感恩之美。姜老师讲座有诗、有故事、有哲理，带给我们智慧的启迪。让我们再次以热烈的掌声感谢姜老师。

接下来，我们进入现场互动环节，欢迎朋友们积极向主讲嘉宾提问。

观众提问：近年来出土了一本《孔子诗论》，请问这部书对研究《诗经》有什么作用？

姜广辉：《孔子诗论》是20年前由上海古籍出版社出版的，它是上海博物馆藏《战国楚竹书（一）》中最重要的一篇，整理者给它起名为《孔子诗论》。这部楚竹书一共有29枝简，1006个字。这29枝简出土的时候是散乱的，不知道怎么编连，一些字很难认，也不知道怎么读，因而在学术界形成一个大热点。有许多学者参与讨论，参与简的编连，我也参与其中，并提出了编连方案。后来我的识读方案被翻译成现代语言，获得了国际认可。我将其收录在《诗经讲演录》的附录中。

《孔子诗论》非常重要，重要到什么程度呢？从中我们可以了解孔子对《诗经》的真实看法。后世许多学者对《诗经》的解读与在《孔子诗论》中有很大的差别。后人在解《诗经》时常常是甲说甲的道理、乙说乙的道理，没有统一的意见，异说纷呈，但是都和孔子的意见相差甚远。这说明一个元典，后世在解释上会发生很大的歧义，因而近年在西方兴起一个很重要的哲学学派——解释学，认为一个元典通过不同的解释可能会诠释成不同的意义。我在研究《诗经》时，会把《孔子诗论》的1006个字当作一个很重要的评判标准。

观众提问： 历朝历代对《诗经》有很多注释和研究的著作，令人眼花缭乱，请问姜教授：可以推荐几本著作供《诗经》爱好者学习吗？

姜广辉： 历朝历代对《诗经》进行解释的学者非常多，涌现了很多重要的著作，令人眼花缭乱，但是从经学的角度而言，《诗经》是研究得最不到位的一部经典。为什么呢？因为很多学者仅仅是将《诗经》作为一部纯粹的文学作品来研究与诠释，所以会出现很多偏差。历史上对《诗经》的研究有四部里程碑式的著作。第一部是《毛诗序》，有"毛诗大序"与"小序"，在《诗经》解释学上占据了主流地位。他们将每首诗当作政治的伦理道德来解读，但是有一些诗却过度解读了。比如《子衿》，我们现在认为它就是爱情诗，但是《毛诗序》硬要给解释出一个政治伦理道德来。到了宋代朱熹写了《诗集传》，认为《诗经》有一些诗本身写的就是男女爱情，跟政治伦理道德没关系。但同时朱熹又是一个道学家，他对男女爱情不像现代社会这么开通，他看不惯，将这类诗歌起了一个名字叫"淫诗"，即淫乱之诗。朱熹指出，《诗经》中共有23首"淫诗"。这个解读的优点是将《诗经》从《毛诗序》那种政治伦理式的解读中解放了出来，但是又陷进另外一个道德陷阱中，即将它看作"淫诗"。《诗集传》是《毛诗》之后的另一个里程碑。后世解《诗经》分为两派：一个是肯定毛诗，一个是肯定朱熹；一个代表汉代，一个代表宋代。

清代时，姚际恒写的《诗经通论》又是一个里程碑，既不肯定《毛诗》，也不肯定朱熹,而提出了自己的一套理念。清代后期,方玉润写了一部《诗经原始》,更多地从情感与文学方面来解读《诗经》,与现代人的思想更接近了。两三千年来,《诗经》的解读既受时代意识形态的影响,也受到不同时代的哲学思想影响。虽然研究《诗经》的著作非常多,但只要以这四本书作抓手,即先看《毛诗序》、朱熹的《诗集传》、姚际恒的《诗经通论》和方玉润的《诗经原始》,再看其他的著作,就可以少走弯路。

谢谢!

主持人(王琦):谢谢姜老师。刚才姜老师指出的这四部著作,是《诗经》研究的里程碑式的著作,为《诗经》爱好者指明了捷径。如果把握住这四本书,再去看其他《诗经》的研究著作,心中就会有一个明确的判断和方向。再次感谢姜老师给我们带来的思想盛宴。谢谢!

香草美人地,诗韵汨罗江。感谢现场的观众朋友们以及线上40多万网友们两个多小时的倾情守候,感谢工作人员和媒体朋友们的辛勤工作。本次屈子书院讲坛至此圆满结束,我们下期再见。

祝朋友们身体健康,万事如意,中秋快乐!

谢谢!

(王琦整理并经主讲嘉宾审定)

博爱的理念与爱人情怀

第 9 讲

向世陵，中国人民大学国学院教授、孔子研究院副院长、博士生导师，中国人民大学书报资料中心《中国哲学》执行编委、中国政法大学国际儒学院兼职教授。兼任中国哲学史学会副会长、中华朱子学会副会长、《中国哲学史》杂志副主编。著有《宋代经学哲学研究·基本理论卷》《理气性心之间——宋明理学的分系与四系》《理学与易学》《中国学术通史·魏晋南北朝卷》《中国哲学范畴精粹丛书·变》《善恶之上——胡宏·性学·理学》《儒家的天论》等学术专著，发表学术论文一百六十多篇。先后获教育部、北京市和中国人民大学等优秀科研成果奖。目前作为首席专家承担国家社科基金重大项目《中国仁学发展史》（多卷本）。

直播二维码　　　直播在线参与人数：46.2 万

"博爱"作为仁爱的基本蕴含，是中华文明本有的智慧和优秀传统。儒家既说"仁者爱人""泛爱众而亲仁"，又曰"爱由亲始"。仁爱与博爱的关系是什么？"博爱"思想的内涵、价值与意义何在？近代以来，世人对"博爱"和"爱有差等"存在哪些误读？如何爱人爱己，构建和谐文明的社会？

　　2021年10月16日，中国人民大学国学院教授、孔子研究院副院长向世陵先生莅临屈子书院讲坛，发表"博爱的理念与爱人情怀"的主旨演讲，并与现场观众进行了精彩的互动。讲座由凤凰网湖南频道全球同步直播，在线参与人数多达46.2万；长沙理工大学设计艺术学院教授、湖南汨罗屈子书院执行院长王琦担任嘉宾主持。

谢谢王琦教授溢美的介绍！我很高兴来到屈子书院和大家会面。上午我参观了屈子书院，屈子书院突出了屈原的爱国主义精神，跟我今天演讲的内容有相合之处。无论是从大的层面讲爱祖国、爱人民，还是从小的层面讲爱父母、爱师长，虽然没有用"博爱"这个词，但是推广出去，都是爱人。这也就是今天我要演讲的内容：《博爱的理念与爱人情怀》。

一、"博爱"观念的缘起

"博爱"，作为一种跨越血缘而抚慰人心的崇高情怀，突出的是人与人相爱的美好境界，从它产生的那一天开始，就注定与中华民族精神及其生命智慧的生发和绵延分不开。从先秦、汉唐到宋元明清，博爱的传统从不曾中断。中华五千年的文明史，固然有战争、瘟疫、剥削和压迫等苦难，但"和"作为一个中华民族的核心理念，也在一定程度上体现了先民们的相互尊重和互助互惠。

"博爱"的字义，按《汉语大词典》的解释，是广泛地爱一切人，遵循了孔子"泛爱众"的蕴含。事实上，孔子的后裔孔安国在注解《孝经》的"博爱"概念时便称："博爱，泛爱众也。"①这个传承 2000 多年来一直没有变化。由此可见，儒家之爱就是一种普遍意义上对人的关爱。

"博爱"体现的是"仁"的普遍之爱，与我们通常讲的"仁爱"是上下位的关系，孟子则直接称之为"仁者爱人"（《孟子·离

①孔安国：《古文孝经孔氏传》，文渊阁《四库全书》，商务印书馆 1986 年版，第 11 页。

娄下》），东晋以后更有了"博爱之谓仁"①之说。这些都是传统社会的典型语句，也充分揭示了仁爱与博爱贯通的性质。

如果我们不局限于语词而论其思想，中华文化的博爱情怀，最早可以追溯到虞舜时代。作为后代顶礼膜拜的圣王，舜的伟大在于他"善与人同"。舜之为善，没有个人的私相偏爱，舜认为是善的，全天下人都会认可，这被孟子叫作"心之所同然"，舜自己也是全身心去推行。用朱熹的话解释，就是"公天下之善而不为私也"②。善就是对所有人的无私大爱，也就是博爱，爱的情感与善的德行在这里是融为一体的。在此之后，观念层面的博爱逐渐萌发和孕育，并开始在商周时期形成的仁的观念中显露出来。

回到文献层面来讲，博爱观念在中国社会的萌发，大致以夏商周时期形成的保民爱民意识为标志。在这一时期，执政者们已认识到民在天下国家的地位和作用，并以民是否感怀归顺作为保有王位的根本。按《尚书·皋陶谟》记载，在禹接任天子之位以后，与贤臣皋陶有知人安民的对话：

> 皋陶曰："都！在知人，在安民。"禹曰："吁！咸若时，惟帝其难之。知人则哲，能官人。安民则惠，黎民怀之。能哲而惠，何忧乎驩兜？何迁乎有苗？何畏乎巧言令色孔壬？"

历来《尚书》的注解，将这段话的中心思想概括为知人与安民二事。皋陶提出这二者作为天子最根本的执政方针，对禹是极高的要求，因为即便是帝尧本人亦未必能真正实现。但禹对此却有相当的自觉。所谓"知人则哲"的"哲"是智慧的意思。智慧首先表现在什么地方？就是能够恰当地任用人才。"安民则惠"，《尔雅·释诂》："惠，爱也"；《说文解字》："惠，仁也"。安民落实于惠政，庶民百姓爱戴归顺。为政者如果能做到知人善任和惠爱民众，就不用再担心驩兜、有苗之作乱和巧言令色之奸佞了。

为什么需要惠民政治？从国家管理和社会治理的层面说，惠民政治是由农业社会和农耕文明依赖于土地和劳作人口的多寡这一根本经济基础所决定的。惠政

①袁宏云："博爱之谓仁，辨惑之谓智，犯难之谓勇，因实立名，未有殊其本者也。"见袁宏撰，张烈点校：《后汉纪》卷3《光武皇帝纪》，中华书局2002年版，第38页。

②朱熹：《孟子集注·公孙丑上》，《四书章句集注》，中华书局1983年版，第239页。

落到实处，民众才可能来归顺，国家才可能强盛，华夏社会也才有竞争力。所以说爱民观念的兴起，首先是治理天下的需要。后来在中国社会长期流行的"父母官"之类的说法，固然也有家长制下不平等地位的缩影，但这一观念的初起，主要是指民感恩天子之德教和养育，从而欣然归顺之意。所谓"曰天子作民父母，以为天下王"也（《尚书·洪范》）。这与执政者对作为国家依凭的人民的力量和地位的认识是相关联的。

对于民众，应当像父母对待初生婴儿一般爱惜。"若保赤子，惟民其康乂"（《尚书·康诰》），这样人民才能安心地接受治理。初生婴儿是柔弱的，但柔弱的不止初生婴儿，更有茕独鳏寡一类的弱势群体，"父母"对此也应当予以关照。周继殷商而有天下，周公为训诫成王而列举殷先王事迹，称祖甲因曾生活于民间而知晓民情，故即位后能行惠民之政，"能保惠于庶民，不敢侮鳏寡"（《尚书·无逸》）。惠民政治体现了普遍之爱即博爱的精神，应是能够成立的。

在语词层面，三代萌发的博爱或仁的意识，"惠"是一个重要的关节点，因为它一开始表达的就是爱的情怀。商周的统治者们都意识到，上天亲近扶助的与民众感怀归顺的，实际是同一对象，即有德施仁和惠爱民众的君主。以惠爱为仁，在中华后来的文明史中，一直没有变过。《尚书·蔡仲之命》讲"皇天无亲，唯德是辅。民心无常，惟惠之怀"。"惠"表达的是爱民的情怀，这其实就是后来所谓的仁政。孔子称述"君子怀德，小人怀土；君子怀刑，小人怀惠"（《论语·里仁》），便可看作是对这一传统的承接。虽然小民的怀土怀惠似乎不及君子的怀德怀刑高尚，但它真实地反映了下民百姓对乡土的依恋和盼望物质生活幸福的情怀。在这里，普遍之爱的孕育与德行的被逐渐强化相关。

不论是"正德利用厚生"还是"敬德保民"，其中承载对民众民生的体恤和爱民意识，都成为博爱观念形成的母体并促使其萌发生长，最终在春秋战国时期的仁的观念体系中塑造成型，从根本上呼应了普遍的人道关爱与和谐群体的社会发展需要。

春秋后期，晋公子孙周（后为悼公）在周都侍奉周王卿士单襄公，其"言仁必及人"，而单襄公评价他亦是"爱人能仁"，并预言孙周以其近乎完美的品行必然成为晋的新君。①这个评价出现在孔子出生前二十多年，披露了仁的规范在其

①《国语》卷3《周语下》，上海古籍出版社1988年版，第94、96页。

孕育和发展中，开始具有了一般性的爱人或博爱的蕴涵。联系到孔子，不能不想到孔子弟子"樊迟问仁"，孔子以"爱人"作答（《论语·颜渊》）；又有"节用而爱人""泛爱众而亲仁"（《论语·学而》）等普遍性的爱人之说。孔子所言仁爱或博爱具体针对的是个别的人，但任何个别都是一般，对个别具体之人的爱与对一般普遍的民众之爱，事实上不可能分隔开来。换句话说，博爱观念的萌发，源自对特定人士品行的评价和对善的治道的真诚期待，但它的出现和被提倡本身，无疑具有一般性的普遍意义。后来韦昭注《国语》的解释便是："博爱于人为仁"，"言爱人乃为仁也"①。以博爱释仁，以爱人为仁，将博爱与仁德相关联，说明爱在满足心理需要的同时，也在根本上滋润着人的德性培育。这表明孔子创建自己具有普遍意义的仁爱思想体系，是有深厚的历史底蕴的。

爱到底是一种什么样的情怀，有什么样的生成根据？从根源来看，爱作为一种普遍而深厚的情感，它的生发有"类"或血缘的生理基础："凡生天地之间者，有血气之属必有知，有知之属莫不知爱其类。"（《礼记·三年问》）落实于人身，爱引出的是人内在的高级需要。美国心理学家马斯洛提出了人的需要有五个层次：生理的需要、安全的需要、爱和归属的需要、尊重的需要、自我实现的需要。后三者属于高级需要，是基于一种生理的驱力。进入到价值领域，高级需要与德性层面的仁直接联系，仁与爱可以互为训解，具体包括关切、责任感、尊重和了解等，并体现为爱老、敬长、恤孤的多重情感交流。用《礼记·礼运》的话来说，就是"使老有所终，壮有所用，幼有所长，鳏寡孤独废疾者皆有所养"，这是博爱最高的境界了。

讲到博爱，必然就涉及儒家"爱有差等"的问题。古人讲的"差等"跟百年来我们理解的"差等"的含义是不一样的。古人的"爱有差等"是指爱在具体实施中间体现出来的差别，比如说老有所终、壮有所用、幼有所长等，这些都是爱，但是表现出不同的对待，这就叫差别。养老送终是对老人的爱，但是对年轻人就要鼓励他、培养他，这就是差别。差别之爱的实质在于给不同人群，尤其是老幼弱势人群以各自所需的关爱，而贯穿其中的就是博爱的精神。这些由先人提出而历代受到推崇的爱的境界，至今仍是激发人们由此去努力的动力，用

①《国语》卷3《周语下》，上海古籍出版社1988年版，第95、97页。

罗尔斯差别原则的语言来说，就是"它们应该有利于社会之最不利成员的最大利益"①，从根本上呼应了普遍的人道关爱与和谐群体的社会发展需要。

爱既是生理的需要，也是心理的需要。就心理的方面看，爱之所由生，揭示了个体心理最为自然和本能的反应。我如此，他也应当如此，所以需要"将心比心"。按心理学的分析，"将心比心"反映的是人心的移情作用。这一问题实际包括两方面的内容，即不忍人之心的自觉和推广与心理学意义的移情作用。

《心理学大辞典》对移情的解释是："人际交往中，个体因感知到对方某种情绪而把自己置于对方位置上体验到与对方同样的情绪或感情的能力，即所谓将心比心。不仅能使个体把自己设身处地设想成他人，识别并体验到他人的情绪，而且对社会知觉、人际交往有重要意义。"②移情实际包含了情感和认知活动两方面的内容。孟子当年讲过，"今人乍见孺子将入于井，皆有怵惕恻隐之心"（《孟子·公孙丑上》）。怵惕恻隐或不忍人之心的产生，意味着移情被唤醒和激发，即在自己心中产生了与孺子同样的将入于井的情境或曰移情忧伤，从而促使形成帮助处于危险境地的孺子获得解救的关爱行为。在美国心理学家霍夫曼看来，"关爱即要我们经常为别人着想。移情性的悲伤同关爱之间的联系是很明显而直接的。事实上，关爱看起来更像是在特定情景下移情忧伤的自然延伸"③。由此，重要的不是移情本身，而是移情忧伤，这才是需要关注的焦点。霍夫曼说："无数研究表明，当人们目睹别人处在忧伤中时，他们通常会做出移情反应，或表现出一种外部的助人行为。"④不论是心理上的移情忧伤还是随之而来的实际助人行为，在当代心理学中得到了科学的证明，故可以认为孟子所说的"无恻隐之心，非人也"（《孟子·公孙丑上》）是一个科学的论断。

当然，孟子是从先天性立论，心理学的研究则立足于后天，即从人有心理活动——在这里是恻隐之心开始。恻隐之心，或者说不忍之心、同情之心，是仁爱行为可能发生的前提，老老、长长、恤孤等爱的实施，都只能在此同情心基础上

① 〔美〕约翰·罗尔斯：《作为公平的正义》，姚大志译，中国社会科学出版社2011年版，第56页。

② 林崇德、杨治良、黄希庭主编：《心理学大辞典》，上海教育出版社2003年版，第1535页。

③ 〔美〕马丁·L.霍夫曼：《移情与道德发展：关爱和公正的内涵》，杨韶刚、万明译，黑龙江人民出版社2002年版，第251页。

④ 〔美〕马丁·L.霍夫曼：《移情与道德发展：关爱和公正的内涵》，杨韶刚、万明译，黑龙江人民出版社2002年版，第35页。

发生。用孟子的话，即是"人皆有所不忍，达之于其所忍，仁也"（《孟子·尽心上》）。"达"其实已属于仁政，不忍本身则是仁心，"仁"在孟子那里具有恻隐或同情的内涵。

同时，跟孟子的先天论不太一样，心理学家并不认为同情心是当然地直接生成，而认为它是由移情引起和转化而来的。霍夫曼认为这种转变乃是一种质变，它是从幼儿能够把自己与他人区别开来的时候开始，并一直持续到成年。在这里，"儿童的移情忧伤总是包括一种同情的成分，由此可见，儿童之所以想要提供帮助，是因为他们对受害者感到遗憾，而不只是想减轻他们自己的移情忧伤。因而，移情忧伤中的同情忧伤成分是儿童的第一种真正的亲社会动机"①。一切亲近他人、亲近社会，愿意帮助他人和社会的行为，都叫作亲社会行为。亲社会的关爱产生于对他人（受害者）的同情。由同情而来的爱心，虽然不必是天生，但它的确从人的婴幼儿时代就开始了。

当代心理学对儿童爱心的研究，主要集中在亲社会行为方面。婴幼儿大致在出生之后不久，便开始能感受到爱的情感的浸染。按照一些心理学家的研究，初生的婴儿在听到别的婴儿哭时会跟着哭，这就是一种征兆，预示着婴儿早期的同情性反应。在随后的成长中，一个只有6个月大的婴儿，有时也会对他人的不幸表示出关注。"在一项研究中，人们发现，49%的婴儿能够对处于困境中的同伴做出反应，他们会向这些小伙伴靠拢，向他们做手势，摸摸他们，要不然就是'咿咿呀呀'地和那些小伙伴打招呼。"②虽然这些研究的成果尚不能确定，但大致可以归纳为赤子之心意义上的同情性反应。

婴儿的早期阶段，人的主体意识尚未建立，"孩子们在他们的第一个年头里是不太分得清楚自己和其他人的，所以说当他们看到别人难受的时候也搞不清楚到底是自己还是别人在难受"③。正是在这样一种主体意识尚未建立、人与周围环境还融为一体的时候，爱己与爱他实际是统一不分的，恻隐之心的"不忍"可

---

① 〔美〕马丁·L.霍夫曼：《移情与道德发展：关爱和公正的内涵》，杨韶刚、万明译，黑龙江人民出版社2002年版，第101–102页。

② 〔美〕南茜·艾森伯格（Eisenberg, N.）：《爱心儿童——儿童的亲社会行为研究》，巩毅梅译，四川教育出版社2006年版，第9页。

③ 〔美〕南茜·艾森伯格（Eisenberg, N.）：《爱心儿童——儿童的亲社会行为研究》，巩毅梅译，四川教育出版社2006年版，第10页。

以看作婴儿最初的自然心理反应，即既不忍人又不忍己的混合。由此人己混合不分，可以在一定情景下引出爱人先于爱己的结论。事实上，中国传统博爱观念兴起时首先形成的，便是爱人先于爱己的先人后己说。鉴于婴幼儿的发育是整个人类进化史的缩写，爱人的先人后己说也相对地获得了心理科学的支持。

就儿童自身的发育看，到了 1~2 岁，他们便逐步形成了朦胧的自我意识下的同情心。在扩展的意义上，这种同情心既是关心也是分享。心理学家的调查表明，"分享的早期形式出现在生命的头一年里，到了 1 岁半到 2 岁的时候这种现象就已经很普遍了。……比较 1 岁半和 2 岁的儿童，合作交换的频率在持续增长"[①]。就这些亲社会行为来讲，行为本身可以说是交换和互惠，但其中渗透着最初的爱心也是能够察觉到的，因为此时的孩子们尚不具有自觉的利益交换意识。

与当代心理学主要集中于亲社会行为方面研究儿童爱心不同，古代中国的儒家学者更多关注的是儿童与父母之间亲爱关系的培育，在此基础上再推广为普遍性的博爱。

"博爱"这个词是什么时候出现的，有不同的说法，但是从比较确定的文献来说，是从《孝经》开始的："是故先之以博爱，而民莫遗其亲。"（《孝经·三才章》）关于父母儿女之间的爱，《孝经·圣治章》有"故亲生之膝下，以养父母日严，圣人因严以教敬，因亲以教爱"之说。亲爱之情生于膝下，就是父母和子女之间真正的亲爱之情，是儿童绕膝而走，后天逐渐培养、生成的。即《孝经》认为幼儿的爱心并非源自先天，而是生于后天的教化，生于父母的爱敬之教，它是儒家仁爱的价值系统内化的结果。所以，古代社会关于仁爱的生成，有两个不同的认知路向：一个是孟子认为人生来具有恻隐、同情之心；另一个是《孝经》强调的教化的意义和经由内化而形成的爱的价值。

孟子认定仁义礼智"我固有之""人之有是四端也，犹其有四体也"（《孟子·公孙丑上》），就像我们生来有手脚一样。仁义礼智是我们生来就有的，由此推广出去，尊敬父母，热爱人民，爱护万物，最终便有仁民爱物之心。爱心既是天生，所以说爱人之仁是"内也，非外也"（《孟子·告子上》）。仁爱是内在于我的，不是外来灌输的。但是，仁爱内在的观点可能并不适宜解释利益至

---

①〔美〕Dale F. Hay: Cooperative Interactions and Sharing between Very Young Children and Their Parents, *Developmental Psychology*, 1979, Vol. 15, No. 6, p.647–653.

上、贪欲横行的战国现实。所以，随之而来的是《荀子》的化性起伪和《孝经》的博爱教化说。人的善心和爱心是后天教化的结果。《孝经》的"是故先之以博爱，而民莫遗其亲"的教化信念，就是要以博爱引导爱亲。人们的爱亲，是由君主倡导和推行博爱而来，博爱的情感和不忍之心，已经成为德行教化和维护国家秩序的理想手段。

当然，要维系这个社会，"爱"只是其中之一而不是全部，但是我们也要看到，在其他的社会关系中也贯穿着"爱"的因素。比如说今天最常见的交换关系，如商品交换、利益交换、信息交换，等等。人们通过交换，可以实现与提升自己的价值，社会在各种交换活动中得以正常延续。然而，交换并不限于物质的层面，还有社会和精神性的需要，爱、尊重及其相互帮助等亲社会行为就是其表现形式。

现实中，没有人不会遇到困难，人人都需要他人的帮助。孙中山先生从进化论的角度总结道，"物种以竞争为原则，人类则以互助为原则"[1]。如果说，物质需要可因一定程度的满足而暂时中止，"譬若临河饮水，饱而自足"[2]，太渴了，如果将水喝足，对物质的需要就暂时中止了；而心理或精神需要则不同，它是持续以至终生的过程。而且时间上的持续是与空间上的不断往返传递相呼应的，没有一个中止的时候。

讲爱和价值的交换，这不仅是中国的，也是外国的，还是整个人类的。西方价值伦理学家舍勒说："甲对乙的爱，不仅唤起——如果没有任何阻力的话——乙对甲相应的爱，而且在报以回爱的乙心中，衍生出一种温暖人心的、唤起生命的爱的能力；这种趋势自然导致乙对丙和丁也产生爱。这条河在道德宇宙间继续流淌，由丙至丁至戊至己——以至无穷。"[3]这种爱的不断流淌漫延，不但促成了受惠者对爱的回报，而且在爱与回爱之间，体现了一种注重公平和换位思考的意识。

五代末宋初，徐铉奉旨校订《说文》，补注"仁"的"从人从二"意涵时便曰："仁者兼爱，故从二。"[4]显然，"从二"就是人与人兼爱互惠之义。因而，

---

① 孙中山：《建国方略·心理建设》，《孙中山全集》第 6 卷，中华书局 1985 年版，第 195 页。

②周叔迦辑撰，周绍良新编：《牟子丛残新编》，中国书店 2001 年版，第 5 页。

③〔德〕马克斯·舍勒：《基督教的爱理念与当今世界》，刘小枫选编：《舍勒选集》下，上海三联书店 1999 年版，第 827 页。

④许慎撰，徐铉等校订：《说文解字》（附检字），中华书局 1963 年版，第 161 页。

"爱人"不是单向度的，而是彼我的双向互惠。二人相爱或双向互惠，从最初始的意义说，应当是夫妻互惠。宋代理学家程颐有言："夫爱其内助，妇爱其刑家，交相爱也。"[①]夫妇交相爱，以家庭及社会角色的分工为基础并由此滋生出男主外女主内的传统家庭模式。程颐将此模式归结为交相爱，说明夫妻双方是建立在互助互补的亲爱关系上的。如此的双向互惠，反映了人类繁衍的客观需要，也孕育了男女倾慕相爱的主观追求。

孔子答仲弓"问仁"，有"己所不欲，勿施于人"（《论语·颜渊》）之说。代入爱的内涵，可以表述成自己不想要他人不爱我，也就不要把自己的不爱施与他人；或（正面的）自己想要他人爱我，也就要把自己的爱施与他人。如此互爱互惠的观念，在博爱的实践中，表现为利他性、目的性与自觉性的统一。

二、"博爱"的命运与中西异同

近代以来，本来携带中华文化自身基因的博爱观念，却少被人提及，人们言儒家之爱通常只讲仁爱，亦曾涉及兼爱，但往往讳谈博爱——"博爱"成为西方文化尤其是基督教文化的专有名词。为什么会这样？这一情形的出现，有历史和社会多方面的原因，尤其与西方文化在近代中国的传播，并以此为参照对中国等级专制社会的批判相关。

我们都知道旧时的封建社会是一种专制社会，而占中国文化主导地位的儒家正好有维护等级尊卑的思想。近代以来，中国知识分子基于救亡图存的需要，批判封建专制的弊端，将其根源归结到作为儒家文化核心的仁爱观念上。仁爱因此被简单地理解为爱有差等，从而与博爱的普遍之爱对立起来。于是仁爱与博爱各自成为封建专制和资产阶级民主的代表，象征着落后与先进，处于直接冲突的地位。儒家仁爱本有的普遍之爱这一比爱有差等更为重要的内涵，在无形中被注销了。由此，形成近代中国文化的一个怪圈：本土人士用中国自产的"博爱"语词认同（翻译）了西方的类似观念，反过来又用西方的博爱观念否定、束缚了自身的思想，认为讲博爱的就是西方文化。结果，不经意间将传扬了数千年的能够抚

---

①程颢、程颐：《周易程氏传·家人》，王孝鱼点校：《二程集》，中华书局 1981 年版，第 887 页。

慰心灵、和谐群体、关爱大众福祉的博爱情怀让位给了外来的基督教。

基督教在华的传播，无疑也有悠久的历史，但它在中国真正产生影响是在一百多年前中国被西方列强打败，不得不接受包括基督教在内的西方文化之后。由于当时中国处于半封建半殖民地社会，一方面是渴望自由、民主、平等的中国人对西方文明的认可并积极引进；另一方面，以传播基督"福音"为使命的传教士们的优越感渐增，为争夺信众，显示基督教教义的优越性，突出宣传基督教之爱是"金律"，而儒家同类性质之爱——"己所不欲，勿施于人"只是"银律"。那么，相对于儒家仁爱又被限定于差等之爱，基督教的博爱（神爱）似乎就显得更加完美，基督教也相应成为"爱"的宗教。

从历史的实践看，基督教方面，最初翻译"爱"时，也是立足于"仁爱"来表达的。作为基督教核心教义的"爱上帝"和"爱人如己"之爱，从希伯来文翻译为希腊文 agape，在英语中翻译为 love 等。要将其恰当地引入汉语世界，谙熟汉文典籍、中西兼通的利玛窦，其所因循的便是孔子仁者"爱人"的理路。当然，在基督教中爱人首先要爱天主（上帝）。在他的《天主实义》中，"爱天主"被视作"第一仁德"，"爱人是爱天主的果效"，"所谓'仁者爱人'，不爱人，何以验其诚敬上帝欤？"[1] 简言之，既爱敬上帝，则"博爱"天下人及万物就是顺理成章的。

不过，200 多年后，第一个将《圣经》完整翻译成中文的马礼逊已直接将"love"译为"爱"，而不再注重与"仁"的关联。相较而言，"爱"比之"仁爱"，含义更为宽泛，语义也更为模糊。随着西方来华人士对中国文化了解的深入，他们对儒家的"仁爱"也有了新的理解，逐渐将"仁"和"爱"分离，"仁"更多地成为一种完美的德行，强化了道德价值层面的意义，仁本有的"爱"的蕴含逐渐淡出。到近代，理雅各翻译《四书》时，"泛爱众"与"仁"已看不出直接的联系。那么，"爱"既然可以脱离"仁"而独立，理雅各不理解"仁"的本来意蕴就是爱一切人和物，认为儒家为银律、基督教为金律也就不奇怪了。

但是，我们要看到，中国近代先进人士继承了仁与博爱统一的以爱言仁的传统，坚持博爱作为仁爱的基本内涵。梁启超就曾概括康有为的哲学是"博爱派哲

---

[1] 〔意〕利玛窦著，〔加〕郑安德编辑：《天主实义》，《明末清初耶稣会思想文献汇编》第 1 卷第 2 册，北京大学宗教研究所 2000 年印行，第 159、160 页。

学"，因为康有为的哲学是"以仁字为唯一之宗旨"，以为世界万物"无一不本于仁"，从而，孔子、佛祖、耶稣"三教可以合一"，因为他们立教都是以博爱为主，"以故当博爱，当平等，人类皆同胞"①。在梁启超的仁爱—博爱观中，既有西方近代的平等博爱，也有张载以来的"民胞物与"。梁氏所持的是中西会通背景下以"爱"为中心的新博爱观。

基督教对仁与博爱的分离也有一定的道理，这就是仁作为善的价值导向必须要坚守和维护。既然如此，构成仁的基本内涵的爱人就应当是爱善——舜之大爱正在于"善与人同"。在中国文化系统里，历来讲究的是爱憎分明，对恶的正常情感应当是憎恶而非关爱，"恶恶臭"便是通行的原则。相对于此，西方基督教的博爱除了"爱上帝""爱人如己"之外，还有所谓"爱仇敌"的说教，这可谓中西博爱观之最大的不同。

在儒家文化中，"爱仇敌"不但不可能真正行得通，而且会导致不恰当的价值选择，因为它可能导致严重的社会价值导向的扭曲。这也说明博爱虽然是讲普遍之爱，但中国社会和中国文化有自己的界限，博爱的情感和行为必须受是非、善恶的价值判断的制约："须爱得是方是爱之本体，方可谓之仁。"②爱得不是，比方因其私意而爱恶人恶行，就只能予以否定，绝不可以认知为仁。"夫仁慈以惠良善，刑罚以锄凶暴，固亦为政之大端"③，王阳明信守的，是奖善罚恶这一社会最通行的原则。换句话说，儒家的博爱是有边际的，性善的指向是博爱虽未言明却是必须预设的前提。人的情感、意志和德行在这里是一个统一整体。它不能越俎代庖去处理本当由刑罚施行的领域。

三、"爱有差等"与博爱的推行

我们在谈论"博爱"或"兼爱"时，有必要澄清一个问题，即儒家仁爱的"爱有差等"观念到底当做何解释？为此，我们首先需要回到《论语》上。自孔子创

---

①梁启超：《南海康先生传》，《梁启超全集》第 1 册，北京出版社 1999 年版，第 488 页。

②王阳明：《与黄勉之（甲申）·二》，吴光等编校：《王阳明全集》，上海古籍出版社 1992 年版，第 194–195 页。

③王阳明：《牌行崇义县查行十家牌法》，吴光等编校：《王阳明全集》，上海古籍出版社 1992 年版，第 615 页。

立儒家学派始，《论语》是儒家最直接的第一手的文献，然而其中并不见有爱有差等的说法。就流行的作品言，《礼记·中庸》可谓最早的出处。《中庸》称引孔子的话，对仁爱作了进一步的规定，有"亲亲为大""亲亲之杀"等说法，后人往往是据此来理解仁爱。但这在古代社会对于仁爱差等性的一般理解，却受到近代以来把专制等级和仁爱挂钩的思想影响，导致此段经文在相当大程度上遭到误读，以为"亲亲为大"是说亲亲是最根本、最重要的。其实，孔子根本没有这个意思，这种理解在古代社会从来不存在，这是当代人在批判孔学的基础上生成的一种先入为主的观念。这就需要我们静下心来，回到儒家经学去探寻它的本来含义。

《礼记·中庸》（称引孔子之语）说：

仁者，人也，亲亲为大。义者，宜也，尊贤为大。亲亲之杀，尊贤之等，礼所生也。

孔颖达疏曰：

"仁者人也，亲亲为大"者，仁谓仁爱，相亲偶也。言行仁之法，在于亲偶。欲亲偶疏人，先亲己亲，然后比亲及疏，故云"亲亲为大"。

……"亲亲之杀，尊贤之等，礼所生也"者，五服之节，降杀不同，是亲亲之衰杀（cuī shài）。……礼者所以辨明此上诸事，故云"礼所生也"。[1]

这段话中的"亲亲之杀"的"杀"，不读 shā（杀害），而读 shài，本义是"衰减"。如到了秋天，树木凋零落叶，这就叫杀（shài）。"衰"在这里也不读 shuāi，读作 cuī（丧服）。从儒家经学的经典解释可以看出，自"仁者，人也"开始，是讲仁的践履或行仁之法，说明仁爱落实于相互间的亲爱致意，其具体实施是一个自然的过程，即先亲己亲，然后由亲及疏，爱及他人，这就是"亲亲为大（先）"；相应地，人为亲属服丧的丧服轻重，亦要根据与其关系的亲疏远近而依次递减，服丧渐轻，是所谓"亲亲之衰杀"。"礼"便是由分辨明晰这些差等关系而生，爱有差等的观念正是从这里衍生出来。

因此，"爱有差等"不是规定爱父母、爱亲人多一点，爱其他人少一点，只

---

[1]郑玄注，孔颖达疏，李学勤主编：《十三经注疏·礼记正义》，北京大学出版社1999年版，第1440-1442页。

是反映爱由近及远实施的先后次序，或者丧服、丧期由亲及疏的依次递减，并不关涉亲亲是否最重要或爱本身的尊卑贵贱问题。如服丧，至亲的丧期长，远亲的丧期短，清末以前都是这样理解。事实上，孔子弟子子夏所听闻的"四海之内皆兄弟也"（《论语·颜渊》），正是在以恭敬有礼的博爱之心对待所有人的基础之上才有可能。

虽然儒家的思想有爱有差等的内涵，但并不意味着就要强化等级（专制），它是在承认社会既有的上下尊卑地位的前提下，倡导将亲情之爱推向社会、惠及他人。我们回到《中庸》的文献，可以看到治理国家天下有"九经"，自"修身"之后的"八经"，所谓"尊贤也，亲亲也，敬大臣也，体群臣也，子庶民也，来百工也，柔远人也，怀诸侯也"都可以看作是爱之推广。这些"常法"作为普遍之爱的具体表现，披露出的意义很值得我们深省。一则它将"尊贤"放在了"亲亲"之先，表明"大道之行"的"天下为公"不论在思想还是文本上都继续发挥着影响——《中庸》与《礼运》原来就是《礼记》的篇目，"选贤与能，讲信修睦"本来就先于"亲其亲""子其子"。二则从尊贤或亲亲往后，可以表述为爱之先后差别，但更重要的是对于治国来说，这里的先后次序只是从操作的层面说明谁在先谁在后，并不具有谁比谁更重要之意。我们不能说"体群臣"比"子庶民"重要、"柔远人"比"怀诸侯"重要。三则从结果来看，差等之爱不是封闭的，它必然要向前推进或扩充，从亲亲一直推到他人、社会，其结果正好表明博爱的诉求，所以它们是相互关联的，即差等之爱与博爱在目的上趋向一致。事实上，儒家仁学除了维护现实的差等外，更有高扬理想、主张一般地爱人的博爱内涵。

中国自秦汉开始了"大一统"的中央集权制社会，这种组织构架能够通行两千多年，光靠刚性的国家机器的统治能行吗？肯定是行不通的。必须有观念上的认同和相应的理论支撑。如汉王朝倡导以孝治天下，从思想的层面维护中央集权，《孝经》适应这一气候而成为最为通行的经典。董仲舒也特别强调"博爱"的思想内涵，他认为博爱蕴含着一定的平等要求，博爱的教化有助于缓和其时严重的贫富不均导致的社会矛盾。董仲舒在"大一统"视域下的博爱，实际把孔子的"仁爱"与墨子的"尚同""兼爱"整合起来了，民心的舒慰凝聚与国家的统一安定本来是良性的互动关系。

民在受教的情况下，"循三纲五纪，通八端之理，忠信而博爱，敦厚而好礼，乃可谓善"①。在儒家的名言系统中，爱与性、善的联系，是在圣人的仁德教化下才真正得以打通的。博爱固然缘起于爱亲之情，但在境界和程度上又高于爱亲之情。重要的其实不在于潜在的善性，而在于现实的善行。董仲舒作为儒家王道政治及其治国理想规范化的关键性人物，将三纲五纪和八端之理都融入善的德行，以期民众能"忠信而博爱，敦厚而好礼"，这也是他推崇圣人之善的真实目的。在董仲舒的理论架构中，"仁者爱人"的蕴含经由"博爱"而得到更充分的扩展，他提出了统治者爱人当"以仁厚远"和"远之为大"。董仲舒的这种"厚远"观念从"老吾老以及人之老，幼吾幼以及人之幼"的"推恩"而来，他说，"推恩者远之为大，为仁者自然为美"②。从国家统治的角度来讲，不能讲"亲亲为大"，而应以"爱人为先"。下面我们看一个实际的例证。

据《左传》（宣公十五年夏五月）记载，春秋时期，宋国和楚国两国交战，当时楚军围宋已九月之久，双方都到了极其疲乏难以为继的状态，尤其是被围的宋国，已经出现了"易子而食，析骸以爨"的惨景。于是两国大夫私下会面，华元表述了宋国即便拼到最后一息，也不会接受楚国胁迫，签订"城下之盟"那样屈辱投降的盟约；但若楚国愿意主动退兵，礼遇宋国，则宋国愿意听从楚国的号令。子反害怕最后拼到鱼死网破的前景，故与华元订立了盟约，然后报告楚国国君。结果，楚国守约退兵三十里，两国休兵止战，实现了和平。

对此几乎耗尽了人力物力的宋楚两国讲和止战，理当得到肯定和赞赏，但这在汉以后却引起了不小的争议。责难宋楚讲和的儒者，有两种观点：一种认为，子反作为楚国的使者，却同情宋国人的苦难，私自与宋讲和，这是"内专政而外擅名"，如果这样的"轻君""不臣"都不谴责，怎么能行？第二种观点是"春秋之法，卿不忧诸侯，政不在大夫。子反为楚臣而恤宋民，是忧诸侯也；不复其君而与敌平，是政在大夫也"③。认为子反私自和宋国订盟约，最后才报告给国

---

①董仲舒：《春秋繁露·深察名号》，苏舆撰，钟哲点校：《春秋繁露义证》，中华书局1992年版，第303页。

②董仲舒：《春秋繁露·竹林》，苏舆撰，钟哲点校：《春秋繁露义证》，中华书局1992年版，第52页。

③董仲舒：《春秋繁露·竹林》，苏舆撰，钟哲点校：《春秋繁露义证》，中华书局1992年版，第52页。

君，不是以下犯上吗？这两条都是批评子反的。作为汉儒《春秋》学代表的董仲舒，则是从他的"仁义法"出发看待和评价这一事件的。董仲舒从孟子的不忍人之心出发，肯定子反"为其有惨怛之恩，不忍饿一国之民，使之相食"①，故其立场和决策具有正当性。人的爱心和仁德的推广是出于自然的情感，故应当跨越诸侯与诸侯、人与人之间的界限，以普遍的人道关爱即"远"为王者治理天下的优先选项："故王者爱及四夷，霸者爱及诸侯，安者爱及封内，危者爱及旁侧，亡者爱及独身，独身者，虽立天子诸侯之位，一夫之人耳，无臣民之用矣，如此者，莫之亡而自亡也。"②爱及"独身"并非真正的爱身，因为它背弃了"仁者爱人"的基本精神，最终只能被人民所抛弃。因而，对国家的统治者来说，爱及天下而保有万民，才是真正的自得和自好。董仲舒如此的讲法，既立足于思想家的远见，阐明越是普遍之爱，越能保统一国家长远的道理；同时也在于通过他所高擎的"仁义法"对统治者进行规劝。在"独尊儒术"的氛围下，按照儒家理想建立起来的汉代国家制度，其中也贯彻了博爱的精神，从维护亲情、引导行孝到五刑改革、轻徭薄赋和对孤寡老弱的体恤便是如此。

唐代政治继续了汉代的以孝治天下，博爱的观念直接进入了国家的法典。唐高宗永徽年间完成并颁行，后被誉为中国古代法典楷模和中华法系代表作的《唐律疏义》，便有"惩其未犯而防其未然，平其徽缧而存乎博爱"的条款，按其《疏义》的解释，此条"言国家制刑，惩一而诫百，使之畏于未犯之先。不幸而丽于法，则宽平其徽缧，而心则主于博爱之仁也"③。在唐代的立法者这里，制定刑法固然是为了惩戒犯罪，但最后的目的并不在惩戒本身，而是在未犯之先的预防和已犯之后的宽宥，其中贯穿的是博爱仁德的精神指导。

从汉到唐，倡导普遍性的仁和博爱，已成为包括统治者和思想家在内的君臣上下的共识，并成为一种比较流行的社会情怀。这当然不是说汉唐时期没有了等级

---

①董仲舒：《春秋繁露·竹林》，苏舆撰，钟哲点校：《春秋繁露义证》，中华书局 1992 年版，第 52 页。

②董仲舒：《春秋繁露·仁义法》，苏舆撰，钟哲点校：《春秋繁露义证》，中华书局 1992 年版，第 252 页。

③长孙无忌等撰：《唐律疏义》卷 1《名例一》，文渊阁《四库全书》，商务印书馆 1986 年版，第 672 册，第 21—22 页。

观念和阶级冲突的情势，而是表明要成功维护大一统的中华国家，不可能只从差等的观念来强化等级和职分。董仲舒"圣人之道，不能独以威势成政，必有教化。故曰：'先之以博爱，教以仁也'"[1]的观点，便是对此做出的深刻阐发。国家的长治久安需要内在的凝聚力，博爱观念的灌输和相应政策的施行是最有利于国家的安定和民心的疏通的。今天的人们喜言汉唐盛世，固然是就当时的强盛国家而言，但这中间也包含着对儒家仁爱—博爱观念所发挥的作用的肯定。北宋以后，理学从形而上的层面论证了博爱的理论价值和普遍意义。不论是张载立于气性一源基础上的"民胞物与"、程颢从人身知觉推论的"仁者以天地万物为一体"，还是王阳明的"一体之仁"，都为自先秦以降的"天下一家"的博爱说提供了更为充实的论据。

四、"博爱"在先贤的现身说法

博爱既是观念，更是实践，这不仅仅是汉唐制度中体现的博爱精神，宋以后的理学家们，不论是二程、朱熹还是陆九渊、王阳明，他们在实际执政中都是身体力行地践行他们对民众的关爱，并在身后受到长期的赞誉。明代后期更有杨东明等创立的同善会的组织形式，由同心同理走向了共生同善，并真正落实到慈善救助的物质关怀。下面略举几例。

（1）程颢。《宋史》本传记载，程颢任晋城县令："度乡村远近为伍保，使之力役相助，患难相恤，而奸伪无所容。凡孤茕残废者，责之亲戚乡党，使无失所。行旅出于其途者，疾病皆有所养。乡必有校，暇时亲至，召父老与之语。儿童所读书，亲为正句读，教者不善，则为易置。择子弟之秀者，聚而教之。"[2]这是后人对程颢事迹的记载。他在任期间，使远近乡村相互帮助，患难相恤，孤茕残废皆有固定居所，疾病皆有所养，在乡村建立学校，教化父老乡亲，这是不是一种博爱精神的贯彻呢？

（2）陆九渊。陆九渊在实际面对金溪、荆门等地的荒政时，重在强调基于仁心的民本考量。认为从此心出发赈济，就不能只是空洞的呼唤，而是应考虑赈济的物质基础。后者表现在他提出的置平粜辅助社仓、以平粜代社仓之匮，出常

①苏舆撰，钟哲点校：《春秋繁露义证》，中华书局1992年版，第319页。
②脱脱等撰：《宋史》卷427《道学一·程颢传》，中华书局1985年版，第12714–12715页。

平赈济与一定时间内限制粮米流通等措施上。

陆九渊希望救荒不仅要考虑眼前，更要为后日长久之计。简单地说，需要全面考虑国与民之取予、政之宽猛、社仓与平籴兼顾等措施，但中心只有一个，就是仁爱之心。爱民事实上是陆九渊的"己分内事"，"仁即此心也，此理也"①。做好"己分内事"而仁爱普施，真心实意地济民利用，博爱天下，是陆九渊仁说的现身说法。

（3）王阳明与友人黄敬夫。王阳明的友人黄敬夫赴边远的广西履职，王阳明在为他所写的序中，回顾其先前的爱民事迹："宰新郑，新郑之民曰：'吾父兄也。'入为冬官主事，出治水于山东，改秋官主事，擢员外郎，僚采曰：'吾兄弟也。'盖自居于乡以至于今，经历且十余地，而人之敬爱之如一日。君亦自为童子以至于为今官，经历且八九职，而其所以待人爱众者，恒如一家。"②黄敬夫先前在八九个地方任职，每到一个地方，当地的民众对他的评价都是如父兄一样，跟当地民众亲如一家。天下一家的观念在阳明和他的同僚这里，已不仅仅是形上层面同体一气的理念设定，而是通过爱意的真实播撒，通过"一体之仁"的具体发用，其所治下的民众能真实感受到"一家"的亲情。

随着黄敬夫的就任，阳明真诚地相信："岭广之民，皆其子弟；郡邑城郭，皆其父兄宗族之所居；山川道里，皆其亲戚坟墓之所在。而岭广之民，亦将视我为父兄，以我为亲戚，雍雍爱戴，相眷恋而不忍去，况以为惧而避之耶？"③黄敬夫显然并不具有充裕的物质手段，他也不可能完全满足民众所需，但基于同心同理和互惠报应的信念，民众是能够体会到"我"之爱心和回报"我"的。从而，偏远之乡民，可以经由互相关爱而与"我"连为一个整体，"夫以天下为一身也，则八荒四表，皆吾支体，而况一郡之治，心腹之间乎？"④这也是弘扬博爱在他的时代的真实的期待。

---

①陆九渊：《与曾宅之》，钟哲点校：《陆九渊集》卷1，中华书局1980年版，第5页。

②王阳明：《送黄敬夫先生佥宪广西序》，吴光等编校：《王阳明全集》，上海古籍出版社2011年版，第1045页。其中"僚采"，原文为"僚寀"并标为人名。"寀"不通，当为"采"。"僚采"即同僚。

③王阳明：《送黄敬夫先生佥宪广西序》，吴光等编校：《王阳明全集》，上海古籍出版社2011年版，第1045页。

④王阳明：《书赵孟立卷》，吴光等编校：《王阳明全集》，上海古籍出版社2011年版，第1025页。

（4）杨东明。杨东明是一个深谙民众疾苦的官员。他在做刑部右给事中时，中州遭遇严重灾情，他绘制上呈《河南饥民图》（《饥民图说》），图共十四幅，幅幅触目惊心。其中有一幅图叫《全家缢死》，画的是一家 7 口逃荒到一个树林里，已经很多天没有吃饭了，先是想把 15 岁的女儿卖掉换吃的，后来又说把儿媳妇卖掉，但是大家都不忍离去，最后全家大人吊死在树林里，只丢下一个 2 岁的孩子在哭喊呼叫。杨东明打破禁忌，想办法将图呈献皇帝，最终促使万历下令赈济。

杨东明的劝善是把民胞物与的博爱论与利益的驱动关联起来考虑的。他呼唤富绅将为子孙做马牛之心转换到救难恤贫上，做到与民同乐。他希望这些人明白的道理，中心是天道酬勤和积善必有余庆的传统劝善观，同时也吸收了佛教的因果报应观念，如此的观念在中国传统社会，应当是有说服力的。"天福善人，如持左券"[1]，既然善的报偿必定会到来，坚守此善念就是有万利而无一害之事，那又何乐而不为呢？在此前提下呼吁与民同乐，实际上便是与民同享善的福报。他将所组织的善会"同乐会"改称为"同善会"，因为行善可以给人带来最大的快乐。其最终的指向，是通过利益的驱动而达致客观上的天下为公——公此善于天下，同善成为走向大同世界的桥梁。

（5）孙中山。进入近代社会，一方面，中国因为遭受屈辱而导致了对自身传统和历史的不公正评判，在此影响下，"博爱"在中国成为西方先进文化的象征，儒家的仁爱因含有差等之爱而变成落后的标志。但另一方面，中国的先进知识分子将西方传入的博爱观念与中国本土的思想资源融合，使传统的博爱观得到更新。康有为针对以差等之爱为内涵的专制等级观念，引进西方的博爱思想并将之加以改造，建构了"重仁而爱人"的"博爱"哲学。谭嗣同亦接纳西学的平等博爱观念，赋予"仁"以新的规定，创建了"仁—通—平等"的新的仁学体系。孙中山更是在进化论基础上将博爱与革命的观念相结合，企图以此来推进中国社会的变革。近代思想家们都希望通过改造儒家的仁爱体系，使传统的仁爱能和西方的现代文明衔接起来。

谭嗣同、孙中山等人已经不是典型的儒家，但他们的思想根底与儒家有着千丝万缕的关联，并且体现了儒家传统与西方新思想交汇而再生的特点。他们在进

---

[1] 杨东明：《同善会序（庚寅）》，《山居功课》卷 1（页 7 左至 8 右），河南新乡图书馆藏，明万历四十年刊本。

化论的基础上重新思考和阐扬博爱，使博爱与平等诉求和革命主张相关联，并强调人类互助的原则。譬如，孙中山将耶稣对门徒所言的"尔旨得成，在地若天"（你的旨意实现在地上，如同实现在天上），解释成贯穿博爱精神的天地同乐的情景。①这说明，孙中山的博爱是在中西交汇的大背景下阐扬的。

法国大革命的"自由""平等""博爱"口号，给孙中山的影响非常深刻，但他不是原样照收，而是通过了自己的消化。在他那里，"自由"就是民族主义，"平等"就是民权主义，"博爱"则与中国传统的同胞之爱相通。他说："此外还有博爱的口号，这个名词的原文是'兄弟'的意思，和中国'同胞'两个字是一样解法，普通译成博爱，当中的道理，和我们的民生主义是相通的。因为我们的民生主义是图四万万人幸福的，为四万万人谋幸福就是博爱。"②

孙中山所言"名词"原文的"兄弟"，不知具体是指哪种语言及哪些词语，但今天英文中表达"兄弟"和"博爱"意义的词语，如"fraternity"或"brotherhood"等，的确是既可以指兄弟情谊和互助友爱，也可通译为博爱。孙中山强调这些外语词语"普通译成博爱"，又和中国"同胞"两字是一样的解法，并与他的民生主义主张相通，显然引入了当年子夏所称"四海之内皆兄弟也"和北宋张载"民胞物与"说的博爱精神。在今天国际交汇对接的大背景下，我们应该看到博爱实际上是古今中外孔、墨、释、耶各家的共同追求。

如果说，在过去的时代人们更多地强调了仁爱的差等而突出儒墨之异，那么我们今天应当更多地看到儒墨之同。在概念上，儒家博爱主要依存于儒家仁学的怀抱，是仁爱精神的集中体现，在这一层面，它与墨家倡导的兼爱在目的上是一致的。当然，在出发点或根源上，儒家坚守亲亲的源头，坚守仁性从"里面"发出来必然呈现的次序先后，这又是与墨家有不同的。我们要做的，是着力发掘儒家仁学本有的博爱思想和普遍的人道关爱资源，以更好地适应今天的时代。

五、结语

博爱的精神和理想，可以说深深地扎根于中华文明的沃土。自孔子讲"博施

---

①孙中山：《建国方略·心理建设》，《孙中山全集》第6卷，中华书局1985年版，第195–196页。
②孙中山：《三民主义·民权主义》，《孙中山全集》第9卷，中华书局1985年版，第283页。

济众""泛爱众"和弟子概括的"四海之内皆兄弟"开始，到后来的"博爱之谓仁""民胞物与""仁者以天地万物为一体""一体之仁"和注重物质救助的"同善"观念，博爱的精神一直为中国社会所固有。作为仁爱的题中应有之义，博爱的传统从不曾中断。博爱在传统社会，并不仅仅是观念的宣扬，它也在相当程度上导向了实际的行动。不论是汉代大一统国家的政治制度，还是明清之际民间社会的同善救济，都在一定程度上说明博爱理念已深入社会的方方面面。

人际交往的"亲亲为先"与治国理政的"爱人为大"作为儒家仁爱的两大基本内涵，在形式上似乎存在一定的紧张，但从两千多年历史发展的实际看，它们是能够协调并相互适应的，在总体上如同儒家学者所期待的那样，是由根到枝叶的渐进生长或推恩的关系。博爱观念当然只是儒家仁学的一个组成部分，但在儒家思想占主导地位的情况下，仁爱或博爱本身就是社会提倡的思想，在规范化为制度之先，它具有指导和引领的作用；在制度形成之中和之后，它影响着制度的制定者、执行者和遵守者，潜在地调节着他们的行为。

由于仁爱的润滑和调节作用，刚性的制度和规范的秩序得以维持，并能够灵活地适应复杂多变的社会情势和人际关系，使国家不至于因缺乏黏合剂而最终分裂。联系到四海之内皆兄弟的个人境界和情怀，四海之内合敬同爱是统治者治国期望达致的理想目标，也就是所谓"太平盛世"。按《韩诗外传》的描绘，"太平"实际就是天下为公的大道之行的情景。这在一定程度上说明，大同理想与适宜的礼制秩序的融合，在古人的心中，最终的走向是人间的"大同"与天道的"太和"：

> 太平之时，民行役者不逾时，男女不失时以偶，孝子不失时以养。外无旷夫，内无怨女。上无不慈之父，下无不孝之子。父子相成，夫妇相保。天下和平，国家安宁。人事备乎下，天道应乎上。故天不变经，地不易形，日月昭明，列宿有常。天施地化，阴阳和合。[1]

博爱的理想社会在这里已经实现，当然它附加了天地有序而阴阳和合的前

---

[1]韩婴：《韩诗外传》卷3，许维遹校释：《韩诗外传集释》，中华书局1980年版，第102页。

提。所谓"阴阳和合",在广义上也就是天地人和合、父子夫妇和合,"万民育生,各得其所",爱意贯穿整个天地。天下国家人民的和平安宁,意味着整个国家和合为一个整体。

汉唐儒学提出了这些构想和期待,但缺乏作为其支撑的本体论基础。宋明理学则发掘了传统儒学的理论资源,从阴阳气化的和同走到了一气一性、同心同理,并最后推进到同善博爱。在后者,不仅表现为高尚的救民疾苦的慈善行为,而且向下灌注到幼教启蒙读物。

清代初年,李毓秀编写《弟子规》,虽讲述了若干的"规矩",但《论语》的"泛爱亲仁"仍是贯穿其中的主线,并表现出明显的兼爱或博爱色彩。故其所述对父兄之爱,就不是孟子由近及远式的"老吾老以及人之老,幼吾幼以及人之幼",而是普遍之爱式的"事诸父如事父,事诸兄如事兄","凡是人,皆须爱,天同覆,地同载"。①后者可以说是从孔子的"泛爱"、墨子的"兼爱"到张载的"民胞物与"一脉贯穿,这是中国传统的"爱人如己",它与后来传入的基督教的"爱人如己",在普遍之爱的意义上可以对应起来。

我们要实现中华民族的伟大复兴,离不开对包括儒家博爱论在内的中华优秀文化的继承和弘扬。不论是构建人类命运共同体,还是倡导"天下为公",在理论上都属于博爱论应当阐扬的内容。当然,博爱的观念和实践是在不断推进的。经历了从朴素情感到理性把握的转向和升华,成为一道永不枯竭的浸润中华民族精神及其生命智慧的源头活水,博爱在今天更展现出了它既独特又普适的思想魅力。

我就讲到这里。谢谢大家!

(王琦整理并经主讲嘉宾审定)

---

① 李毓秀著,周剑之译注:《弟子规》,北京师范大学出版社 2015 年版,第 35、101 页。

现场互动

主持人（王琦）：非常感谢向教授的精彩演讲。向教授以古今观照的情怀与中西对比的视野，不仅追溯了博爱理念发展的历史，而且阐释了"仁者爱人"与"博爱"的内涵与关系，并对近代人对"爱有差等"的误解以及应如何推行"博爱"进行了阐发，为我们带来一场融学术性与通俗性、思想性与理论性为一体的精彩演讲。让我们以热烈的掌声再次感谢向教授。

接下来，我们进入现场互动环节，欢迎朋友们积极向主讲嘉宾提问。

观众提问一：向教授这几年在博爱领域花了很多精力和时间，取得了很多成果，厘清了很多问题，体现了作为一流学者的功底和能力。我提一个小小的问题，您强调博爱是仁爱的一个基本内涵，跟很多学者理解的差等之爱有一些不同的地方。墨子一直讲爱无差等，施由亲始，受到了孟子的批评。儒家强调仁爱是一种差等之爱，很大程度上跟墨家有一种对话，对于这个文献，您怎么解读与看待？请问儒家的博爱与墨家的有什么不同？

观众提问二：向教授，您好！请问年轻人在自己经济能力有限的情况下，如何实现博爱？

向世陵：第一个问题问的是儒家的博爱和墨家爱无差等的关系问题，提到当年孟子和墨子的辩论，但这可能会有一点误解，即把墨者夷之当时讲的"爱无差等，施由亲始"断定为墨家的思想而不是儒家的思想。但是从原文仔细来看，是夷之对儒家观点做了迎合自己的理解，即"之则以为爱无差等，施由亲始"（《孟子·滕文公上》），等于说我们和你们的观点是一致的，他的意思是这样的。

"爱无差等"可以说是墨家的观点，但是夷之这个话也表明他承认兼爱是可以由爱自己的父母推广出去的。但既然承认爱没有差等，你的父母和其他人的父母应当同样去爱，你却又讲施由亲始，是不是又有了差等，这就是两个根源，孟子叫作"二本"，儒家自己则是一个根源（"一本"），所以孟子认为这个是矛盾的。我们再看看两家各自的观点：孟子当时批杨墨，他讲"杨墨之道不息，孔子之道不著"（《孟子·滕文公上》）。在孟子时代，杨墨两家的观点在天下普遍传播，儒家反而不被提及，孟子非常担忧，所以激烈地反对墨家。但是通看孟子著作会发现，这个反对本身是他"不得已"而言，因为他要为儒家学派争地盘，在论证中他是比较激烈的。但是这种激烈的论证并不全面，这是孟子自己承认的。

在孟子正面阐释自己学说的情况之下，他自己也是讲普遍之爱的，比如说"仁者爱人"，还特别举例人的身体，难道你爱自己的手足就不爱自己的头脑，或者爱自己的头脑就不爱自己的手足吗？他比墨家多了一个字："兼所爱"的"所"。孟子讲大体和小体都应该爱，不能够只爱重要器官而不爱次要器官，所以特别强调爱的普遍性——亲亲仁民、仁民爱物，提出了著名的"老吾老以及人之老，幼吾幼以及人之幼"（《孟子·梁惠王上》）。所以，在这个意义上，孟子跟墨家的区别，在于有没有一个最初的仁爱的发端或根源，这也是后来一直到宋元明清所讲的儒家跟墨家的根本区别。爱从哪个地方生成，有没有推出的根源？儒家是有根源的，从本来的仁性出发，自然推广，就像一棵大树，有了根源就有了枝叶花朵。墨家不讲根，光说爱无差等，光讲普遍之爱。爱如果没有一个坚实的基础，那就会流于空谈。所以儒家认为自己和墨家不一样。但是这个不一样并不妨碍他们也使用"兼爱"这个名词。后来的儒家学者批评兼爱的时候，大都附加上一个限制如"而"这个并列连词，讲兼爱"而无别""而无义"等，即如果兼爱推广不适宜就是不对的，而不是"兼爱"本身不适合。因为儒家学者也是使用"兼爱"这个名词的。

从墨家层面来看，墨子本人没有讲这个"施由亲始"，是墨者夷之在和孟子辩论时认为这是儒家和墨家两家的共同点，即讲兼爱也不妨碍施由亲始，都像关爱初生的婴儿一样。在这个意义上，到了战国的时候，墨家并没有去专门反对儒家的"爱由亲始"。儒家的反对面（即"爱无差等"），墨家自己并没有提出来，他们没有谈这个方面的问题，也就是他们不认为这个是关键性的问题。关键性的问题，是当时社会的相互杀戮而不爱人，所以他们认为要普遍地讲爱，而不要杀戮，要讲止战，所以说墨子是中国第一个和平主义者。而且，事实上墨家的思想后来被儒家所继承。汉以后，其他家的思想都被儒家所吸收，到了东汉班固对各家进行了总结，在《汉书》里边肯定了墨家之所长，而且这个所长被儒家继承下来了。

当时儒家、墨家之外的老庄、法家，他们都不认为儒家和墨家有什么区别，他们都认为儒家和墨家是一样的，都是讲仁爱、讲兼爱的。刚才还讲到一个例子，到了宋代徐铉注解《说文》"仁"字的时候，对这个"仁"是用"兼爱"注解的："仁者兼爱，故从二。"跳出了门派之别来看他们两家之学。一定程度上，儒墨两家之争有学派门户之争的因素，即要维护自己的学统，不能让别的学派占领。如果说过去强调兼爱、博爱、仁爱的区别，今天更应该看到它们的共通之处。墨子本身也学孔子之术，后来因为一些观点不同而独立出来了。

第二个问题是年轻人在自己经济能力有限的情况下，如何实现博爱。这个问题有两个方面，一个是精神层面，一个是物质层面。在物质层面，用儒家的话来说，就是"博施于民而能济众"（《论语·雍也》），这很难办到，需要物质条件极大丰富才能真正实现。但是反过来，不是说古代社会就没有实行博施济众。不同时代的地方官，不同的人士，他们尽自己的努力救助孤老、残疾和赈灾，在一定程度上也是在博施济众。如何实现博爱？孔子当年回答学生问什么是"孝"时说，奉养父母如果没有发自内心的敬爱，就跟饲养犬马没有什么区别。心灵的交流和体贴、关爱父母才是真正的孝；同理，物质的财力可能有多有少，这是其次的，关键在有爱人之心。

（王琦整理并经主讲嘉宾审定）

尹韵公，教授，毕业于中国人民大学，获博士学位。1989年1月至1997年11月在国务院研究室工作，历任主任科员、副处长、处长、副司长等职务；1997年12月在中国社会科学院新闻所工作，历任副所长兼党委副书记、所长兼党委书记、所长等职务；2012年2月至2017年8月，任中国社会科学院中国特色社会主义理论体系研究中心主任。2018年，被聘任为湖南师范大学新闻与传播学院院长、二级研究员。为国家哲学社会科学专家咨询委员会委员，国家"万人计划"哲学社会科学领军人才首批入选者，中央文宣系统文化名家暨"四个一批"人才工程首批入选者，新闻出版系统领军人才工程首批入选者，国家社科规划办新闻学科组评审召集人，国务院学位办新闻学科评议组原召集人和成员，中央"马工程"首席专家，北大、清华、人大等50余所高校兼职教授和客座研究员。其《明代新闻传播史》是国内第一部断代新闻史专著，被誉为填补空白之作。1994年发表于《新闻与传播研究》创刊号的论文《急选报：明代雕版印刷报纸》，是其发现的迄今为止最早的古代邸报实物原件的论文；在《中国社会科学》《读书》发表数篇论文。先后呈报近百篇内参，获奖40余篇。其中获一等奖、二等奖近20篇。

中国场景下的
古代信息传播发展简史

直播二维码　　　　直播在线参与人数 59.3 万

导言

　　在没有手机、没有互联网的中国古代社会，如何远距离地实现政令畅通、社会互动与人际交流？古代信息是通过什么途径传播的？简牍、纸等媒介的出现与印刷术的发展对信息传播起到了什么作用？中国场景下的古代信息传播的特点是什么？与中华文明的发展有何内在联系？对国家与社会生活带来了什么影响？

　　2021 年 11 月 20 日，中国社会科学院新闻所原所长、湖南师范大学新闻与传播学院院长尹韵公教授莅临屈子书院讲坛，发表"中国场景下的古代信息传播发展简史"的主旨演讲，并与现场观众进行了精彩的互动。讲座由凤凰网湖南频道全球同步直播，在线参与人数多达 59.3 万；长沙理工大学设计艺术学院教授、湖南汨罗屈子书院执行院长王琦担任嘉宾主持。

谢谢屈子书院对我的邀请，屈原一直是我崇拜的对象，屈子的操行、人品得到了历朝历代中国人的公认。我很高兴到这里来给大家做一个学术交流。我今天讲的是信息传播问题，想当年屈原也遇到过信息传播的问题，如《离骚》说"荃不察余之中情兮，反信谗而齌怒"。这是屈原抱怨楚怀王不体谅他的忠君之情，反而相信小人的诬蔑而对他产生了愤怒。还有一句话是："众女嫉余之蛾眉兮，谣诼谓余以善淫。"屈原用比喻说周围的大臣嫉妒、造谣、诬蔑他。《离骚》中屈原牢骚最多的就是对小人的愤懑，这是因为屈原和楚王之间没有达到充分的信息交流，所以被诬陷、被怀疑，最后被流放。现在，我正式跟大家分享"中国场景下的古代信息传播发展简史"，讲几个观点。

一、地球上所有的生物体都有信息传播本能和遗传基因

　　我说的地球上所有的生物体，当然包括了植物和动物。在座的各位家里可能有人养猫、养狗。比如，猫闹春也是一种信息传播，是猫在同类里渴望爱情的一种表达与信息发布。我们遛狗的时候，狗走一路，尿一泡尿。它为什么要尿一泡尿？因为要宣示主权。动物世界里，包括猫科动物、犬科动物，如雄狮、猎豹等，也是走一路就要尿一泡尿，表示这里是自己的领地和主权，告诉其他动物不要来侵犯。动物不仅靠一种化学反应的方式传递信息，而且也通过声音传达信息。猫科动物和犬科动物都会发出吼声，如发现敌人，就会发出很急切的、威胁对方的吼声；如果是叼了食物回去喂孩子，发出的声音是非常温柔的。动物有20多种不同的叫声，分别表达了不同的情绪，这也是一种信息发布。

动物没有文字，也不可能有创造力。而人类有创造力，人类是最聪明的动物，所以人类才能够主宰世界。但是这不等于说低等级动物就没有信息发布，它肯定也是有的。如小孩子小时候玩蚂蚁，丢一点吃的，一只蚂蚁发现食物后，很快地跑了回去，过了一会儿就领了一队蚂蚁来。它肯定是回去给窝里的蚂蚁发布了信息，虽然人类并不知道发布了什么，但是可以断定它一定有信息发布。又如，蛇怎么发布信息呢？蛇是靠荷尔蒙散发出一种特殊的气味。母蛇发布信息后，公蛇自然而然就会到它身边来。植物有没有信息发布？植物肯定有。比如树叶黄了，一叶落而天下知秋；树叶青了，大家便知道春天来了，这是人类对植物的判断。如果把树锯开，有年轮，人类便知道这棵树活了多少岁，这也是一种信息发布。所有的动物、植物都有信息发布和传播。非洲大草原有一种动物叫长颈鹿，个子很高，喜欢吃一种叫金合欢树的叶子，这个树为了保护自己，等叶子被吃到一定程度的时候，便发出一种臭味，把长颈鹿熏跑，这是靠气味的散发来保护自己。

人类也会利用动物、植物的特性来表达和传播信息。比如说人类利用信鸽来带信，男士用玫瑰花向女士表达爱情。类似这样的例子太多了。人类还可以用说话传递信息，这是文字发明以前人类的主要信息传播和发布方式。但是人类除此之外还有身体可以传递信息，比如说打手势。在雷达、无线电、手机没有发明之前，海军有时靠旗语，有时候用探照灯等方式来传播信息。搞间谍工作、地下工作接头的时候，或通过一个动作，或通过什么特殊信号来传达某种信息。谍战片里面，在门口放一个盆子，或把窗户上一块特殊的布扯掉，就表示危险。人类不仅可以通过说话，还可以借用他物来传播信息，这些都是属于今天的信息发布。

二、中国场景下的信息发布

为什么要讲中国呢？汤因比曾经写过一本书叫《历史研究》，说地球上有 22 个文明，每一种文明都有它特殊的信息传播方式。如果要讲的话，今天肯定时间不够，所以我只能讲中国。如果我们去过埃及，就会发现埃及很早就有信息发明的载体——莎草纸。我看过他们的表演：把芦苇切成一片一片的，然后印出来卖钱。当时我很好奇：古埃及的莎草纸为什么没有保存下来？后来了解到，是因为莎草纸不易保存，所以没有留存下来。能够证明古埃及文明的主要是靠那些高大的石器、宫殿以及墙上的各种符号，直到现在人类学家也没有完全破解它们。这些符号也是一种信息载体，只是我们现在不了解而已。

那么，什么是文明史？我们应该如何来看待这个文明？曾经有一个伟大的哲人说过，有文字以来的历史就叫文明史。没有文字以来的历史到底算不算文明史呢？我们知道汉字也就 3500 年的历史。3500 年之前的历史算不算文明史？我后来查其他文明，同样也存在这个问题。

根据西方主流历史学家的观点，古埃及文明是 8000 年，两河流域文明是5500 年，印度文明是 4500 年。过去西方国家把中国排在最后，认为只有 3500年。但如果不是单纯从字这个角度来理解，中华文明的历史要往前推很久。最有力的考古证据是浙江的上山文化，其文明已经达到了 9000~10000 年。证据是我们在上山发现了经过人工栽培的稻种，这是农业文明的开始。后来在湖南澧县也曾经发现过稻种，经过考证有 9000 年的历史。在浙江发现的良渚文明，离上山文化有 5000 年的历史，这时中国先民已经有了大规模的稻作农业，而且出土了大量精美玉器和陶器。在良渚文化发现的陶器上面有陶器文字，陶器文字的发现使我们对文字的判断又往前推进了 2000 年左右。中国过去没有把陶器文字列进去，只说有甲骨文、金文，大篆、小篆，后来发现陶器文字是比甲骨文还早的一种文字，但是我们不认识，需要进一步去判断。

中国的先民们很早就意识到了文字对中华文明进步的意义。比如《周易》说："古者伏羲氏之王天下也，始画八卦，造书契，以代结绳之政，由是文籍生焉。"这里说伏羲氏之所以能够称王于天下，是由于他最早画八卦。八卦其实是一种最早的文字符号。在没有文字之前，人类之间和部落之间要交易，就拿绳子打一个结，大事用一个大结，小事用一个小结。如云南有些少数民族交易物品的时候，就用一个木片在上面刻特殊符号。如牛是一个符号，羊是一个符号，皮毛也是一个符号，有几个就画几个。他们既没有数字的概念，也没有文字，于是就用符号画出来，这也是结绳之政。

没有文字最大的麻烦在哪里呢？就是不能保真记忆。文字最大的好处是能够使我们的记忆留存下来，得以保真，不失传。中国有一首很古老的史诗叫《格萨尔王》，内蒙古、青海、西藏、四川都有不同的版本。虽然不同的版本中，故事的大致情节差不多，但在很多细节上却不一样。为什么会不一样？这是因为这些少数民族以前没有文字，只能在家族或部落里找一个记忆力最好、最聪明的孩子，从这个小孩几岁开始，让长者每天教几句，直到小孩长到十几岁把《格萨尔王》熟练地背下来。他们就是通过这种口耳相传的方式将它流传下来，从而出现了一些记忆失误。其实西方的《荷马史诗》也有这个问题。

文字发明是中国信息传播的一个伟大的节点。但是中国的文字是什么时候出现的呢？现在真不好说。我曾经去过三星堆，那里也发现了一批文字。我自认为看出来一个"日"字，像一个弯弯的月亮中间有一点，跟甲骨文的"日"字差

图1　三星堆出土的青铜面具

不多。三星堆距今有3500~4000年的历史，当时成熟的汉字还没有出现。但是我认为三星堆里的先民们已经表现出了对信息传播非常迫切、非常强烈的渴望。比如说，大家看这张三星堆出土的青铜面具（图1）。

三星堆出土了很多面具，这个是最有名的。当年我到三星堆的时候买了一个放在家里的书柜上。我看了一两年，后来才知道他要表达的是信息崇拜。为什么说是信息崇拜呢？他的眼睛突出有16米长，表明当时中国的先民希望看得更远；耳朵很长、很大，表明他想听得更远、更多。因为当时没有文字，只能通过造型来表达愿望，这其实就是一种信息表达与信息崇拜。三星堆里还有一个面具，鼻子很大，我想这可能是一个品酒师，或者是一个厨师，表达的是对厨师或品酒师的崇拜，这是我的理解。后来我去四川讲课，讲了这个意思，当地报纸很感兴趣，还专门报道了。

中国文字本身有一个发展史。中国人对文字发明看得很重，有个传说叫"仓颉造字"，将仓颉造字说得很神奇。《淮南子·本经训》说："昔者仓颉作书，而天雨粟，鬼夜哭。"这段文字用惊天动地来说明文字的产生，恰恰说明了文字的发明在中国历史上，尤其是在中国信息传播史上，是一个非常了不起的事情，是信息传播的起点和原点。没有文字，后面的一切信息传播无从谈起。

中国最早的汉字是甲骨文，甲骨文不好认，很难破解。安阳文字博物馆曾昭告天下：破译一个甲骨文奖励10万元。直到现在也没有人去领赏，可见甲骨文

非常难认。甲骨文的出现是中国文化史上的重要事件，由于它是刻在龟甲、牛胛上面的，而作为一种传播工具，甲骨似乎不是一种理想的材料，使得我们在信息传播方面受到了很大的局限。甲骨文之后是金文。金文是刻在青铜器上面的文字，只存活了 300 年左右。中国人通过不断地创造，发明了简牍。简牍在中国社会上存活的历史大概是 3000 年。如果从蔡伦造纸（公元 105 年）算起，纸到现在只有 2000 多年历史，所以简牍的生命力目前比纸张的历史还强，用了 3000 多年，可见当时中国社会的传播材料主要是简牍。

目前在中国很多地方发现了简牍，如云梦秦简、敦煌汉简、长沙走马楼吴简、里耶秦简，尤其是里耶十万秦简。长沙走马楼吴简发现了跟经济学相关的东西，在里耶秦简里发现了一些行政区域划分上的新东西。实际上，秦简还有一些更普遍的东西，比如说书信。西方历史学家说古代埃及有世界上最早的私人信件。后来我发现云梦秦简的考古报告很有意思，保存了两个士兵的家信。家信记载了两个秦国士兵：一个叫"黑夫"，一个叫"金"，一个士兵写信向家里要钱，一个士兵向家里要布。要布做什么呢？我怀疑是打仗的军装坏了。因为在春秋战国时各国军队不是国防军，需要自己出钱买布做军服。所以他们写信回家要钱买布或要布。我算了一下时间，那两个士兵的家信比埃及发现的私人家信早了半个世纪以上，所以说世界上最早的私人家信是在中国诞生的。

在过去，政府公文也用竹简。那么，如何保护其私密性呢？像我们现在有电脑、有手机，为了保护自己的私密性，设置一个密码，或一个防火墙就可以了。写在竹简上的文字如何保证私密性？我们的祖先非常聪明，采取了泥封的办法，即把绳子系紧以后，用特殊的封泥把两个系绳的地方包裹起来，并盖上一个章。由于封泥是湿的，所以一定要把它烤干后再送出去。一旦封泥被敲碎了，就说明竹简被人看过了。

刚才我说的秦国士兵写信，从湖北云梦到关中陕西有千里之遥，这么远的距离一定有一个信息传输系统。但是这个信息传输系统是什么样，现在找不到记载。每个时代的信息传播都会有它特殊的保密手段，在那个时代就是靠封泥，后来是靠邮票封口，今天互联网时代的保密靠防火墙、靠密码，所以每个时代都有自己的方法。

还有一个问题要跟大家讲清楚。中国历史上在国家治理方面是非常重视收集民情民意的。在周天子时代，有专门的官员拿着木铎代表天子出巡，收集民情民意。诗经的风、雅、颂大部分都是官员收集来的。现代学者研究《诗经》，大多数是从文学角度来研究的，但从新闻传播学的角度来讲，我们更愿意把它当成信息传播。《诗经》300篇很多反映的是当时民间的民心、民情、民意。

简牍还有一个作用。比如说我们看好莱坞大片时，美国士兵每个人都带一个钢牌，它是特殊钢制作的，不会变形，也炸不断。士兵死了以后，只要找到这个钢牌，便可以知道士兵的名字、家庭住址、年龄等。那么，古代士兵打仗怎么办呢？如果战死了是否有证明？中国人非常聪明，创造了一种木牌，叫壮士籍。曹植写了一首《白马篇》诗："名编壮士籍，不得中顾私。捐躯赴国难，视死忽如归！"现在所谓的籍贯就是从木牌来的。籍上面写着士兵的名字、家乡，不过当时肯定没有血型，因为古代没有外科手术。

中国在当时还有很多信息创造的发明，比如说烽火台。现在我们如果去西北，还可以看到烽火台。在三国时代，如果在武昌点了烽火，很快就可以到达南京了，信息传递神速。除了烽火台之外，还有击鼓，通过击鼓告诉军队是进军还是撤退。《三国演义》《水浒传》等古代书籍里，就有鸣金收兵的描写。电影《长津湖》里也有，司号可以表示冲锋，表示集结，或表示休息。司号是古代的一种发明，只不过我们现在还在用。还有一个成语叫狼烟四起。其实狼烟就是狼粪焚烧后产生的烟。古代为什么用狼烟而不用牛粪、马粪、羊粪呢？我想一个可能是当年的狼比较多，所以狼粪也多；二是据古书记载，说狼粪有一个特点，点燃后烟不容易被吹散，而马粪、牛粪等烧了以后，风一吹烟就散开了，起不了作用。中国古人为了信息发布的准确性、持久性，千方百计地去找很好的材料。

三、纸与信息传播

纸的发明在信息传播史上是一个了不起的事情。我今天讲中国古代信息传播发展简史，主要是讲媒介。甲骨文是媒介，简牍是媒介，纸张也是媒介。纸张是湖南耒阳人蔡伦发明的，蔡伦和发明活字印刷术的毕昇，我认为他们就是那个年代的比尔·盖茨，我甚至觉得他们比比尔·盖茨还伟大。比尔·盖茨就发明了一个浏览器，而互联网业不是他发明的。纸张是蔡伦在公元105年发明的，纸的发明在信息传播史上是一个突破性的东西。但其实在蔡伦发明纸张之前，西汉年间也有纸，只不过不能书写。蔡伦发明的纸是书写纸，又称蔡侯纸。我看了蔡侯纸的配方，是由树肤（树皮）、麻头、片布、渔网造出来的，用这个配方造纸太麻烦，而且价格昂贵，所以虽然蔡伦在东汉年间发明了纸，但直到魏晋南北朝时期近300年的历史里，纸仍然是一种奢侈品。这个高档消费品高到什么程度？据说曹操奖励一个部下工作做得好，就奖励他一筒纸。西晋王朝的官员是以不书写公家的纸来证明自己廉政清白。还有一个成语叫洛阳纸贵，据说是文学家左思《三都赋》写成之后，抄写的人非常多，洛阳的纸因此涨价了。实际上，那个年代只有社会上层人士和精英人士才用得上纸，而且纸的产量不高，一般的老百姓根本用不起纸，所以这也是一个误传，但也说明了纸在当时没有普及。

我去过王羲之写《兰亭序》的地方。王羲之曾任会稽太守，他是一个书法家，所以大力发展造纸业。从蔡伦发明纸以后，纸在中国并没有普及，直到东晋王朝到了江南以后，从北方带了大批工匠到南方，才开辟了造纸的新境界。他们发现南方有很多材料可以造纸，如用藤做原料，可以造出价格更低廉的藤纸，所以那时纸张逐渐开始普及。到了公元403年，桓温的后代桓玄，发布了一个行政命令，废简用纸，简开始退出历史舞台，纸成了社会的主要用品。

在公元105年到403年这个时期，出现了跟今天类似的媒介融合现象。但那时的媒介融合是纸张和简牍两种媒介同时出现在社会上，而今天是纸媒、电媒、新媒体同时出现在一个时空中。新的媒介肯定会战胜旧的媒介，但需要依靠技术普及。就像移动手机一样，最早的大哥大要1万多元，没有多少老百姓买得起，后随着技术的不断进步，现在手机只要几百元，老人手机约两三百元。纸张也有类似这样的一个过程。纸张一开始肯定很贵，只有不断降低成本，通过规模化生产后，才会成为日常用品。纸张的普及给中国社会带来了很大的变化，使得社会上的识字人数增多了。甲骨文时代，大约只有120人识字。到了东汉末年，在洛阳京城发生了一次大规模群体性事件，3万多个学生到皇宫的殿门口闹事。3万多个知识分子，说明那时因为简牍普及，所以有很多人读书。但是简牍有一个问题，在上面刻字很困难，所以《论语》那么伟大的作品只有11705个字，老子

《道德经》只有6000多个字。纸张出现后就不一样了，更多人能够读经典，能够识文断字。我国第一部《说文解字》上只有9353个字，《康熙字典》有47000多个字。这说明从竹简到纸张，中国发生了很大变化，体现了中国人观察事物的精细程度、准确程度在不断地提高，因此，才能够很仔细地区分不同的事物，创造出更多的字来表达意思。比如说"水"，就有江，有河，有湖，有池，有塘，有渊。"脸"这个字在魏晋南北朝之前没有，桌子、椅子也是魏晋南北朝才发明出来的，因为过去都是席地盘腿而坐。

纸张发明以后带来的革命有好几个：首先是制度革命。有了纸张后，方便了知识的传播，出现了更多的读书人。我曾经当过记者，在1978年，新闻记者是一个崇高伟大的职业。原来在纸媒、电媒时代，记者入门的门槛高，现在随着电子媒体化越来越高，门槛也变得越来越低。纸张的发明促使更多人通过读书、通过科举制度进入社会上层，这便有了文官集团。

第二，纸张引起了知识革命、字体革命和书法革命。我刚才说了，随着纸张的出现，汉字从九千多个发展到几万个，字数的体量越来越大。又如字体革命，最初的隶书是没有点、撇、捺笔画的，纸张出现以后才出现这些笔画。还有书法革命，过去是隶书，纸张出现后，衍化出了草书、行书、楷书等。

到了唐代，纸已经普及。唐朝有了纸伞、纸扇、纸人、纸马、窗户纸、卫生纸等等。宋朝的时候，出现了世界上最早的纸币——交子。从公元105年纸的发明算起，到1868年在澳大利亚墨尔本建立了第一家造纸厂，纸张花了将近1800年的时间走完了全世界的旅程。

四、印刷术的使用与传播

纸张发明了以后，雕版印刷也是一个重要的媒介创造发明。雕版印刷使得印书变成了一种现实。过去都是抄书，很费劲，影响了社会的信息传播速度。正是有了书籍出版，才大大提高了信息传播速度。但是雕版印刷是什么时候发明的呢？迄今为止发现的最早的雕版印刷作品，是1966年在西安一个工厂里面发现的一个纸片，那个纸片是公元701至704年之间的。西方比较成型的印刷作品是公元 800 多年的一本经书，藏在了大英博物馆。

在宋朝太祖年间，用了 13 万块雕版，花了 22 年印刷了一部《大藏经》，这是世界上最早的《大藏经》。现在国家藏雕版印刷最多的地方是在四川德阁的藏教佛教院，我没有去过，据说里边有很多明代的雕版作品。雕版在中国历史上发挥了很大的作用，但是它也有一个缺点，就是对雕功有非常高的技术要求，不能雕错一个字，如果雕错了，这个版就没有用了。雕版印刷对版子的要求也比较高，材质要比较好。一个版印 3000 张以后，因为油墨药水浸进去以后，整个版会变形，字体就会变形，所以同一本书必须要雕好几块版备用，所以成本也很高。

古代信息的传播，最后还有一个革命要完成的，就是印刷术。毕昇在公元 1041 至 1048 年间发明了活字印刷，但是非常遗憾，泥活字晒干了以后，如果用来印刷，一沾水、一用劲就容易断开；如果将泥活字烧成陶器，在上面涂一层颜色，用不了几张便没有用了，所以普及率不高。中国人发明泥活字是为了提高印刷速度，这个思路没有错，方向也是正确的，但是材料没有找好，所以中国发明的活字印刷最后是由西方人来完成的。韩国人后来发明了铜活字，其实铜也比较软。中国人也用过锡活字，锡更软，容易变形。最后是德国人解决了这个问题，古登堡发明了铅活字印刷术。

当然中国人也不错，没有就此罢休，泥活字没有成功，中国人又发明了木活字。故宫的武英殿是清朝皇室的一个印刷厂，乾隆皇帝时印的《四库全书》都是武英殿的版本。武英殿的版本为什么能够用呢？这是因为他们选用了用樱桃木刻出来的木活字。樱桃木有几个特点：致密紧实，不容易吸水，所以能够成功。过去中国搞了很多木活字，试了各种木头，最后都不行。因为木头吸水，印多了就变形，而樱桃木可以做到这一点，不太容易膨胀，也不太容易变形。后来在故宫武英殿发现了很多樱桃木的木活字，但还是没有金属活字那么稳定与耐用。

五、中国古代的报纸发展

中国发明纸以后，在宋代出现了报纸，卖报成了一个行业。《东京梦华录》里专门提到了卖朝报这个行业与消息子。南宋杭州是一个百万人口的大城市，老百姓之间肯定需要信息传播，于是产生了一个专门的行业"消息子"。如果一家有什么消息要传递，告诉消息子，付费后，他就帮你跑。消息子有一点像现在的快递员。消息子除了传递消息之外，还可以传递东西。消息子经常会站在街区的"十"字路口，拿一根长长的棍子，表示自己是干这个行业的。如果你要传递东西或消息，找消息子就行了。

中国在信息传播制度上还有一个发明，就是驿传制度。无论是简牍时代，还是纸张、活字印刷术时代，强大的中央政权的驿传制度是维系这个政权的一个强有力的联合体。驿传制度是专门为了信息传递系统服务的。从秦朝开始，中国的驿传系统就非常高效。比如捷报、告示、八百里加急等，都跟驿传制度有关系。《三国志》里记载的最紧急的公文就是八百里加急，这在清朝还有。中国清朝的驿传系统效率极高，当时一个外国学者到了中国，看了清王朝的驿传制度后说，别看英国工业革命已经建立了国家级的邮政系统，但中国的驿传制度的邮件传递效率大大超过了英国。可见，中国的驿传制度确实很厉害。

我刚才说宋朝以来出现了报纸，到明朝的时候中国的报纸就比较发达了，还出现了一种报纸叫急选报。急选报是什么呢？就是干部任命的一种报纸。有点像现在提拔干部要专门公示一样。现今发现的最早的急选报是明万历年间的，这个报纸是我最早发现的，报纸的原件在北京图书馆。直到现在，还没有发现比急选报更早的报纸原件。

当时明朝很多人都看报纸，《金瓶梅》里的西门庆也看报纸。由于他是商人，没有资格看，所以要花好几两银子去衙门借报纸看。当时的报纸对社会影响很大，受众很多，光是秀才以上的文人全国就有五六十万。当时很多人关心时事、关心朝廷，他们都喜欢看报纸。明朝的报纸最不好的地方就是什么内容都登，透明度太高，以至于清朝的皇太极在没有打进关内之前，就派人大量秘密购进明朝的报纸，研究判断明朝政府出现了哪些问题，他们应该怎么对付明朝。

近代的中国是一个农业文明社会，西方是工业文明社会，差不多有一个代差，所以中国相对落后了，后来才建立了现在的报纸与广播。改革开放以后，才开启了全国的电视。现在中国真正进入了工业文明社会，在信息文明方面也大踏步赶上了这个时代。

由于时间的关系，许多内容来不及讲，只能匆匆忙忙结个尾，希望大家谅解。

（王琦整理并经主讲嘉宾审定）

現 场 互 动

主持人（王琦）：非常感谢尹院长，您用博学的知识和生动幽默的语言给我们讲解了中国古代信息传播的情况，从植物、动物讲到人类文明，从甲骨文讲到了简牍、纸张。在人类社会发展的过程中，信息传递起了一个非常关键的作用。尹院长今天的粉丝特别多，汨罗市委宣传部也非常给力，部长带了新闻系统的同志们来到了讲座现场。非常感谢尹院长给我们带来的思想盛宴，感谢莅临现场的朋友们，感谢线上50多万观众们！谢谢大家！

接下来，我们进入现场互动环节，欢迎朋友们积极向主讲嘉宾提问。

观众提问：非常感谢尹院长，您的精彩讲座让我们对中国信息传播发展史有一个非常鲜活的了解。我是汨罗市融媒体中心主任，请问：县级融媒体中心应如何更好地发挥主流舆论阵地与综合服务平台社区信息枢纽的作用？谢谢！

尹韵公：我曾经写过这方面的文章，县级融媒体从国家治理来讲一定要做这个事情。在今天纸媒和电视媒体比较式微的情况下，自媒体有着重要的作用，必须要建县级融媒体中心作为阵地来引导舆论，否则这个事情玩不转。以前由于县级没有报纸，只有广播，有线电视发展得也不好，一些重大的公共事件基本发生在县里，所以引起了上级政府的警觉。如果要从国家治理层面来讲，必须把县级融媒体做起来。中国有一句老话叫郡县治则天下治，郡县不治肯定天下不治，县级融媒体就是打通"毛细血管"的关键一步。

现在中国县级融媒体已经做了三年，如何建强并用好县级融媒体中心呢？我一直在找这个版本，比如浙江长兴县做得好，但我坦白地说其他地方学不了。长兴县在全国百强县排名是四十多名，县政府每年给融媒体中心几十个亿。县级融媒体中心跟中国的很多事情一样，必须是一把手工程才能把这个事情玩转，当然除了财力支持之外，还要有土壤与创新观念。

观众提问：尹教授，您好！我是汨罗宣传部的李卓。我曾经在长沙电视台和汨罗电视台当过记者。刚才您说的县级融媒体中心要建强用好，一是一把手工程，二是需要资金。县级融媒体的宣传主阵地的责任和担当是毋庸置疑的，但是县级融媒体也面临着市场挑战，比如说抖音、快手等。请问：县级融媒体平台应如何应对新媒体、自媒体的挑战？我们要怎么做才能做得更好呢？

尹韵公：我大概知道你的意思了。湖南的县市，我了解得比较多。湖南在这一块做得比较好的还是浏阳市，我甚至认为相关部门把长兴县推为中国第一号融媒体，我心里不是完全服气的。为什么？浏阳市有些地方比长兴县做得还好。你的问题涉及的事情太多了，要举一个例子出来很麻烦，我建议你去浏阳看看。

主持人（王琦）：尹院长把进一步深化的时间留到了台下，私底下大家还可以就这个问题向尹院长请教。

尹韵公：今天的时间来不及了，中国文房四宝，我只讲了一宝，就是纸，此外，还有砚、笔、墨这三样没有讲，因为时间不够。

主持人（王琦）：主要是讲坛时间太有限了，尹院长很多精彩的思想没来得及与大家分享，希望以后有时间再请尹院长来跟我们讲一讲。

尹韵公：谢谢大家！

主持人（王琦）：感谢尹院长给现场及线上的朋友带来精彩的演讲。感谢各位朋友们对屈子书院讲坛一如既往的支持！

"香草美人地，诗韵汨罗江"。本期讲坛到此圆满结束。我们下期再会。祝大家万事如意，工作愉快！

（王琦整理并经主讲嘉宾审定）

道家思想及其现代意义

第 11 讲

吴根友，安徽枞阳人，武汉大学哲学学院教授，曾任哲学学院院长（2012—2020），现为武汉大学文明对话高等研究院院长。国务院政府特殊津贴专家，教育部"长江学者奖励计划特聘教授"，教育部教学指导委员会委员（2018—2022）；国际儒学联合会理事，中国哲学史学会副会长，湖北省哲学史学会荣誉会长，湖北省社科联委员，武汉大学学术委员会委员，武汉大学人文学部学术委员会主任。出版学术著作14部，发表学术论文200余篇，主编《比较哲学与比较文化论丛》（已经出版了16辑）。曾为哈佛大学访问学者，先后出访过法国巴黎第七大学、美国威士里安大学、德国特立尔大学、德国慕尼黑大学、澳大利亚拉托部大学、德国杜伊斯堡大学、英国阿伯丁大学、日本东北大学等。

直播二维码　　　直播在线参与人数 46.5 万

导言

　　作为中国传统文化的"啄木鸟"，道家充满着对人类文明进程的反省与批判精神。什么是"道"与"德"？何为"无用"与"有用"？如何"尊道贵德""顺物而用之"，获得精神的"逍遥游"？应该如何对待世界与万物？道家思想的内涵与现代意义是什么？

　　2021年12月12日，武汉大学文明对话高等研究院院长、教育部"长江学者"特聘教授吴根友莅临屈子书院讲坛，发表"道家思想及其现代意义"的主旨演讲，并与现场观众进行了精彩的互动。讲座由凤凰网湖南频道全球同步直播，在线参与人数多达46.5万。长沙理工大学设计艺术学院教授、湖南汨罗屈子书院执行院长王琦担任嘉宾主持。

非常高兴来到屈子书院，与大家分享我对道家文化研究的一点心得。屈原和道家的代表人物老子、庄子都属于南方文化的典型代表，具有浪漫主义特征。我曾经是中文系本科和研究生毕业的，对屈原的作品极其爱好，所以我接到屈子书院的邀请来讲座，觉得自己应该来。从大学到现在，我一直对屈原的精神保持着崇高的敬意。与屈原一样，司马迁、李白等，他们的精神都成为中华民族优秀精神的有机组成部分，道家思想则是中华文化内部具有自我反省和自我批判精神的一支，它像中国传统文化的"啄木鸟"一样，是可以"治病"的。文化的发展既有正面的积累，也有负面的内容，像人吃了五谷杂粮可能会生病一样，文化在长期的发展过程中也会出现很多问题。文化的反省来自民族文化中一些杰出思想家的精神自觉，我今天讲的道家老子和庄子的思想，就具有精神自觉和文化批判、自我反省的意义。正是因为中华文化内部有这种自觉反省和批判精神，所以人类的四大文明古国中，能够延续到今天的文明也只有中华文化。今天的中华文明经过近百年的苦难、奋起与抗争，已经走上复兴的道路，充满着盎然生机，而道家思想在其中做了非常重要的贡献。

一、现代汉语中的道家词汇举例

在道家思想里面，特别对"无"和"虚"等概念做出了一种深刻的思考和反省。我今天从高铁上下来之后，坐车所及，"极目楚天舒"，有点像毛泽东的诗词所说的"怅寥廓"，辽阔的楚地给人一种空旷的感觉。道家对"无"和"虚"的概念的提炼，恰恰表现出对各类空间的追求与珍视，不仅有我们现在所处的屈子书院这个建筑空间，还有一种是心灵空间。道家看似无用而实际上有大用的智慧"天眼"，以及对"顺物而用之"古典生态思想的阐发，大匠的敬业精神、技进乎道的崇高目标之追求，则多维度地展现了道家"尊道贵德"的超越精神境界。我们不仅仅生活在日常生活之中，而且还会追求崇高的合乎人类的超越理想，可以身在楚地但心向世界，有这样一种超越精神。

现代汉语中的道法自然、清静无为、上善若水、每况愈下、鹏程万里、运斤成风、燕雀安知鸿鹄之志、螳螂捕蝉黄雀在后等成语，大家耳熟能详，这些语言直观而活泼地展现了道家思想。它并没有远离，而恰恰洋溢在我们的生活之中。抽象的哲学之道，绝对不是虚无缥缈地在天空之中，而恰恰就在我们的日常生活之中。如道家所讲的"德"，其实就是我们平时所说的良知和良心。此种良知与良心，是得之于先验的"道"，它具体表现为天道"损有余以奉不足"的天然公正之心。刚才跟王院长讲"诗心无国界"，如果从道的高度来看，世界万物皆一体，虽然我们生活在各自的家庭和区域内，但是我们的诗心、人对人之间的爱等精神是可以超越空间的，所以以道观世，万物一体。

二、老子"贵无"的智慧及其真实含义

讲道家思想，首先要讲老子思想。老子是安徽陈国人，陈国当时被楚国兼并了，所以也属于楚国的一部分。老子特别强调"无"的作用，《道德经》有一段话很有意思："三十辐共一毂，当其无，有车之用。埏埴以为器，当其无，有器之用。凿户牖以为室，当其无，有室之用。故有之以为利，无之以为用。"[1]什么叫"三十辐共一毂"，古代用牛或马拉的车，车轱辘有三十根辐条，车轴跟车的轮芯之间有空隙，正因为有这个空隙（无）的存在，所以车子才能跑得动，所以叫"三十辐共一毂，当其无，有车之用"。"埏埴以为器"是指陶匠制造陶瓷茶杯等器皿，正是因为中间有空间，所以它才能够储藏东西，发挥其作用和功能。"凿户牖以为室"，房子做好了，我们要开门、开窗户，这样才能有阳光和空气透进来。正因为有门和窗这样一片空无的地带，房间才能发挥它的作用。老子将生活中一切看起来什么都没有的空间、"空无"的状态看成是为人提供方便和用处的地方。

如果我们的心灵没有空间，一天到晚都被好吃、好喝的欲望占领着，除此之外别的什么都不想。那么，这个人活得跟猪有什么区别呢？正因为我们能够展开想象

---

①王弼著，楼宇烈校释：《王弼集校释》上，中华书局 1980 年版，第 26—27 页。

的翅膀，让心灵放飞，像大自然一样有广阔的空间，所以我们能够把自己的能力和精力调动出来，能够为他人、为人类做出更多的事情，这就是心灵的空间。生活中的普通人只要精神正常，都知道现实中的桌子、凳子、地面等实在的东西会给我们提供方便，所以叫作"有之以为利"。但是很多人往往忽视了什么都没有的空间所带来的作用和功能，而这种空间的价值与作用就叫作"无之以为用"。老子讲人们既要看到实实在在的东西给我们提供的各种各样的方便，同时也要看到那些无形无象的空间给我们提供的各种各样的作用。肚子饿了肯定要吃饭，然而人不仅仅要吃饭，还要学习抽象的道理和各种看不见摸不着的知识，让人类的精神境界也得到提升，所以老子特别强调"无"给人类带来的价值。无形的知识和抽象的哲学道理，相对于现有的金钱、房子、车子等看得见摸得着的"有"而言是一种"无"。然而真正能够给人生带来更多价值的就是看不见摸不着的知识和思想。所以"贵无"这种智慧包含了我们看不见的空间，从门窗、杯子的空间到知识、思想、道德等，这些东西看起来都是"无"，但恰恰能够让人类连成一体，由陌生人变成一个良好的社群，所以老子的"贵无"思想包含着非常深刻的哲学智慧，绝对不是讲虚无缥缈，而是要求我们用高度智慧的眼光去关注无形的精神、心灵、道德的价值，而不是停留在看得见摸得着的实物和实体身上，这是老子所代表的南方哲学家带给我们的绝妙智慧。

三、"上善若水"与老子的贵柔智慧

老子作为中国春秋时期的哲学家，与孔子非常不一样。孔子非常重视周礼，强调仁、义、孝道等道德价值，《论语》中有很多很好的东西。老子作为一个南方哲学家，他形成了与孔子截然不同的一套哲学智慧，特别重视南方人人都能看见、天天与它打交道的"水"所体现的哲学含义。老子说："上善若水。水善利万物而不争，处众人之所恶，故几于道。"[1] "上善若水"是重视柔弱的智慧。如年长者练气功、练太极拳，都是重视柔的表现。老子认为，最高的善像水一样，这是因为水善于给万物带来好处，但是不与万物发生争夺与冲突。比如用水浇树，水慢慢从树根渗下去，它并不跟树发生争执，而是滋养它。"不争"当然就是"贵和"，所以民间

---

[1] 王弼著，楼宇烈校释：《王弼集校释》上，中华书局1980年版，第20页。

做生意讲和气生财，这恰恰是"水"所体现出来的智慧。给了你好处，而不与你发生矛盾、争执，这就是一种智慧。为什么说水"处众人之所恶，故几于道"呢？人们常说"人往高处走，水往低处流"。人人都想往上走，水是最谦虚的，它向下流。我们常讲百川东到海，海水之所以有汪洋之势，正是因为海的海拔最低，所有的水都流向海洋，所以成就了海洋的大气磅礴。这就告诉人们，做人要谦虚，要有胸怀。因为水有谦虚的这种品质和属性，所以最接近于道。

希望大家记住七句话："居善地，心善渊，与善仁，言善信，正善治，事善能，动善时。"[1]什么叫"居善地"呢？这句话的句法是"以某某为善"，指我们在日常生活中不要跟别人争抢什么，要以"地"为善。什么叫"以地为善"呢？荀子讲："地者，下之极也。"[2]因此，"地"是低的极点。人躺到地下就是已经退到没有退路的地方，所以"居善地"的意思是讲日常生活中要以谦虚的大地作为榜样，以大地的低姿态、宽广的胸怀对待任何人。"心善渊"的渊，是指山上的泉水流下的那一个清澈见底的小水坑——水潭。这就是讲，人的心要像渊泉的泉水一样清澈见底，不要很庞杂、很浑浊，如果你这也想要那也想要，就会迷失方向，肯定会犯错误，所以人心要清明透彻，不要有过多的欲望，所以心善渊。"与善仁"是什么意思呢？是指我们在日常生活中与人打交道的时候，要以仁作为自己为人处事的基本原则，不要老是想着去坑别人，所以"与善仁"。我们平时应该怎么说话呢？不是花言巧语，而是说了就要兑现，所以叫"言善信"。在重信用这一点上，儒家和道家如出一辙，《论语》中也讲"人而无信，不知其可也"[3]，言以信为善，是儒道共享的价值。"正善治"的"正"是指政府的一系列行为。在老子看来，整个社会的平安有序就是最好的状态，因而可以称之为善治。"事善能"，就是做事的时候要考虑是否符合现实要求，不能好大喜功，而是要以现实的可能性作为出发点和归宿点。"动善时"是指任何行动都要选择恰当的时机。比如种田，春天稻谷的种子什么时候下到水里，下早了，水里温度太低不发芽；下晚了，水太热种子发不出芽。所以，"动善时"是一种智慧的认知。作为哲人的老子，从水这一自然物里概括出这么多的哲学道理，我想，人如果能够做到"居善地，心善渊"等要求的话，这七句话如果能够成为各位

①王弼著，楼宇烈校释：《王弼集校释》上，中华书局 1980 年版，第 20 页。
②王先谦撰：《荀子集解》下，中华书局 1988 年版，第 357 页。
③杨逢彬著：《论语新注新译》，北京大学出版社 2018 年版，第 37 页。

朋友的座右铭，以此来衡量和约束自己的行为，我相信大家人生失败的概率就会少一点，成功的机会就会多一点。老子在讲完此七句话后，得出一个结论：正因水"夫唯不争，故无尤"。这个"争"跟我们今天讲的比赛的"争"不一样，老子讲的"争"是抢夺性的，以自己胜利为目标的行为叫作"争"，带有占为己有、唯我独享地拥有某种东西的意思。只有"不争"，才使我们不犯错误。因此从对水的形象观察与性质的思考，老子概括出最高的善应该像水一样，具有谦虚、宽容等品质。

四、庄子的"无用之用乃为大用"的智慧

在老子尚水贵柔的思想基础上，庄子提炼出一个非常有哲学意味的命题："无用之用乃为大用"。这一命题的表面意思是：那些看起来没用的东西恰恰蕴含着更大的用处和价值。在这里，我举《庄子·逍遥游》中的一则寓言故事，大家可以一起来看：

> 惠子谓庄子曰："魏王贻我大瓠之种，我树之成而实五石。以盛水浆，其坚不能自举也。剖之以为瓢，则瓠落无所容。非不呺然大也，吾为其无用而掊之。"
>
> 庄子曰："夫子固拙于用大矣……今子有五石之瓠，何不虑以为大樽而浮乎江湖，而忧其瓠落无所容？则夫子犹有蓬之心也夫！"[1]

庄子与惠子是好朋友，他们两个人都是极具哲学水平的思想家。惠子对庄子讲，魏王曾经赠送他一粒大瓠的种子，他把它种到土里，结果长大后，其瓜籽和瓜瓢加在一起有五石重。按照古代的度量衡单位计算，一石是10斗，五石就是50斗；一斗是10斤，50斗就是500斤。我们可以想象一下：一个瓠的籽和瓢掏出来有500斤，该是一个多么大的瓠！在现实中，我们很难见到这么大的瓠。当然，这是惠子用了文学夸张的手法来表达与日常生活中非常不一样的大瓠。这么大的一个瓠，到秋天了，晒干，惠子想把瓢掏出来之后用来装水，但是因为瓠的皮比较薄，如果不经过特殊加工处理，它的硬度不够，盛水之后容易炸裂，所以"以盛水浆，其坚不能自举也"。如果将它剖开，因为那张开的两瓣之瓠就太大了，没有可放

---

[1]郭庆藩撰：《庄子集释》第1册，中华书局1961年版，第36–37页。

的地方，所以惠子说，正因为这个瓠怎么想都没用，因此我一脚就把它踹破了。惠子讲这个话的时候得意扬扬，说这个瓠没有用，其实是在讥笑庄子的思想大而无当。庄子比惠子更聪明，他说："夫子固拙于用大矣"，笑他太笨了，没有用大东西的本事。他笑惠子有这么大一个瓠，为什么不把它做成一个巨大的酒樽，然后到江湖游泳的时候系在身上当成救生圈。为什么老是担心瓠不能装东西？因此嘲笑惠子的心是不是被茅草塞住了。

在这样一则寓言故事中，庄子对一物的有用和无用做了一个非常哲学智慧的思考。一个东西究竟是有用还是无用，不完全取决于这个东西本身，而在于人怎么样来使用它。我们知道，现实生活中有很多看似无用的边角料。比如说钢铁公司的冷轧有很多钢板，一些薄钢板的边角料就浪费了，但是一个艺术家能够利用边角料，将它们做成各种各样的艺术品。茶店喝茶的桌子很多是用我们平时看来无用的大树根做成的，是艺术家们通过处理将它变成了非常好的桌子。艺术家往往心灵手巧，把人间很多看起来毫无价值的东西变成了艺术品，所以民间很多工艺师真是了不起。因此，一个东西有没有用，在于人怎么样花心思让它的价值发挥到恰到好处，我们不能轻易地讲一个东西没有用。就像我们生活中每天都会产生一堆垃圾，这些垃圾看起来没用，但是依然可以通过分类整理，将它变成有用的东西。比如现代国家的很多大城市，像长沙、武汉周边，都应该有一两个垃圾发电站，用垃圾进行发电。中国人经过四十年改革开放，生活刚刚进入小康，但是遗憾的是对生活垃圾处理不够精细，城市里每天有大量垃圾混装，这给垃圾处理带来很大麻烦。日本的现代化过程比我们早，他们在城市管理方面与生活垃圾处理方面值得我们学习，他们是要把垃圾在家里进行分类的。如果将城里每天吃饭剩下的青菜叶收集起来，在农村找个地方挖个坑，把它们往里面一倒，经过长期发酵，就变成黑泥土，这些都是非常好的有机肥料。所以庄子说"无用之用乃为大用"。在农村，很多年长的农民在生活中就是按照这个道理来做事的，只是没有提升到庄子这样的哲学高度。

庄子"无用之用乃为大用"的千古哲学智慧，在今天的文明城市和环保经济、生态建设过程中依然有着现实的价值和作用。我们如何通过创造性转化与创新性发展，将它与城市环保、可持续发展等理念相融合，转化成具有现代价值的观念和可操作性的做事原则与方法，既是传统智慧对当代人的巨大馈赠，又是对众多研究传统文化者的一个重要的精神挑战。

关于"无用之用乃为大用"，庄子还讲了另外一则非常有意思的故事，这个故事的原文是：

> 宋人有善为不龟手之药者，世世以洴澼絖为事。客闻之，请买其方百金。聚族而谋曰："我世世为洴澼絖，不过数金；今一朝而鬻技百金，请与之。"客得之，以说吴王。越有难，吴王使之将。冬与越人水战，大败越人，裂地而封之。能不龟手，一也；或以封，或不免于洴澼絖，则所用之异也。[①]

如果在座的朋友有做企业的，或者未来想当企业家的，这个故事对大家也是有启发意义的。宋人是商人的后代，周朝灭掉商朝之后，就封了块地给商人的后裔。因为是战败之国，所以宋人在战国的寓言故事中是受歧视的。大家如果读战国时代的寓言故事，就会发现那些笨笨的人都是宋人。如《韩非子》中"守株待兔"的故事，嘲笑的就是宋人。在庄子故事中被嘲笑的人也是宋人。宋国有一个人非常善于制造让人在冬天手不龟裂的油膏，他出生在一个世世代代为别人洗被絮的家族，所以发明了这种防冻药。有个商人听说了这种药膏，就用高价钱买这个药方，并拿着这个药方游说吴王。这时正好吴国与越国有仇，当越国发生内乱时，吴国趁机出兵。冬天，吴王在开战前，让士兵们在手脚上都涂了这种药膏，与越人水战，大败越人。结果这个商人被封侯，得到了大片土地。同样是一个药方，其使用效果也都是一样的，但是用的人与用的地方不一样，效果就大大不一样。所以，一个东西是有用还是没有用，价值是大还是小，"则所用之异也"——只不过用的地方不同而已。这个道理我相信现代人太容易理解了。如果作为一个企业家，仅仅生产一个简单的螺丝钉，肯定不能赚大钱，但如果与空客连接在一起，与未来中国的商飞联结在一起，这些大飞机里的某一个零部件由你这个工厂生产，你肯定能赚钱，因为你的产品将行销全世界。如果汨罗有企业家，把当地的产品，如粽子、甜酒等看似很平常的东西，通过现代工艺与营销网络销往全世界，你肯定成为数一数二的大富翁。庄子讲的"无用之用乃为大用"，就看人通过什么样的智慧，把一个小东西的价值发挥到极致。所以说智慧是可以赚钱的。庄子关于"小用"可以变为"大用"的故事，告诉我们不要眼睛紧紧盯着最贵的黄金、银子等，在百姓日用中看似很平常的东

[①]郭庆藩撰：《庄子集释》第 1 册，中华书局 1961 年版，第 37 页。

西，也可以让它发挥到极致，这是庄子"无用之用乃为大用"智慧的一个表现。

　　庄子 "无用之用乃为大用" 的另一个故事，就涉及人生在世究竟应该怎么活的大问题了。下面是庄子跟惠子的一段对话：

　　　　惠子谓庄子曰："吾有大树，人谓之樗。其大本臃肿而不中绳墨，其小枝卷曲而不中规矩。立之涂，匠者不顾。今子之言，大而无用，众所同去也。"

　　　　庄子曰："子独不见狸狌乎？卑身而伏，以候敖者；东西跳梁，不辟高下；中于机辟，死于罔罟。今夫斄牛，其大若垂天之云。此能为大矣，而不能执鼠。今子有大树，患其无用，何不树之于无何有之乡，广莫之野，彷徨乎无为其侧，逍遥乎寝卧其下。不夭斤斧，物无害者，无所可用，安所困苦哉！"[1]

　　上段对话的大意是，惠子对庄子说："我有一棵大树叫作樗树，树干长了很多瘤子，弯弯曲曲的，做什么家具都不行。尽管这棵树长在四通八达的道路之中，路过的泥瓦匠看都不看一眼，大家都认为它大而无用，扭头就离开了。"庄子说："比如说像猫一样的这个小动物，非常灵敏，常常弯着身子，等待时机，一下子跳过去抓住老鼠。它虽然身体灵敏，从东梁跳到西梁，但是一旦有人设个夹子或一张网罗，一下子就可以把它抓住了，聪明伶俐有什么用呢？又如我们今天看到的斄牛，像天边云彩一样大，但是让它去抓老鼠肯定不行，它有它的价值。现在既然有这么大的树，为什么不种在广阔的田野，或什么植物都不长的地方，人们走路累了的时候，就可以躺在下面休息一下，有什么不好呢？"所以一个东西究竟是有用还是无用，关键是从什么角度看。

　　庄子讲得更深刻的地方还有一点，就是这种樗树因为普通工匠看不到它的价值，所以谁都不用斧头去砍它，因此它就会自然而然地生长，直到老死，没有人伤害它而尽其天性。人在生活中也是这样的，有时候太能干就会被累死，有的人看似毫无作用，却能够活得自由自在，成为一个大艺术家。所以庄子揭示了一个深刻的道理，我们如果用凡夫俗子的匠人之心去判断一个东西有用或无用，往往会对一个东西造成伤害。每个物有自己的特性，人也是这样。一个人顺着自己的爱好，成

---

[1]郭庆藩撰：《庄子集释》第 1 册，中华书局 1961 年版，第 39—40 页。

为自己最想成为的那个人，就是最好的。所以在座的父母们，都要帮助孩子们寻找自己最感兴趣的事情，成为他们最好的自己，而不是以考上名牌大学为唯一目的。这就是最好的教育，也是最大的爱。我们要努力让孩子找到自己的天性，顺着自己的天性成长，这样是最大的"用"。庄子"无用之用乃为大用"的哲学思想，还包含着遵循万物自己真正的特性，将其发挥到极致的深刻思考。

就我目前的理解而言，人生最大的幸福不是你拥有巨大的财富，做到很高的官位（当然，那可能也是一种幸福）。我觉得最大的幸福是找到自己喜欢做的一件事情，让自己终生乐此不疲。在座的各位高中生未来考大学，要怎么样选择专业，怎么样选择人生？我觉得应该选择一个真正跟自己爱好相一致的专业，能够成为你终生的职业，而且乐此不疲。就"无用之用乃为大用"的人生哲学而言，就是要让每一个物都发挥自己最极致的价值，这就是最大的用处，这也是哲学的眼光。所以我们对物要尽其用，对人要尽其才，这是道家庄子"无用之用乃为大用"的哲学智慧，是与我们每个人的人生都发生内在关系的一条哲学之路。

在座的如果有企业家，我再延伸讲一下帕累托理论。意大利经济学家帕累托的"二八理论"大意是，20%的人掌握了80%的财富，或者说一个企业20%的项目创造了该企业80%的利润；还可以说，一个企业20%的优秀人员创造了该企业80%的利润。如果直观地理解帕累托的"二八理论"，该企业80%的项目或人员似乎是无用的，而只有那20%的项目或人员有用。但是正是由于80%的人把所有无聊的事情做了，才能让那20%的人创造出这么高的利润。我当过院长，我们院里也有很多非常优秀的老师，不仅文章写得好，而且课上得好，课题也很多。但如果把这些老师从周一到周五每天都安排上课，看他还能不能写文章或拿到课题？正是因为有大量普通的老师上了大量的课程，所以优秀的老师可以少上课，有时间集中精力干自己喜欢的事情，才能创造出最大的价值。因此我们对帕累托理论的有用和无用，以及能够带来更多价值和不能够创造价值的人之间的关系要辩证地理解。所以帕累托原理也需要新的解释，中国人讲的和谐的道理在这里起作用了。从统计学的角度讲，一个组织、一个地区可能就那么几个龙头企业给这个组织、这个地区的产值带来利润。但是如果没有很多一般企业做其他的事情，让这几个龙头企业把这个组织、这个地方非常琐碎无聊的事情做了，看它是否还能赚到钱？所以对有用和无用之间的关系，我们不能用简单的直观数据统计的方式来加以判断与评价。统计学有其一定的科学性,但是缺少一个更大的哲学眼光,缺少一个整体的思考,统计学得出的结论往往是肤浅的,它必须要依赖更大的哲学背景和整体性的思维,这就是哲学跟经济学不一样的地方,这也是我用庄子的有用之用和无用之间的关系,对现在看起来非常合理和时髦的经济学理论提出的一些新的思考。

在座的高中生们,你们在班上成绩好,首先要感恩父母给你们付出的心血和劳动,他们默默无闻地做了很多家务;还有很多老师的辛勤工作和教育。所以得到好成绩不要骄傲;获了奖也不要骄傲,因为是这个国家的安宁给你提供了这样的学习机会。如果我们从年轻的时候具有这样一种情怀去学习,那么,我们有成就之后,既不会骄傲自满,也不会犯错。人的学习需要有情感驱动、有目标引导,不要仅仅将考一所好大学、赚很多钱作为自己的目标,如果是这样,那是很狭隘的。20世纪初,很多仁人志士从国外留学回来报效国家,而今天有部分学生出国后绝对不回来为国效力,这是对不起人民对他的养育的。不要认为自己取得好成绩就是自己个人努力的结果,这种观点不完全是错的,但是太狭隘。我们每一个人的成功都是依托于民族与优秀的文化传统所提供的丰厚的精神土壤,同时也是这个民族和国家很多人默默无闻的奉献,让我们拥有和平安宁的学习机会。如果从这样的角度来思考,我们会有更远大的眼光,学习会有更大的动力。庄子的"无用之用乃为大用"是一种非常深邃的哲学智慧,这种智慧让我们对"有用"和"无用"有一个全新的思想视野。

五、庄子故事中敬业精神与技进乎道的精神追求

在庄子所讲的故事中,还有关于敬业精神和技进乎道的思想追求,告诉我们做一件事不能马马虎虎,做完了就行,而是要好上加好。这里有一个"梓庆削木为镰"的故事,故事的原文是这样的:

> 梓庆削木为镰,镰成,见者惊犹鬼神。鲁侯见而问焉,曰:"子何术以为焉?"对曰:"臣工人,何术之有!虽然,有一焉。臣将为镰,未尝敢以耗气也,必齐以静心。齐三日,而不敢怀庆赏爵禄;齐五日,不敢怀非誉巧拙;齐七日,辄然忘吾有四肢形体也。当是时也,无公朝。其巧专而外骨消,然后入山林,观天性;形躯至矣,然后成见镰,然后加手焉;不然则已。则以天合天,器之所以疑神者,其是与!"[1]

---

[1]郭庆藩撰:《庄子集释》第3册,中华书局1961年版,第658–659页。

　　故事的大意是讲，梓庆作为一个官府里的雕刻家，能够把一根木头雕刻成一个虎形的镶，也就是音乐的架子。这个镶雕完之后，简直是鬼斧神工，成为一个非常好的艺术品。鲁侯看到这个镶之后很惊讶，问他用什么办法把艺术品雕得这么逼真。梓庆回答说自己没有什么特别的术，只在这个过程中，不断地养育自己的精神，剔除杂事，让心安静下来；在家斋戒三天后，让思想高度放松、精神饱满，将私心杂念全部排除掉。斋戒五日后，把思想又进行提纯，不敢思考非誉巧拙的评价。斋戒七日后，忘记了自己的肉身，心里想的全部是镶的形象，连自己在哪儿都不知道。然后到山里仔细考察各种树的形象，找到符合自己需求的树，把镶的形象跟这个树本身的形象合在一起，然后把这棵树砍倒，动手来做。做到一半觉得不行的时候，就停下来，直到镶本然形状与树本身的纹路和形象高度吻合在一起，所以雕刻出来的镶栩栩如生，这就是他的术。

　　梓庆削木这个故事包含了什么样的哲学道理呢？这个故事告诉世人，在做事的过程中，要以一种高度的敬业精神，剔除心中任何杂念，对事情的本身保持千分之千的纯粹，如果达到这种状态，没有什么事情做不好的。老师备课时，如果心里想的是每一个听课人能否听懂，能不能让每个人都听得聚精会神、津津有味，然后再考虑如何组织材料和语言，相信这个老师一定会成为一个好老师。宋代大画家苏东坡画竹的时候，往往都是"胸有成竹"，要画的竹子的形象在心中都有了，然后才落笔。所以梓庆削木这个故事体现的精神是：怎么样以高度敬业的精神对待自己要做的事情，如何将它做到极致。

　　《庄子·知北游》还有另外一个故事也体现了这种敬业精神：

　　　　大马之捶钩者，年八十矣，而不失豪芒。大马曰："子巧与！有道与？"曰："臣有守也。臣之年二十而好捶钩，于物无视也，非钩无察也。是用之者，假不用者也，以长得其用，而况乎无不用者乎！物孰不资焉！"[1]

　　所谓"大马之捶钩者"，讲的是一个捶钓鱼钩子的人活到八十岁的时候，做出的钩子都是非常精美的。大司马问他有什么特殊的秘诀，他说自己作为一个工匠，没有什么秘诀，只是有自己所坚持的东西。他二十岁开始喜好打造鱼钩，对于其他事物视而不见，不是带钩的东西就不会仔细地去看，因此注意力高度集中，所以

---

[1]郭庆藩撰：《庄子集释》第3册，中华书局1961年版，第760–761页。

到八十岁仍然眼不花手不乱。这个故事也体现了敬业精神,讲专于自己所干之事,
有一技之长。庄子故事中的这些工匠,虽然做的是具体的技术,但是技术中包含着
"道",这个"道"就是高度的精益求精的精神。要把一件事情做到极致,我们必
须有专业的精益求精的精神。庄子的文章中"梓庆削木"的精益求精的精神,"大
马捶钩"的敬业精神,都是今天中华民族在现代化的过程中、在制造业的发展过
程中、在各种产品的制造和销售中,应该继承与发扬的。只有这样,中国的产品在
世界上才会行销得更久远。中国古代有着很好的工匠精神,产品做得好,我们要从
中国传统文化中、从庄子这些故事中汲取敬业和精益求精的精神,让中国的商品
更具有国际竞争力。

庄子一书中还有一个故事叫庖丁解牛,在座的高中同学应该熟悉这个故事,这
个故事讲的是"技进乎道"的哲学追求:

> 庖丁为文惠君解牛……合于桑林之舞,乃中经首之会。文惠君曰:
> "嘻,善哉! 技盖至此乎?"庖丁释刀对曰:"臣之所好者,道也,进乎
> 技矣。始臣之解牛之时,所见无非全牛者。三年之后,未尝见全牛也。
> 方今之时,臣以神遇而不以目视,官知止而神欲行……良庖岁更刀,割
> 也;族庖月更刀,折也。今臣之刀十九年矣,所解数千牛矣,而刀刃若
> 新发于硎……虽然,每至于族,吾见其难为,怵然为戒,视为止,行为
> 迟。动刀甚微,謋然已解,如土委地。提刀而立,为之四顾,为之踌躇
> 满志,善刀而藏之。"文惠君曰:"善哉! 吾闻庖丁之言,得养生焉。"[1]

要成为大国工匠,既要在技术上达到精益求精,又要掌握超越"技"的哲学上
的真理,这叫"技进乎道"。庖丁为什么解牛的技艺这么高超,这么游刃有余! 这是
因为他掌握了"道"。他刚开始解牛的时候,眼睛看到的就是一头整牛,而三年之
后,他解牛的时候看到的牛就不再是完整的牛,而是牛的各种经脉、筋骨,他对牛
体的内在结构十分了解,用手一摸就知道从哪里下刀。刀子在牛身上随心而割都
符合牛身上的肌理。一个好的屠夫,一年换一把刀。原因是他解牛时顺着牛的经
脉和筋骨的缝隙下刀。普通的屠夫,一个月就得换一把刀,主要原因是他不知道牛
的生理结构,常常用刀硬砍。但庖丁的刀已经用了 19 年之久,所解的牛也有数千

---

[1]郭庆藩撰:《庄子集释》第 3 册,中华书局 1961 年版,第 117–124 页。

头之多, 而刀刃还像刚刚从磨刀石下来一样。文惠君从庖丁解牛的故事中得到一个善于养生的道理, 即顺着人的自然节奏养生, 不要吃得过好, 也不要吃得过饱。我们今天在此处不是讲养生道理, 而是讲哲学, 讲技术和哲理之间的关系。人做的每一件事情里面, 包含着超越具体要求的真理性内容, 这种真理性内容就是精益求精, 保持高度的敬业精神。只有这样, 才能把一件事情做好。所有技术层面的内容都包含着这样的抽象精神。如果人的精神文明仅仅停留在技术层面, 这样的精神状态是做不好技术的。庄子讲的"技进乎道"的真理在什么地方呢? 这是庄子思想里非常具有哲学性的地方。他说任何两个东西结合在一起, 中间一定有一个缝隙, 要把东西分开, 就一定要找到这个结合点, 然后再把它轻轻地剥离, 而不是用锤子去锤, 这是庄子的哲学智慧。如果我们的干部在处理人民内部矛盾的时候, 理解庖丁解牛故事背后所蕴含的哲学智慧, 我相信他 / 她就是一个非常高级的调解员。因为任何矛盾的兴起必有它的原因, 找到这个原因与解决办法, 这个矛盾就一定能够化解。如果找不到真正的原因, 就没有办法调解好。庄子讲的"技进乎道"的哲学追求告诉我们, 处理任何事情一定要找到窍门和关键点, 这样才能够化解矛盾。如果我们精读《庄子》, 体会庄子的精神, 我们就会变得富有耐心、富有智慧。哪怕是对待一件极小的事情, 也可以用极其虔诚的态度达到完美的境界。这是道家庄子给予我们的哲学启迪。

六、道家之道与道家之德

道家讲上善若水, 讲贵无, 讲敬业精神, 讲技进乎道。那么, 道家之"道"与道家之"德"是什么意思? 老子讲:"有物混成, 先天地生。寂兮寥兮, 独立而不改, 周行而不殆, 可以为天下母。吾不知其名, 字之曰道, 强为之名曰大。大曰逝, 逝曰远, 远曰反。故道大, 天大, 地大, 王亦大。域中有四大, 而王居其一焉。人法地, 地法天, 天法道, 道法自然。"[1]"道"是不能分离的混然之物, 无形无相, 是万事万物的开头, 我们不知道如何称呼它, 勉强尊称它为"大", 这个"大"就是道之名。道的属性就是流动, 流向远方, 同时还要回到自己的起点。"域中有四大", 即是说域中有四道。四道之间的排序是: 人道法地道, 地道法天道, 天道法道道, 道

---

[1] 王弼著, 楼宇烈校释:《王弼集校释》上, 中华书局 1980 年版, 第 63 页。

道法自身。老子讲的"道"看起来很抽象，实际上一点不抽象。"道"就是人类所必须面对的客观自然环境及其法则，人人都要遵循客观法则和自然法则来实现自己的目标，这就是老子讲的"德"。

庄子说："夫道，有情有信，无为无形；可传而不可受，可得而不可见；自本自根，未有天地，自古以固存；神鬼神帝，生天生地；在太极之先而不为高，在六极之下而不为深，先天地生而不为久，长于上古而不为老。狶韦氏得之，以挈天地；伏牺氏得之，以袭气母……"[1]庄子的"道"既是万物的开端，也是大自然的法则和真理。道无为无形，但又是真实的、可信的，可得而不可见，需要用理性去认知，去把握。

老、庄讲的"道"大体上有五重意思。第一，道是万事万物的开端，是让万事万物得以成立、成长的理由与根据。得道即获得事物的根本。第二，整个人类有四种道：涵盖天地人的根本之道——语言上可以称之大道或道大（道为字，大为名）、天道、地道、王道（人道）。第三，对道的认识必须要用理性思维去把握，所以不能用视觉、听觉、触觉等感性来认识道。第四，道是真实存在的，可以传达的，谁能得道，谁就能成就自己的事业。第五，我们用名词与语言也不能完全把握道的全部内容，需要用理性思维，从整体上进行理解。

七、道家的慧眼："以身观身"与"以道观之"

道家看问题的方法，概括起来讲，有"以身观身"和"以道观之"两种方法，这两种方法可以称为道家的"慧眼"。怎么看问题才是正确的？老子说："善建者不拔，善抱者不脱，子孙以祭祀不辍。修之于身，其德乃真；修之于家，其德乃余；修之于乡，其德乃长；修之于国，其德乃丰；修之于天下，其德乃普。故以身观身，以家观家，以乡观乡，以国观国，以天下观天下。吾何以知天下然哉？以此。"[2]正确的方式是以身观身，以家观家，以乡观乡，以国观国，以天下观天下。通俗地说，就是要用手机的眼光来看手机，而不能用车的眼光来看手机。这些观点甚至强调的就是用适合于物自身的尺度来考察事物，所以我们在思考问题的时候，不能把评价的尺度用错了，否则就会得出一个错误的结论。在当今国际社会，美国始终用自己国家的法律来管理全世界的事情，就不是以国观国，而是

①郭庆藩撰：《庄子集释》第 1 册，中华书局 1961 年版，第 246–247 页。
②王弼著，楼宇烈校释：《王弼集校释》上，中华书局 1980 年版，第 143–144 页。

以国观天下，所以是霸权主义。以天下观天下又是什么呢？今日的天下是由很多主权国家组成的，由不同民族和人口组成的，因此不能用管理国家的方式管理世界。中国现在采取的是以天下观天下、以世界观世界的方式。中国的事情用中国的方式处理，但是对世界的事情不能完全用中国的方式处理。同样我们处理汨罗市或者一个乡镇的事情，就只能用一个县或者乡镇的方式，不能用湖南省的规模考察一个县，所以用适度的规模，以物自身的尺度考察物，这是我们处理一个具体问题、对待一件事情的正确方法。这一点是道家给予我们的看问题的慧眼。这里讲的以身观身、以家观家等，就是要求用适合事物自身的尺度去考察事物。我作为一个大学哲学教授，只能用这个标准来要求我，而不能用一个军人的标准来要求我，要我去扛枪打仗，那肯定是不行的。在我们平时的家庭教育中，不要拿自己的孩子跟别人家的孩子比较，而是要根据自家孩子自身的特性、家庭背景、身体素质等因素，对孩子提出相应的要求。这也有一点我们今天讲的实事求是的意味，要根据事物自身的情况提出相应的要求，这才是对的方法。

除了这个慧眼之外，庄子还提出以道观物、物无贵贱的思想。他说："以道观之，物无贵贱；以物观之，自贵而相贱；以俗观之，贵贱不在己。以差观之，因其所大而大之，则万物莫不大；因其所小而小之，则万物莫不小。知天地之为稊米也，知毫末之为丘山也，则差数睹矣。以功观之，因其所有而有之，则万物莫不有；因其所无而无之，则万物莫不无。知东西之相反而不可以相无，则功分定矣。以趣观之，因其所然而然之，则万物莫不然；因其所非而非之，则万物莫不非。知尧、桀之自然而相非，则趣操睹矣。"[1]这个思想非常重要。关于人的各种各样看问题的错误方法，庄子列出了五种。第一种是"以物观之，自贵而相贱"。从物的角度看问题，每个人都认为自己有价值。第二种是"以俗观之，贵贱不在己"。从世俗的眼光看，贵与贱不是由自身决定的。第三种是"以差观之，因其所大而大之，则万物莫不大"。从比较大小的角度看，你讲这个东西大，要把它凸显出来，用今天摄影的特写镜头，一只很小的苍蝇可以放得很大，所以"因其所大而大之"，万物都是大的。而在无限的宇宙中，天地像一粒米一样小，所以"因其所小而小之，万物莫不小。"万物的大小比较，关键看你聚焦的远近。第四种是"以功观之，因其所有而有之，则万物莫不有"。意思是，从功能的角度看，每个事物都有它特殊的功能。

---

[1]郭庆藩撰：《庄子集释》第3册，中华书局1961年版，第577–578页。

如马善于跑，但是要马去耕田，马就不如牛，所以要从事物本身有的功能出发来考察它，而不能用牛的功能来考察马的功能。如果是那样，我们就犯错了。第五种是"以趣观之，因其所然而然之，则万物莫不然"。如湖南人喜欢吃辣的，如果一顿饭菜里没有辣的，便觉得这餐饭吃得不够味。所以每个人有自己的趣味和爱好。以物观之，以俗观之，以差观之，以功观之，以趣观之等，都是我们在生活中看问题的方法，我们不会去反省这些方法有没有问题，但在庄子看来这些方法都是有问题的，所以他提出"以道观之"，从道的眼光来看事物，万物都有价值。这是庄子给我们的慧眼。"以道观之"是一种全面的带有真理性的视角来看待事物的方法，而以物观之、以俗观之、以差观之、以功观之和以趣观之，这些都是看问题的方法，虽有一定的正确性，但是不全面，往往会形成片面性。如果执着于某一个看问题的方法，我们就会陷入谬误，所以要有全面正确看待事物的方法，从不同的角度按照事物自身的要求去考察事物，这就是"以道观之"的哲学认知方法，这也是庄子给我们的慧眼。

老子说："道者万物之奥，善人之宝，不善人之所保。美言可以市，尊行可以加人。人之不善，何弃之有！故立天子，置三公，虽有拱璧以先驷马，不如坐进此道。"[1]这段话的意思是：道是万物的源泉，对于好人而言，道是他们的法宝，对于一般人、普通人而言，道是他们的保护伞，所以治国安邦、管理社会都要用道的眼光去看问题。老子说，在圣人的眼中，所有的人都有价值，没有一个人是废人，这就是道家"以道观之"所具有的特别的、智慧的眼光，所以我们不要轻易地骂别人是废物，而要用道的眼光去看待事物。每个事物都有自己特有的价值，如果我们本着这样的眼光与智慧来看世界，我们就会认真对待每样东西，哪怕是一样很小的东西，也更会尊重每个人。我们作为一个家长，或作为一个教育工作者，哪怕是成绩最差的学生，也可能是一个好学生。这个"好学生"的意思是，他有自己特殊的价值，只是在现有的教育体制下还没有发挥他的长处。这样我们对自己的孩子和学生，就会真正在理性上有一个大爱之心。这个大爱之心不是天生拥有的，而是必须具备道家"以身观身"和"以道观之"的慧眼，才能够培育和涵育的。教育者更应该是这样。

我的讲座到此结束。谢谢大家！

（王琦整理并经主讲嘉宾审定）

---

[1]王弼著，楼宇烈校释：《王弼集校释》上，中华书局1980年版，第161–162页。

现场互动

主持人（王琦）： 一谈起道家，我们很多人就会想到一句经典的话："道可道，非常道；名可名，非常名"，觉得道家思想非常深奥，玄之又玄。今天吴教授从现代汉语中的道家词汇说起，列举了很多小故事、小例子，深入浅出地为我们讲解道家的"贵无"思想，何为"无用之用乃为大用"，什么是"技进乎道"的敬业的精神。可以说，道家思想给了我们一种不同的看待世界与事物的视角。我非常赞同吴教授的一句话，即每个人都有自己特殊的价值与特性。真正的幸福就是根据自己的特性，找到适合自己的、能够乐此不疲的事情，成就更好的自己。感谢吴教授带给我们人生与智慧的启迪。让我们再次以热烈的掌声感谢吴教授的精彩演讲。

接下来，我们进入现场互动环节，欢迎朋友们积极向主讲嘉宾提问。

观众提问： 吴教授，您好！关于您讲的清静无为，我不是很理解。"无为而为"是什么意思？这种状态可以体现在高中生身上吗？我们该如何做呢？

吴根友： 老子所讲的"无为"并不是指什么都不做，而是要我们合乎道的精神去做事情。放到高中生身上，怎么无为而为呢？就是符合学习的规律，上课认真听讲，听不懂的地方就去问老师，直到明白为止；平时按照正常的时间作息，不要去熬夜、加班，不要为了奖学金或参加奥林匹克竞赛，让自己非常累。对同学们而言，顺从学习的规律，认真地去学习，这就叫"无为"，而不是不学习才是"无为"。如果父母望子成龙，不遵从学习规律，在正常学习之外，加各种作业，报课外培训班，周末的时间都被学习占满，那么星期一再上课，孩子的身体就会很疲倦，听课就没有精力，这就叫"人为"。这样，学习成绩会出问题，身体状况也会出问题。因为长时间的高强度学习，对一个高中生而言，人的一些天性被压抑了，人就要生病。就像一条小河，如果在这个地方筑个坝，那个地方筑个坝，水就不能自然而然地流淌，流速就会变慢，变慢之后就会长各种各样的野草，河道慢慢地就会淤塞。这个淤塞的过程就是人为的过程，因为没有顺应河流自身流动性的要求。高中生的"无为"就是要顺应中学学习的规律，掌握与自身年龄相一致的知识，而不是大学教授才要思考的数学、哲学等问题；否则，就是违背规律，让你们生病、沮丧，甚至觉得自己没用。所以重视教育与心灵的规律去学习，健康地成长就是"无为"。

观众提问：吴老师，您好！今天您深入浅出的演讲让我更深层次地理解了道家文化，以及老子"上善若水""贵无"的智慧。想请教您：我们如何用道看问题，用大爱的心包容万物，珍惜身边的一切呢？

吴根友：这是一个实践性的问题，在日常生活中，我们如何运用老子和庄子所讲的深奥哲学道理呢？如果你记住"上善若水"这样一个道理，你就会理解怎么样用大爱的心去对待世界和万物。水在自然状态下一定会顺着地心的吸引力向下流动，这是水的一个属性，由此而体会到人也有自己的天性。人一天24小时，不能将所有的时间都用来学习，还要吃饭、休息、放松和运动。因而要按照人的天性，将几者结合在一起，这是水给我们的第一个启示。

第二个启示：水是柔弱的，但是在向下流的过程中，前面即使有各种各样的东西阻挡它，它即使绕着走也要向下走，而绝对不会往上走。所有河流向下流的时候，没有一条河流是直流下去的，一般是弯着走的。所以当我们碰到问题或困难时，要善于改变方法与思路。不一定要直着走，说不定绕着走，路也能走得通。

海洋、湖泊为什么那么广大？这是因为它谦虚、居下位，所以人要始终保持谦虚的心态，才会有更大的进步。哪怕你是班上第一名，也不要高傲，否则就难以进步。牛顿虽然发明了三大定律，在自然科学上做出了巨大贡献，但相对人类应该知道的宇宙和自然知识而言，真的只是一点点。我们高中生学的一点点知识，九牛一毛都不如，所以成绩好不用骄傲，成绩不好也不用沮丧。如果成绩好，又热心帮助同学，你的朋友就会很多；你越谦虚，就会有更多的人帮助你成长，让你更加博学、更有智慧。所以你记住"上善若水"这句话，从水的谦虚向下、利万物而不争的特性中汲取人生的智慧，相信你会成为一个非常了不起的人。

主持人（王琦）： 谢谢观众朋友的提问，谢谢吴教授的作答。吴教授非常繁忙，昨天从外地做完讲座回到武汉开会，今天又来到汨罗屈子书院讲座。为了表示对吴教授的感谢，我们给吴教授准备了一个小小礼品。再次掌声感谢吴教授！

主持人（王琦）： 现在激动人心的时刻到了。今年是2021年12月，为了感谢观众朋友们对屈子书院一直以来无私的支持，我们今天将开启一个特殊的环节——年度忠实粉丝的回馈活动。有请工作人员播放往期讲坛的回顾。自2019年4月讲坛开播以来，屈子书院共为线上一千多万朋友带来了思想盛宴，平均每次在线直播达到51.4万人。这些成绩的获得离不开我们忠实的线下及线上的朋友们，离不开关爱我们的领导们、朋友们，还有工作人员及媒体朋友们。我们每一期讲坛的新闻除人民网、凤凰网湖南、新湖南、网易、腾讯、搜狐等主流媒体推送外，还有200多家市（县）级媒体集中推送。屈子书院讲坛虽然开播只有两年多，中间因为新冠肺炎疫情的关系，不得不停讲8个月之久，但是在大家的共同支持下，我们的讲坛在国内外学界产生了比较大的反响，很多书院表示向我们取经，这一切都要深深地感谢大家的支持与厚爱。

今天我们将从报名系统中抽取8位忠实的朋友，他们基本上每期都会来到我们的讲座现场。我现在宣布2021年度屈子书院讲坛忠实粉丝名单，他们是：刘石林、江淹、郭艳阳、巢敏、任凌芳、谢宁、马镜皓、付延辉。恭喜我们的忠实粉丝！我们将为忠实粉丝送出屈子书院讲坛的精美礼品！谢谢大家的支持！

主持人（王琦）： 现在我想现场采访一下我们的忠实粉丝江淹先生。因为江先生每期都会来到我们屈子书院讲坛，而且每次都听得非常认真，做笔记也做得非常好！我想请问江先生，您来屈子书院听讲座有什么感想？

江淹：屈子书院讲坛的讲座，我每一期都来了，听了这么多期以后，我深深地感受到，每次听讲座有神交圣贤的快意，也有识通古今的喜悦，也有豁然开朗的酣畅淋漓，也有解决问题的深刻启迪。比如说张建永教授讲的"文旅、文化、文产发展的途径和方法"，方铭教授讲的"怎样认识屈原"，朱杰人教授讲的"朱子与屈子"，都让我收获颇多。我作为书院讲坛的忠实粉丝，衷心祝愿屈子书院讲坛能够秉持初心、守正创新，在文化自立、自信、自强的宏大的历史进程中书写自己浓墨重彩的一笔，祝讲坛越办越好。

主持人（王琦）：谢谢江淹先生的祝福！谢谢朋友们一直以来的支持与厚爱！我们期待屈子书院讲坛的未来会更好！"香草美人地，诗韵汨罗江"。本期讲坛至此圆满结束，我们下期再会。

祝大家身体健康，万事如意！

（王琦整理并经主讲嘉宾审定）

屈原与湖湘文化

郑佳明，1949 年生，湖南长沙人，现为湖南省政府文史研究馆馆员、湖南师范大学历史文化学院教授。本科和研究生先后毕业于北京大学和湖南师范大学，获历史学硕士学位。曾任湖南大学工商管理学院、湘潭大学、中共湖南省委党校兼职教授，兼任湖湘文化研究会常务副会长、红网名誉董事长，湖南电视台金鹰纪实频道《故事湖南》主持人。入选中组部"全国干部教育培训师资库"，被聘为国侨办"文化中国，名家讲坛"专家，曾赴美国、欧洲讲学。

著作有《湖南城市史》《清政府封闭状态和心态研究》《创业大本营》《长沙历史文化丛书》等；译有《偏见心理学》。在长篇历史题材电视剧《雍正王朝》《走向共和》和《恰同学少年》中，分别担任总监制和总策划，在大型理论专题片《走向和谐》担任总撰稿。

直播二维码　　　直播在线参与人数 49.9 万

导言

　　"屈平词赋悬日月，楚王台榭空山丘。"屈原作为中国历史上第一位伟大的浪漫主义诗人与爱国主义诗人，经历了怎样的人生波折？他在沅湘之间的行吟、愁怨与自沉汨罗江，对湖湘文化与湖湘人精神的形成有何重要影响？

　　2022年2月20日，湖南师范大学历史文化学院教授、湖南省委宣传部原副部长郑佳明先生莅临屈子书院讲坛，发表"屈原与湖湘文化"的主旨演讲，并与现场听众进行了精彩的互动。讲座由凤凰网湖南频道全球同步直播，在线参与人数多达49.9万；长沙理工大学设计艺术学院教授、湖南汨罗屈子书院执行院长王琦担任嘉宾主持。

感谢屈子书院对我的邀请，也感谢汨罗的朋友们、同志们的热情接待，感谢胡部长和湘阴县的同志们从外县赶来听我讲课，感谢在座的各位，感谢凤凰网，感谢屈子文化园的同志们。我是昨天下午到的，参观了屈子文化园及其有关的设施，我对汨罗市委、市政府对屈原文化、对传统文化的高度重视和巨大投入，是衷心敬佩的。我为官40年，同时又是一个历史文化的学习者，所以对屈原有一种深深的崇拜之情。我在汨罗江边上，回想着2000多年前屈原在这里行吟写作，心情是不平静的。今天我在汨罗讲屈原，有班门弄斧之嫌，因为现场不光有屈学专家刘老先生，还有其他很多专家，所以我是抱着一种学习的态度，向大家汇报、分享一些学习的体会。

我谈两个方面的问题，一是谈屈原其人其事，二是谈屈原对湖湘文化的影响。希望通过梳理进一步认识屈原的价值与意义。昨天王琦教授请我题词，我想了很长时间，写了两句话："追寻屈原的意义，弘扬屈原的精神"。我讲屈原的生平与人生，就是要追寻屈原的意义何在。他已经去世2300年，我们还在这个地方怀念他。我们为什么会怀念他？为什么要向孩子们讲述他的故事？因为他是我们民族文化血脉中的一股热流，我们要让这股热流长久地流淌下去，这是屈子文化园、屈子书院都应该去追寻与探讨的。

一、屈原其人其事

为了便于大家记忆和思考，关于屈原其人其事，我分成七个小问题来讲。

（一）屈原生活的时代

屈原是在公元前340年左右出生的，到公元前278年前后去世，大约活了62岁。经过春秋时期的诸侯争霸与战国时期的兼并，到了屈原的时代，战国七雄最后只剩下楚国、齐国、秦国三个国家。这三个国家各有特点，楚国当时不仅是世界上最大的国家，而且很富裕，有10年的存粮和一百万披甲的士兵。他的对手秦国原来是西戎的一个少数民族，后进入了汉族的领域，运用了商鞅、韩非的思想进行了改革：发展农业，奖励耕种；发展军事，奖励战功，从而国家富强了，军事力量强大了，变成了一个强国。

楚国有800年的历史，形成了非常强大的王族、贵族等世家，这些家族不仅有自己的封地（采邑），同时还有自己的武装、税收，这样楚国的力量就分散了，导致他们在外交上也不统一，有的家族与齐国比较好，有的家族跟秦国比较好。当时楚国面临两大问题：一是要不要改革，二是外交上跟谁交好。当时有两个非常有名的纵横家苏秦和张仪，他们一个主张合纵，联合抗秦；一个主张连横，各个瓦解各国。屈原则主张改革宪令，限制贵族的利益，加强王权与军事，保卫楚国。这个改革思想触动了既得利益集团的利益，所以靳尚、子兰、郑袖等人不断地向怀王进谗言，于是楚怀王逐渐对屈原失去了信任。同时，屈原还主张连齐抗秦，到齐国进行外交联合，但是这时朝廷却倾向于向秦国妥协，所以犯了怀王的大忌，屈原被怀王疏远与流放。屈原被流放的结果是什么呢？就是楚国在和秦国的竞争之中逐渐衰弱，每次打仗怀王都要丢一块地，签署一些非常屈辱的条约，最后怀王被骗到了秦国，客死秦国，秦国大将白起灭掉了楚国，这是屈原生活的背景和他投江的背景。

（二）屈原做官的"失败"

屈原一生做了两件事：一件事是做官，一件事是作诗。屈原做官的"失败"是在一个时代中的自我选择。他在楚国做了三个官，第一个官是文学侍从，就是帮朝廷起草文件的，特别是帮怀王写文章，相当于现在的政研室主任。他的文章写得很好，16岁的时候就写了《橘颂》。之前六国讨伐秦国的战争檄文也是屈原起草的，其文采和思想被广为认可。第二个官是左徒，为楚国的三把手。楚国的官制和中原的官制并不完全一样，最高领导是怀王，下边是令尹，相当于宰相。屈原这时只有二十多岁，就做了左徒，相当于常务副宰相。司马迁《屈原列传》中说屈原博闻强记，能说会道，是善于处理外交与内政的能臣。开始楚怀王非常信任屈原，屈原跟怀王讲国家要富强必须改革，否则会亡于秦。怎么改呢？他的纲领是两句话：一是举贤任能，不能完全依靠出身；二是修明法度，王公贵族与庶民一样要遵守法纪。但是这个改革举措遭到了王公贵族的极端反抗。靳尚等利益集团反对屈原的主张，散布流言蜚语诽谤屈原，怀王听多了谗言，"怒而疏屈平"。屈原被流放两次，第一次在郢都附近，第二次就到了湖南。

这里边涉及如何看待屈原做官"失败"的问题。有一些人认为，屈原做官失败是因为他不通世故，不够圆滑；还有人认为，屈原坚持改革，坚持国家的长远利益，即使失去了官职也不后悔，因此不能说他失败。关于这个问题，争论了很长时间，今天如果拿到官场上来进行讨论，肯定也有不同的意见。

（三）屈原作诗的"成功"

"屈原放逐，乃赋离骚"。屈原两次被放逐，走过很多地方。梁启超写了一篇文章叫《屈原研究》，把屈原诗里提到的地名都排列出来，其中活动最多的地方是湖南。他西边到了溆浦，南边到了衡山，汨罗、沅江上游到处留下他的足迹。他在湖南待了将近10年时间，写了很多诗。经过考证，大概有25首诗是他写的，代表作就是《离骚》，可谓前无古人后无来者。直到2000多年后的现在，还没有哪一首诗能够超过《离骚》，为什么呢？因为写诗是个性的创造。屈原是一个天才式的人物。首先，他有贵族的身世、经历与文化素养；第二，他有极强的个性；第三，流放的生活让他对百姓的艰苦生活有了深刻的理解与体会，提升了他思想的全面性和深刻性；第四，战国时代是一个促人思考的时代，是一个激发人去追寻的时代，属于西方所说的"轴心时代"。从公元前800年到公元前200年，无论是在印度、埃及，还是在地中海沿海、希腊、罗马等地方，都出现了很多影响深远的思想家，屈原时代是产生巨人和伟人的时代。

公元前278年，楚国郢都被秦国的大将白起攻破。城里一片火海，百姓遭到杀戮，王室往东逃窜。屈原听到这个消息以后，异常悲愤，投汨罗江而死。他这种为坚守自己的理想、人格而去死的事情是令人震撼的，给我们留下了千古的疑问，也给我们带来了千古的精神激励。

（四）屈原历史地位的形成

屈原历史地位的形成并不是一帆风顺的。楚国灭亡，屈原在汨罗跳江，只有老百姓知道。他为什么会成为一个全国知名的人呢？他的思想为什么影响深远呢？屈原历史地位的形成有一个漫长的过程。

屈原事迹的传播，有一个非常重要的人物贾谊。贾谊是汉文帝时的大臣，才华横溢，十六七岁就做了大官。他写的《过秦论》《治安策》十分有名。贾谊因为年轻气盛，得罪了朝中权贵，汉文帝就把他下放到湖南做长沙王的太傅。他坐船从洞庭湖到长沙去，想起了屈原，就写了一首《吊屈原赋》，对屈原的评价非常高。《吊屈原赋》广为传颂，并影响了汉朝学界、政界，于是就有人开始整理屈原的作品。一个是王逸，他对屈原的诗赋进行了整理，撰成了《楚辞章句》。另一个是淮南王刘安，他所著的《离骚传》是中国最早对屈原及其《离骚》作出高度评价的著作。此外，南朝刘勰的《文心雕龙》也专门讲到了屈原，对他的评价非常高。但是在汉朝的时候，对屈原的评价也产生了一些争议。武帝的时候，废黜百家，独尊儒术，往往以儒家思想来评判事物和人物，有人便对屈原产生了不同意见。比如，班固说屈原是"露才扬己""责数怀王""忿怼不容，沉江而死"。①

到了宋朝的时候，洪兴祖写了《楚辞补注》，对屈原的著作再次进行整理与辨伪。南宋理学集大成者朱熹专门写了《楚辞集注》，对屈原《楚辞》做了整体的研究。《楚辞集注》中处处体现了屈原的"忠君爱国之诚心"。朱熹在阐述屈原精神的时候，实际上也在把屈原儒化、理学化了，使得屈原的地位进一步提高，后来研究屈原的人络绎不绝，形成所谓的"屈学"。

（五）屈原诗的深远影响

屈原的诗为什么会有这么高的历史地位？不仅仅是因为他的诗本身，还在于他的人格。屈原的诗和他的人格一起在历史上行走，留下了遗迹。据岳麓书院的学者统计，在唐诗里为屈原写诗的人有 50 多位。包括宋之问、张说、王维、孟浩然、刘长卿、李白、高适、杜甫、戴叔伦、刘复、韩愈、柳宗元、元稹、孟郊、白居易、杜牧、贾岛、韦庄等等，他们共计写了 70 多篇吊屈原的诗。宋词中有 44 位词人写了关于屈原的 55 篇词作，其中辛弃疾有 5 首。特别是宋室南渡以后，有 11 首歌是颂屈原的。如李白说："屈平词赋悬日月，楚王台榭空山丘。"赞美屈原的辞赋就像空中的日月悬在天上，而放逐屈原的楚王的楼台亭榭已经变成了空空的山丘了。杜甫写的是"应共冤魂语，投诗赠汨罗"，寄寓了自己对屈原的情感。

屈原在文学上开辟了一个"香草美人"的时代。《离骚》总共 300 多句，提及

---

① 王逸：《楚辞章句》，文渊阁《四库全书》，商务印书馆 2006 年版，第 1066–1082 页。

花草的有40余处，诸如木兰、宿莽、江离、蕙芷、留夷、揭车、杜蘅、方芷、薜荔、菌桂等等。他以恶草比喻小人，用芳草比喻美人。屈原追求"三美"，即美人、美政、美文。"美人"是什么呢？就是德性很美的正派君子。"美政"是什么呢？就是从尧、舜、禹开始的"德政"。"美文"是什么呢？就是既有内涵又辞藻华美的文章。他的这种"三美"追求把中国文学和思想都大大地向前推进了。

我曾经想过一个问题，屈原有没有思想？现在我们把屈原看成文学家，没有人有意见。但是我们把他看成政治家，有一半人有意见。我们把他说成是思想家，很多人有意见。屈原的《离骚》里有法家的思想，他要按照法度来改革，而不是按照人情行事。其次，他有儒家思想，他主张选贤任能，哀民生之多艰，对人民群众满怀爱意与感情。此外，他还有道家思想，他和老、庄有相通之处。冯友兰的《中国哲学史》里曾写到屈原的思想，认为屈原是思想家，我认为讲得非常好。屈原的爱民忧国思想、法治思想、改革思想等，都是值得我们研究的。

屈原对后世产生了非常深远的影响。从宋玉、陶渊明、李白到吴承恩的《西游记》、曹雪芹的《红楼梦》等等，都受屈原与楚国文化的影响。如林黛玉叫潇湘妃子，住的地方叫潇湘馆。曹雪芹与屈原有着相似的命运，他们都是贵族，后来家道中落，尝遍人间甘苦、看透世道炎凉。大家读《红楼梦》第五回，警幻仙子带着宝玉在仙境里看到金陵十二钗的那些辞赋，都有浓厚的汉赋味道、骚体风格。屈原对毛主席的影响也非常大，湖南第一师范博物馆里保存了毛主席当年的读书笔记——《讲堂录》，翻开第一篇就是正楷抄的《离骚》。毛主席一生读《离骚》，一辈子写了几十首诗，其中两首诗写屈原。比如他写道："屈子当年赋楚骚，手中握有杀人刀，艾萧太盛椒兰少，一跃冲向万里涛。"①毛主席晚年在非常辛苦、劳累的时候，就大声地在书房里朗诵《离骚》。如果说《诗经》开创的是中国诗歌史上的现实主义传统，那么《楚辞》开创的是浪漫主义传统，《楚辞》中的那种夸张、比喻、变化，为历代诗人喜爱与模仿。

（六）关于屈原的争论

屈原在历史上是一个有争论的人物。后人对于他的身世、家庭、诗作等一直有争议。比如屈原到底有没有老婆？屈原在诗里写了很多女性，如少司命、湘夫人、山鬼、云中君等。特别是女媭，有人说女媭是他的夫人，也有人说是他的侍

①黄辉映：《毛泽东诗词赏析》，四川人民出版社2018年版，第320页。

女，还有人说是她的女儿。由于缺乏资料与文献的支撑，我们很难说清楚，所以这就形成一个议论的空间，对屈原的考证也成了经久不衰的话题。《史记》里专门有《屈原贾生列传》。司马迁为学很严谨，写历史非常认真，为了写屈原，他曾经到了湖南汨罗一带，了解屈原其人其事。关于这个问题，我后来问了湖北社会科学院的院长刘玉堂。当时他们准备拍一个叫《思美人》的戏，请我去做策划，刘玉堂也去了，我就问他为什么关于屈原的事情这么少。他说楚国灭亡的时候没有任何准备，当时楚国的档案、资料都没有抢救出来，王宫就被烧毁了，所以原始资料很少。但是有一些基本点是不变的，《离骚》是屈原写的，司马迁对屈原的描写是有史学根据的。此外，屈原的祭奠活动和屈原的形象也已经深入人心，屈原在世界上也有着崇高的地位。1953 年，世界文化名人评选，评出了屈原、哥白尼、但丁和莎士比亚四位世界文化名人，所以屈原是中国的一个文化代表人物。

（七）近代屈学成为显学

近现代有很多人研究屈原，成果也非常丰富。比如梁启超专门写了关于屈原的著作。鲁迅是屈原的崇拜者，他说《史记》是无韵的《离骚》，对屈原的评价极高。郭沫若在抗日战争时期写的话剧《屈原》，上演后影响很大；冯友兰写的《中国哲学史新编》，把屈原列为一个哲学家。以前很少有人把屈原列为哲学家，冯友兰对屈原的研究，开启了一个新的视角。中国人的哲学问题是要解决人从哪来的，要到哪里去等问题。屈原的《天问》一口气提了一百七十多个问题，他问天、问地、问人、问苍生、问鬼神，样样都在问，并且有自己的思考与观点，难道不是哲学家？屈原其实是一个内涵很丰富、立体的人，他的思想有很多的面向，值得我们认真地发掘和研究。

二、屈原对湖湘文化的影响

关于屈原与湖湘文化的关系，我想谈八个小点。

（一）屈原在湖南

屈原被流放湖南 10 余年，他在沅湘流域、洞庭之滨留下了大量的诗，而且用一种激烈的方式把生命留在了汨罗。由于他投江是在五月初五，所以百姓就用端午这个日子来纪念他，而且全国很多人到湖南来纪念他，把湖南知名度与文化品位大大地提高了。唐诗宋词，加起来有一百多首，都是很多文化名人到湖南来写的，这就形成了文化名人效应。陆游说："不到潇湘岂有诗？"是不是和屈原有关？

毛主席写过一首有名的《蝶恋花·答李淑一》。李淑一的父亲李肖聃是湖南近代一个著名学者，他写了一本《湘学略》，里面专门写了一篇《流寓学略》，介绍了几十位流放贬谪到湖南的官员和知识分子，如屈原、贾谊、柳宗元、刘禹锡、韩愈、秦观等等，形成了所谓的"流寓文学"。另外，还有一本书叫《历代名人咏长沙》，仅写长沙的诗词就有538首。可以说，文化人到了湖南没有一个不朝拜屈原不歌颂屈原的，他们给湖南带来了非常丰富的文化营养。在某种意义上，屈原是湖湘文化的源头与文化底蕴。

（二）屈贾之乡

湖南被称为"屈贾之乡"，这是知识分子所公认的。我们湖南人怎么看屈原呢？第一，湖南的老百姓十分认同屈原。秦朝以后，湖南纪念祭祀屈原的活动不断，其中最盛大的活动就是端午划龙舟。龙舟竞渡是湖南纪念屈原而形成的广泛的群众性活动，而且在新中国成立前往往伴随着官方对屈原的祭祀典礼。第二，全国的屈子祠湖南最多，现在数得出来的还有20多所。据历史记载，道光、咸丰年间，当中国面临着瓜分豆剖、亡国灭种之祸的时候，湖南甚至全国的屈子祠都在增多。为什么呢？因为屈原是一个时代的尺度，当国家面临危亡的时候，人们就会想起屈原的精神。屈子祠表示什么呢？表示知识分子对屈原的敬仰。岳麓书院有屈子祠，汨罗也有屈子祠，人们通过纪念场地建设、官方祭祀、民间活动等表达对屈原的尊重和怀念。

（三）为文人"百代所祖"

屈原是湖南知识分子的榜样，周敦颐、张栻、胡安国、胡宏、王船山等都深受屈原影响。湘人注释、品读、出版屈原的作品十分丰富。阐发屈原精神最突出的一个是王夫之，他所作的《楚辞通释》称颂屈原是千古第一忠臣。魏源说："我有苍茫万古愁，欲起灵均诉澧芷"，表达对屈原的敬仰。曾国藩把湖南人的精神追溯到屈原和贾谊，他说"屈原贾谊伤心之地，通人志士隔世相望"。晚清湖南学者罗汝怀编了一本《湖南文征》，曾国藩作序说："湖南之为邦，北枕大江，南薄五岭，西接黔蜀，群苗所萃，盖亦山国荒僻之亚。然周之末，屈原出于其间，《离骚》诸篇为后世言情韵者所祖。逮乎宋世，周子复生于斯，作《太极图说》《通书》，为后世言义理者所祖。两贤者，皆前无师承，创立高文。上与《诗经》《周易》同风，下而百代逸才举莫能越其范围。"[1]他说湖南原来是一个蛮荒之地，为群山所隔，为群苗所居，没有文化，幸亏在周之末有一个屈原，其所作的《离骚》为文人"百代所祖"。钱基博在《近百年湖南学风·导言》中也讲了与此类似的话。毛主席酷爱《楚辞》，他收集了50多个版本的《楚辞》，出去视察的时候，也经常带着《楚辞》。他曾经把《楚辞》作为国礼送给日本首相田中角荣以及英国的反法西斯元帅蒙哥马利。可以说，毛主席的诗词、人格、思想等，都深受屈原的影响。所以今天我跟朱书记建议，屈子文化园可以做一个毛主席与屈原的专柜，这样可以更好地传播屈原文化，提升园区的吸引力与影响力。

（四）岂余身之惮殃兮，恐皇舆之败绩

屈原对湖南人产生了什么影响呢？就是他的"岂余身之惮殃兮，恐皇舆之败绩"价值观。他不在乎自己怎么样，而在乎国家、在乎人民。屈原所追求的价值观其实就是心忧天下、心怀天下，主要体现在两个方面。一是心怀社稷和宗庙，即我们所说的爱国。屈原才华横溢，无论走到哪个地方都可以获得富贵，但是他不走，以生命殉国。二是心忧黎民百姓，"长太息以掩涕兮，哀民生之多艰"。他在诗里不仅对山川河流日月星辰、植物花草都充满了爱，而且以自己的生命去爱这个国家，爱这片土地，爱这些人民，所以我说他是个心忧天下、心怀天下之人。

屈原的这种心怀天下的价值观影响了世世代代的湖南人。岳麓书院作为传承湖湘文化的大本营，在蒙古军队攻占长沙时，书院的数百名师生壮烈战死，没有一个苟活。王夫之以"六经责我开生面，七尺从天乞活埋"的精神，在艰难困苦的孤独愤慨中写作40多年，深刻总结了中国传统文化的得失利弊。戊戌变法时，谭嗣同本来是可以活命的，却选择了流血牺牲。辛亥革命前后，陈天华、姚宏业、易白沙、杨毓麟、彭超等年轻学子，看到国家危亡、朝廷腐败、

---

[1]曾国藩：《曾国藩全集》第14册《诗文》，岳麓书社1994年版，第334页。

人民麻木不仁，愤而蹈海自沉，追随屈子殉难以唤起国民。湖南人的性格中蕴含了一种中华民族的血性和湘水衡云的倔强，渗透着屈原的价值观。

（五）路漫漫其修远兮，吾将上下而求索

屈原一生都在追求真理、追求真相、追求真诚，秉持着"路漫漫其修远兮，吾将上下而求索"的精神。他从不说假话。他在朝为官时，如果顺着楚怀王与大家的意思，则荣华富贵可保；他第一次被流放之后，如果"认错悔过"，也不至于被第二次流放。他写的《天问》，提了一百七十多个问题。问什么？问的就是真理在哪里、真实在哪里、真相在哪里。这种怀疑传统、追求真理的精神和他爱人民、爱国家的精神既矛盾又一致。一个人爱国家，就必须追求真理，因为一个国家往往是在谎言中灭亡。他的思想的宽度和高度就是在矛盾中拓展的。他追求真理虽九死而不悔的精神，留给了我们宝贵的精神财富。

（六）忧患意识

屈原的忧患意识是他留给湖南人的精神特质。远古时候，湖南是一个偏远落后之地，直到唐代才"破天荒"地出了一个进士刘蜕。由于湖南地势险峻，气候比较极端，自然灾害比较多；同时又处在东南西北的交通要道上，因此历来是兵家必争之地，湖南人的实际生活也是很艰难的。在这种艰难的环境中，湖南人有一种忧患意识。还有一批批"流寓"学者，在个人命运不幸、不堪的时候来到湖南，也把忧伤带到了湖南。屈原是忧的，贾谊是忧的，柳宗元是忧的，刘禹锡是忧的，秦观是忧的，韩愈是忧的，所以《岳阳楼记》讲，"居庙堂之高则忧其民，处江湖之远则忧其君"，是进亦忧退亦忧。湖南人有着"先天下之忧而忧"的情怀。

这种忧患意识传到了近现代。魏源不忧吗？谭嗣同不忧吗？曾国藩不忧吗？曾国藩只活到62岁。后来的黄兴、蔡锷、宋教仁和新民主主义革命中的湘籍共产党人，都有着极强的忧患意识。改革开放以来，胡耀邦不忧吗？朱镕基不忧吗？湖南人的这种忧患意识是湖南人砥砺倔强、坚持奋斗的动力。

（七）独立不迁，横而不流

湖南人的独立根性跟屈原有关。今天在参观屈子文化园的时候，听到导游在教小孩子们唱《橘颂》："独立不迁，深固南徙，苏世独立，横而不流。"屈原始终坚持自己的理想，"世人皆浊我独清，世人皆醉我独醒"。司马迁在《史记》中引用刘安的话，说屈原"其文约，其辞微，其志洁，其行廉"[①]，屈原高

尚的品德，特立独行的个性，深深地影响了湖南人。屈原在临去世之前，碰到了渔父，渔父劝他"与世推移"，不要"深思高举"自找苦吃，屈原却以死来证明：人是可以保持自己清洁的灵魂与清白的身躯的，不必同流合污。屈原的这种独立性是他长期对美政、美人、美文追求的结果。周敦颐的《爱莲说》就继承了屈原这种出淤泥而不染的精神。王船山不屈从世俗，40年在深山老林里为追求真理而写作。这种独立的人格是湖湘人士非常宝贵的财富。又如毛主席是非常独立的。十一届六中全会为毛泽东思想做了一个结论，认为他的思想有三个精髓：一是群众路线，二是实事求是，三是独立自主。其中，独立自主是我们党的思想路线、国家外交政策的根本原则，也是做人应该有的人格。

（八）垛子、尺子、镜子、刀子

屈原形象的构建有很强的时代特点。屈原是个重要的历史人物，每一个时代都要讲到他。我们今天怎么看屈原？胡适说屈原像一个"箭垛"。过去射箭的时候有一个草把子，木桩子上面扎很多草，箭就往上射。他说屈原是一个垛子，大家都可以朝它射箭，都可以评论。屈原是一把尺子，不仅可以衡量我们每一个人的高下，而且也是衡量一个时代的尺子。这个时代是不是有很深刻的文化意识，是不是有很正常的爱国意识，从对屈原的态度上可以看出来。屈原是知识分子的一面镜子。他内心深处那种理想与现实的矛盾，是随波逐流还是坚守理想的冲突，让很多知识分子产生了共鸣。毛主席说《离骚》是刺向腐朽黑暗的心脏的刀子，也是解剖我们自己的刀子。

屈原美政的理想、爱国忧民的思想、独立的人格、对真理的追求等都是留给我们的宝贵财富。屈原的思想和屈原的精神，如日月高悬，照耀着湖南这片土地。我们要不断追寻屈原的价值与意义，传承与弘扬屈原精神。

以上就是我对屈原与湖湘文化的理解。谢谢！

（王琦整理并经主讲嘉宾审定）

---

①司马迁：《史记》，中华书局2011年版，第2184页。

現 场 互 动

主持人（王琦）：郑教授以宏阔的视野，深入浅出地为我们讲述了屈原其人其事及其对湖湘文化的影响，让我们感受到了一个非常丰富、立体的屈原。屈原不仅是一位诗人、文学家，同时也是一位政治家、改革家、思想家和哲学家。屈原做官的"失败"是其个人的不幸，但正是这种不幸的经历造就了屈原与他的诗歌；屈原被流放到沅湘之地也是湖南之大幸，使湖南成为屈贾之乡。屈原的爱国忧民、上下求索、心系天下的精神，也深深地融汇到湖湘文化的血脉之中。屈原是湖南人的宝贵财富，同时也是中华民族甚至全世界的宝贵财富。再次感谢郑教授给我们带来的思想盛宴。谢谢！

接下来，我们进入现场互动环节，欢迎朋友们积极向主讲嘉宾提问。

观众提问：尊敬的郑教授，您好！请问：汨罗应该如何运作屈原的文化IP，促进文旅融合？

郑佳明：谢谢！如果从一个学者的角度来讲，我认为，一是要对屈原的价值和意义进行再认识。包括汨罗的各级党政干部，还有广大人民群众，要认识到屈原不仅是我们精神上非常重要的一个榜样，而且是我们一个非常重要的文化资源。要发展旅游事业，就要挖掘当地的历史文化资源，无题"创作"，小题大做。屈原是世界名人，像这样的大 IP 我们不做，就会失去机会。现在汨罗市委、市政府很重视屈子文化建设，我看了，基础设施很好，包括屈子书院这么大规模的书院在全国都不多。因此如何进一步做好屈子文化，大家首先要统一认识、提高认识。二是要加强策划和谋划。文化是一个创意产业，特别是在互联网时代，我们要想出一些好的点子来吸引大家的注意力。毛主席是湖南最大的IP、最大的热点，如果建一个屈原与毛泽东的专馆，将毛主席所收集的50多种《楚辞》版本集中起来展出，可以吸引党政机关人员与群众来参观。依此类推，可以将唐诗宋词中吊屈原的诗用书画或雕刻做出来，让世人多多了解屈原的价值与意义。这些吊屈原的诗，都写得很感人。屈原是一个大IP，秭归可以做，溆浦也可以做，我们要抢先做在前面，这个是很重要的。

观众提问：郑老师，您好！非常荣幸能听到您高深的演讲、高雅的审美。我现在一直在做一件事，就是想将有关屈原的诗歌贴在墙上，作为学校、社区的审美知识普及。不知道我的这个做法有没有价值，有没有可行性？谢谢！

郑佳明：屈原是湖湘文化的源头与底蕴，希望每一个湖南人都能够行动起来，弘扬、传承与普及屈原的文化精神，汨罗和湖湘文化才能走得更远、更广。
谢谢！

主持人（王琦）：非常感谢郑教授的回答，感谢现场观众的提问。屈原及其思想是湖南人的珍贵的宝库，希望每一个湖南人都能够去弘扬、传承屈原的文化精神。只有每个人行动起来，用自己的方式表达对屈原的爱，去传播屈原文化，汨罗和湖湘文化才能够走得更远。

不知不觉，屈子书院讲坛已经走到了第24期。如果说屈子书院讲坛以每12期为一个周期的话，那么，到今天为止已经走完了两个周期。从第25期开始，屈子书院讲坛将迎来一个新的发展阶段，就是由中共汨罗市委宣传部和屈子书院共同主办。我相信，在中共汨罗市委、市政府的高度重视和大力支持下，屈子书院一定会越来越好。感谢一直以来关心屈子书院发展的各位领导、来宾，线上、线下的朋友们。谢谢大家！

香草美人地，诗韵汨罗江！我们下期再会。

衷心地祝福各位领导、朋友们身体健康，万事如意，虎年虎虎生威！

（王琦整理并经主讲嘉宾审定）

数字经济时代中国书院的文化传承与创新发展

王　琦

（长沙理工大学设计艺术学院教授、湖南汨罗屈子书院执行院长）

书院作为中国传统社会孕育出来的独具特色的文化教育组织机构，不仅在中华文明传承、学术创新、人才培养、服务社会中发挥了重要的作用，而且流传至韩国、日本、新加坡、越南等地，对儒教文明、世界文明做出了重要贡献。虽然在清末废科举兴学堂的过程中，书院一度归于沉寂，但随着中国社会经济的发展与传统文化的复兴，各种类型、层次的书院如雨后春笋般拔地而起，欣欣向荣。其间既有传统书院的修复，也有现代书院的新建；既有现代大学体制内的书院，也有民间企业兴办的各种书院，呈现百花齐放、百家争鸣的态势。其中虽然难免鱼龙混杂，但均以各自不同的方式探索前行，汇入中华民族复兴与现代化建设的洪流之中。

书院为什么在中国能够绵延千年而不绝？其独特的精神与价值是什么？钱穆在《中国近三百年学术史》中说："宋学精神，厥有两端：一曰革新政令，二曰创通经义，而精神之所寄则在书院。"这段话虽重点谈的是宋学精神，却揭示了书院在其兴起发展的过程中和社会发展与变革、文化传承与创新的密切联系。其实无论是宋明理学、阳明心学的兴起，还是乾嘉汉学、清末实学等发展，均是以书院为研究或传播基地；而引领历朝历代政治、文化变革的众多士大夫，如范仲淹、朱熹、张栻、陆九渊、王阳明、湛若水、高攀龙、顾宪成、惠栋、钱大昕、曾国藩、左宗棠等，他们或主持书院，或于书院讲学，或为书院培养的人才。正是因为书院存在，从而造就了一代代独特的政治、学术与文化风貌。

湖湘学派代表人物张栻在《潭州重修岳麓书院记》中提出了"盖欲成就人才，以传道而济斯民"的办学宗旨；朱熹撰《白鹿洞书院揭示》学规，强调为学修身、处世接物之要，认为书院教学当"讲明义理，以修其身，然后推己及人，非徒欲其务记览、为词章，以钓声名、取利禄而已也"。张栻与朱熹这种力图通过对经典、文化的创造性诠释与传承，培养不汲汲于功名利禄，而是接续"道统"与"正学"，心怀家国天下、经世济民之才的教育理念，成为历代书院尊奉的圭臬。明代中后期，随着儒学的转向与"下移"，不仅书院向平民开放，而且出现了许多乡村书院，其化民成俗、教化大众的功能进一步增强。可见，书院之所以历经千年而弥新，就在于其能够随着时代与社会的发展，通过文化传承与学术创新以"文"化"人"，以"道"正"人"，从而使得中华优秀传统文化源远流长、文脉不绝，并渗透到社会、政治、文化生活的方方面面，维系世道人心，化成天下，这乃是中国书院的精神与价值之所在。

经过改革开放四十多年的发展，中国的社会建设与经济发展取得了令世人瞩目的成绩，但是中国的现代化转型与文明重构仍有待进一步完成。在走向民族伟大复兴的新时代征途中，中国不仅面临着跌宕起伏的世界文化大碰撞、大冲击，而且要应对科技发展、数字经济、人工智能等带来的挑战。据《中国互联网络发展状况统计报告》，至 2020 年 12 月，中国网民规模达 9.89 亿，手机网民达 9.86 亿，网络视频用户达 9.27 亿，这预示着我国已经步入了全球最为庞大、生机勃勃的数字社会。作为中华优秀传统文化载体的书院，又该如何开拓创新，走向未来？

1. 明确文化定位，传承而不固守，开拓而不忘本。胡适在《书院制史略》中谈到书院精神：一是代表时代精神，二是讲学与议政，三是自修与研究。传统书院的兴起和发展是对时代与社会问题、文明传承与重建、学术创新与人才培养的回应。因而在当今世界，无论何种类型的书院，均要直面时代需求与世界发展潮流，在坚守中华优秀传统文化之"正"的同时，广泛吸收、借鉴人类一切优秀文明成果，对传统文化进行创造性转换与创新性发展，增强其适应性、现代性，服务于中华文化重建、民族复兴、国家富强、社会和谐与个体发展，承担起以文化人、文化传承与创新的使命。虽然世易时移，书院文化传承的内容、创新的深度或传播的方式等会有所变化，但传统书院的精神内涵与人文价值始终值得我们继续传承与发扬。

2. 促进传统文化与现代新媒体的融合，突破时空限制，建构书院文化传播的新范式。传统书院的传道授业与文化传播，因受资金、人力、物力、地域等因素的限制，往往招生规模与名额有限，少则几十人，多则上百人，其文化传承与传播的方式主要靠师生面对面传授、辩难，或师生弟子之间口耳相传、著书立说，即使打破地域与学术壁垒的"朱张会讲"等文化盛事，虽有"四方之学者毕至"而致"饮马池水立涸"的盛况，但其文化传播的范围也只有近千人。然而在数字经济时代，运用现代信息技术、网络技术与大数据平台，采取"线下＋线上""文化＋融媒体"等方式，则可以突破时间与空间的限制，让有着不同个性、不同兴趣爱好、不同地域的人群，通过网络直播平台，自由选择并聆听不同学派的专家、学者的思想观点与治学心得，从而以一种更为便捷、广泛、高效的方式传承、传播中华优秀文化，影响社会大众，提升传播效能。未来随着 VR、AR 技术的发展及其在直播视频中的运用，书院的讲学功能与文化传播效能必将进一步拓展，观众的参与感与沉浸式体验必将增强，中国传统文化必将以一种崭新的、更贴近大众的方式走进中国人的精神世界与社会生活。

3. 打造全方位传播矩阵，形成文化传播"合力"，拉近学术与大众的距离。在网络化、数字化时代，要拓展文化传播的深度与广度，仅仅通过现场互动与网络直播的形式，传播、分享中华优秀传统文化，虽然能够形成即时的热度，但缺乏持续感染力、引导力与影响力。因而还需全方位打造立体的传播矩阵，通过"中央媒体＋省级主流媒体＋市县级媒体"的形式，将国内外一流专家的思想观点与学术精髓层层扩散，深入到不同的受众之中，扩大文化传播的广度与深度。同时，采取"微博 + 微信公众号 + 短视频 + 书籍出版"的策略，设置讲坛回看、精彩瞬间、媒体聚焦等栏目，实现多次、反复的传播，并根据各书院的文化特色设置经典导读、国学课程、文化纵横等丰富的传播内容，提升文化传播的质量与趣味性、互动性、选择性，从而陶冶情操，提升受众的文化素养，构筑精神家园。

4. 促进书院与文旅有机融合，赋能地方经济文化发展，扩大社会影响力。书院大多建立在名山大川、风景优美、适合怡情养性之处，有着丰富的文化与旅游资源，如岳麓书院位于岳麓山下，汨罗屈子书院处在玉笥山麓与汨罗江畔之间，白鹿洞书院在江西庐山的五老峰下等，且中国各省、市各种类型与层次的书院众多，可因地制宜，依据其资源与文化特色，构建书院联盟，打造合适的省内、省外旅游路线，实现互相引流。如韩国安东地区就成功设置了陶山书院—孔子村—屏山书院—河回村的儒教文化体验一日游活动，可资借鉴。同时，通过文化品牌的打造、各具特色的研学活动的开展、主题活动的举办、文创产品的开发甚至"云上书院"资源开发与共享，提升书院的知名度与文化内涵，打造目标打卡地，提升对社会大众的吸引力，赋能地方经济文化发展，实现文化与旅游的有机融合，激活传统书院的现代功能，"活"在当下。

（本文以《书院为什么能够延绵千年而不绝》为题，发表于《学习时报》，2021 年 11 月 26 日）

守正创新，修远求索

——在《家国情怀与文明传承》新书发布会上的致辞

朱汉民

（湖南大学岳麓书院教授、湖南汨罗屈子书院院长）

尊敬的各位领导、来宾、朋友们：

下午好！非常感谢大家光临《家国情怀与文明传承》新书发布会的现场。本书浓缩了来自北京大学、清华大学、浙江大学等高等学府的知名专家们，在屈子书院讲坛第 1 期至 12 期的演讲精华，体现了他们在中华民族振兴与文化复兴的背景下，对中华优秀传统文化进行创造性转换与创新性发展的理性思考，以及对时代关切问题与现实需要的回应。

《家国情怀与文明传承》从整理到出版，前后历时 2 年多，中间历经十多次修改、校对，凝聚了许多人的心血与汗水。衷心感谢中共湖南省委网络安全和信息化委员会办公室、湖南省文史研究馆、中共汨罗市委市政府、汨罗屈子文化园、汨罗文旅集团及其分公司、凤凰网湖南频道的大力支持，感谢为屈子书院讲坛每期活动顺利开展而付出辛勤劳动的工作人员，感谢湖南大学出版社的编辑耐心而细致的工作，感谢我们每期现场的观众朋友及网友们的厚爱!

　　未来的屈子书院讲坛，将继续秉承屈原的求索精神与爱国精神，依托数字经济时代的信息技术与传播方式，采取"线下＋线上""文化＋融媒体"相结合的方式，守正创新、修远求索，凝聚各方力量，关注时代发展，传承文化经典，打造传播矩阵，服务社会大众，讲好中国故事，弘扬中国精神，不断探寻现代书院发展与中华优秀传统文化传播的新理念、新模式，为中国的现代化建设与发展贡献自己的力量!

　　谢谢!

文化传承的新范式

——在《家国情怀与文明传承》新书发布会上的致辞

彭千红

（湖南省汨罗市政协原主席）

曒将出兮东方，照吾槛兮扶桑。

屈原，一个伟大而璀璨的名字，矗立起一座中华民族思想文化的高峰，至今令人仰望。

司马迁在《史记·屈原贾生列传》中对屈原的文辞思想这样称赞：其文约，其辞微，其志洁，其行廉。推其志也，与日月争光可也！

时光如水，斗转星移，在屈原游于江潭，行吟泽畔，怀沙自沉的汨罗江边，今天我们已经建起了国家文化标志性工程——屈子文化园。屈子书院讲坛即是在文化园这种恢宏构筑下的一个核心要件。

以弘扬屈原文化、家国情怀为己任，书院讲坛自 2019 年始，邀请享誉国内外的文化学者开坛设讲，传道授业。其间呈现了朱汉民、景海峰、刘海峰、颜炳罡、彭林、程方平、李相海、董平、王中江、吴光、李宗桂、李存山、杜保瑞等教授对乡贤典范、礼乐文明、家风家训、科举制度、知行合一、成己成人、中华文化精神等问题的独特见解，汇聚了他们立足传统、面向现代的理性思索与人生智慧。

需要探究的是，在当今举国倍增文化自信的宏大背景下，国学热潮兴起，这无疑是一个值得珍视的文化现象。然而国学热也因诸多历史现实原因，在思维方式和技术要领上有些准备不足，出现了一些漂移的情状。有的虚情假意，附庸风雅；有的修饰词意，贩卖古风；有的食古不化，迂腐守旧。这些对社会生活有哪些负面因果，一时难以说清。然而，在农村田地撂荒、城市空楼林立、景区花式圈钱、网客娱乐至死的底色下，文化园景区内的屈子书院讲坛秉持三条宗旨以文化人，实属难得。一是坚守文化正脉。从屈原的家国情怀、高洁人格、瑰丽文辞拓展到古代可宗可法的先贤志士、可读可解的典籍辞章，都是讲坛的精讲范围。各位教授的讲座正本清源，立论纯真，征引有据，没有哗众取宠，不搞怪力乱神。二是坚持文化惠民。书院讲坛实行了一种开放式的授课模式，有现场听讲，有答疑互动，有网络授教，老少咸宜，无门槛条件，受众不断壮大。三是坚定文化创新。杏坛黉舍，其命惟新。书院讲坛设立于数字经济时代，朱汉民院长、王琦教授、凤凰网等组织者、传播者，善于利用信息技术开启书院叙事快捷与广泛的通道，每期讲座观听者达四五十万众，更有二百余家新闻媒体跟进链接，其传播力岂唯"弟子三千贤人七二"可计较哉！

今有前述十二讲文稿编排付梓，辑成《家国情怀与文明传承》一书发行，乃书院之幸，屈子之幸，时代之幸！此举在汨罗江边生发，我们仿佛看到了屈子祠内一副楹联穿越古今的生动叙事，"骚可为经卓然雅颂并传俨向尼山承笔削，风原阙楚补以沅湘诸什不劳太史采辎轩"。这种文脉文风，延绵二千多年而得以弘扬，当倍感欣慰。

五音纷兮繁会，君欣欣兮乐康。

愿屈子书院讲坛骐骥驰骋，导夫先路。

后　记

　　"汨罗何幸也，昔大夫泽畔行吟，留得伟辞昭日月；黉舍又巍然，今学子堂前问道，好承逸韵续风骚"。走进屈子书院，古朴典雅的求索堂、人文荟萃的沅湘堂、书香翰墨的藏骚阁、骚经续雅的阆风厅、登高怀思的望郢台、小桥流水的好修亭……无一不在"诉说着"屈原卓绝一世的"逸响伟辞"、爱国忧民的情怀与屈子书院的前世今生。在汨罗江畔、玉笥山麓，一座古老的千年书院正焕发着新的生命力。

　　面对着全球化、信息化、数字化的浪潮，为更好地传承文化经典，弘扬屈子精神，激活屈子书院的现代功能，打造全国知名的文化品牌，我们确立了以中华优秀传统文化传播为导向的发展战略，启动屈子书院讲坛，与凤凰网湖南频道开展战略合作，构建了以现代信息技术为支持的文化传播平台，面向海内外推广与传播中华文化。每个月邀请国内外著名学者来屈子书院讲学，采取"线下＋线上""文化＋融媒体"相结合的方式，挖掘屈子文化与湖湘文化地域资源，整合国内外传统文化研究与传播的力量，打破时间与空间的限制，拉近学术与大众、传统与现代的距离，让中华优秀传统文化深入千家万户，打造立足湖南，影响全国，辐射海外的高端文化品牌，彰显新时代的文化自觉与文化自信。

屈子书院讲坛自2019年4月启动以来，至2022年2月，已邀请来自北京大学、清华大学、浙江大学、武汉大学、中国人民大学、中国社会科学院等高校与研究机构的著名学者开讲24期，共计为线上、线下1200多万名观众带来了思想的盛宴。每期讲坛，从前期的嘉宾邀请、主题选择、方案设计、宣传预告，到现场组织、线上直播，以及后期200多家主流媒体与市县级媒体的新闻报道、视频制作、公众号更新、讲稿整理、文字校对、书籍出版等，讲坛的负责人与工作人员都倾注了大量的时间和心血。

屈子书院讲坛每月开讲一次，每12期为一个周期，出版一辑讲演录。如果说，前12期讲坛围绕"儒学与中华传统文化"而展开，出版了屈子书院讲坛第1辑《家国情怀与文明传承》；那么，从第13期至第24期关注"文学、诗歌与艺术"。其中既有朱杰人、方铭、郑佳明、姜广辉等学者对屈原精神与文化发展、《楚辞》与《诗经》审美意蕴的重新解读，又有鲁晓波、何人可、柳肃、张建永教授对艺术与科学、文化与创意的深刻思考，还有郭齐勇、向世陵、吴根友、尹韵公诸先生对学习与文明、儒道精神与信息传播的现代诠释，呈现了他们对传统与现代、创新与创意、继承与发展等问题的真知灼见，屈子书院讲坛第2辑因之命名为《艺术创意与文化传统》。

在屈子书院的发展过程中，我们不仅得到了中共湖南省委网络安全和信息化委员会办公室、湖南省文史研究馆的指导，更得到了中共汨罗市委、市政府的大力支持。近年来，汨罗市委、市政府始终保持战略定力，强化"文化汨罗"建设，以屈子文化为轴心，着力擦亮"端午、龙舟、诗歌"三张以中国传统文化为底色的文化名片，坚持特色化策划、市场化运作，高标准建成屈子文化园，推动文旅体融合发展，讲好屈原故事，打响世界品牌，打造全球华人精神家园。汨罗市委书记朱平波同志十分重视屈子书院文化品牌的打造，将其列入文化汨罗建设的重要环节，不仅多次就屈子书院的发展做出指示，而且多次莅临屈子书院讲坛现场，支持和参与书院活动。在中共汨罗市委、市政府的高度重视下，屈子书院讲坛从第 25 期开始，由汨罗市委宣传部与屈子书院联合主办，屈子书院迎来了新的发展机遇，进入了新的发展阶段。我们将在汨罗市委、市政府的坚强领导下，继续秉承屈原的求索精神与爱国精神，传承经典，守正创新，开拓进取，努力将屈子书院打造成湖南的一张新的文化名片与文化地标，成为全国甚至全球文化交流的重要窗口，为汨罗的文化建设、经济发展与文旅融合赋能。

屈子书院讲坛从最初的蹒跚起步，到今天的国内知名文化讲坛，还离不开中共汨罗市委宣传部、汨罗屈子文化园事务中心、汨罗市文旅集团有限公司、凤凰网湖南频道、汨罗市天驰文化旅游发展有限公司、汨罗市弘安实业有限公司等单位的全力支持，以及汨罗市各单位领导、讲坛工作人员、媒体朋友、现场与线上朋友们的厚爱。

本书能够顺利付梓，凝结了许多人的心血与汗水。衷心感谢屈子书院讲坛主讲嘉宾们的辛勤付出；感谢长沙理工大学经济与管理学院金融系刘祚祥教授为本书作序；感谢湖南大学出版社责任编辑王桂贞老师的耐心细致工作；感谢许多为讲坛提供无私帮助的朋友们。

屈子书院未来的发展仍然任重道远！路漫漫其修远兮，吾将上下而求索。

王 琦

2022 年 8 月于长沙